Música, matemática & dinheiro

NOENIO SPINOLA

Música, matemática & dinheiro

*Tudo o que mães, pais, mestres,
a galera da guitarra elétrica e do berimbau
precisam saber para ouvir a música
dos números e do dinheiro*

1ª EDIÇÃO

CIVILIZAÇÃO BRASILEIRA

Rio de Janeiro
2016

Copyright @ Noenio Dantas Le Spinola, 2016

Projeto gráfico
Victor Burton e Angelo Allevato Bottino

Diagramação
Adriana Moreno
Anderson Junqueira
Marcela Perroni

Tratamento de imagem
Adriana Moreno
Anderson Junqueira

Fotos e imagens de Meno e Mariana: Renata Del Soldato.
As moedas fotografadas para este livro pertencem à Coleção Spinola,
catalogada e montada por Noenio Dantas Le Spinola.
Fotos da coleção encontram-se em sites dedicados a este livro,
com indexação, resumo dos dados numismáticos em português e inglês.

Textos de apoio a este livro podem ser encontrados no site <http://www.inumeros.com.br>.

CIP-BRASIL. CATALOGAÇÃO NA PUBLICAÇÃO
SINDICATO NACIONAL DOS EDITORES DE LIVROS, RJ

S741m
Spinola, Noenio
 Música, matemática & dinheiro: Tudo o que mães, pais, mestres e a galera da guitarra elétrica e do berimbau precisam saber para ouvir a música dos números e do dinheiro. / Noenio Spinola. – 1. ed. – Rio de Janeiro: Civilização Brasileira, 2016.
 ISBN 978-85-2001-291-8
 1. Matemática – Estudo e ensino. I. Título.
15-27504   CDD: 510
                  CDU: 51

Todos os direitos reservados. É proibido reproduzir, armazenar ou transmitir partes deste livro, através de quaisquer meios, sem prévia autorização por escrito.

Texto revisado segundo o novo Acordo Ortográfico da Língua Portuguesa.

Direitos desta edição adquiridos pela
EDITORA CIVILIZAÇÃO BRASILEIRA
Um selo da
EDITORA JOSÉ OLYMPIO LTDA.
Rua Argentina, 171 – Rio de Janeiro, RJ – 20921-480 – Tel.: (21) 2585-2000

Seja um leitor preferencial Record.
Cadastre-se e receba informações sobre nossos lançamentos e nossas promoções.

Atendimento e venda direta ao leitor:
mdireto@record.com.br ou (21) 2585-2002

Impresso no Brasil
2016

*Em memória de Anísio Teixeira, Lina Bardi,
Paulo Freire e Ruth Cardoso, antropólogos,
educadores e visionários.*

SUMÁRIO

Introdução
MATH&MÚSICA

I DÓ ré mi fá sol lá si DÓ 15
II Além de Pitágoras e da música das estrelas 51
III Cartas que não caem do baralho 83
IV "Dai a César o que é de César" 101
V Sherlock Holmes investiga o Bolsa Família e a queda do Império Romano 125
VI Convento de Tomar, ouro dos piratas do Caribe e emblemas de seleções 157
VII Américas: tempo é dinheiro? 187
VIII Como ganhar um milhão de dólares tocando berimbau e dançando capoeira 205

Índice geral

Todas as moedas, figuras e palavras relevantes estão indexadas no site INÚMEROS: <http://www.inumeros.com.br>.

Você também pode ouvir no site todos os sons deste livro.

INTRODUÇÃO

MATH&MÚSICA

*Entre dezembro de 2015 e março de 2016 a **BM&FBovespa** deu um apoio importante à divulgação das ideias expostas nestas páginas, abrindo as portas de seu Espaço Cultural para a exposição da Coleção Nomus Brasiliana. O catálogo completo está no site de apoio:* <https://inumeros.wordpress>

Este livro é dirigido às pessoas de todas as idades que queiram rever os métodos de ensino de matemática nas escolas brasileiras. Razões não faltam: o Brasil aparece no 58º lugar numa pesquisa global sobre o aproveitamento de alunos em salas de aula.

Esse cenário triste tem um lado surpreendente: nada menos de 40% dos trabalhadores em comunidades carentes dizem que pensam em abrir seu próprio negócio.

A matemática da vida contraria as estatísticas, mas quem dispensa o Bolsa Família nem sempre vence. Sem saber ler, escrever e calcular, muita gente desiste ou quebra. A Escola Parque de Anísio Teixeira, a alfabetização de adultos de Paulo Freire, os CIEPs, CEUs e outras iniciativas morreram na praia dos interesses políticos, arrastando junto legiões de professores mal pagos e desmotivados.

*O conjunto de ferramentas que você vai encontrar nestas páginas adota a lógica matemática da própria vida, aquela que diz: **"eu existo, logo penso"**. Bem diferente do velho cartesianismo que diz: **"eu penso, logo existo"**. Isso não é tese acadêmica.*

Aprendemos a ouvir música desde o berço. A matemática da música veio antes da matemática financeira. Tambores, cornetas, liras, buzinas e dinheiro se misturam no pensamento humano desde os tempos mais remotos. Sim, você pode ouvir este livro usando as ferramentas de apoio no site: INÚMEROS.

Prisioneiros dos métodos de ensino que empurraram o Brasil para trás vão achar que é perda de tempo. Então perguntem numa sala de aula: Zero é um estado da energia ou um número na linguagem binária dos computadores e planilhas eletrônicas que calculam juros compostos? Como você define o breque dos repiques, agogôs, cuícas e reco-recos na bateria de uma escola de samba? É "Zero" ou "Nada"?

Não existem respostas para essas perguntas em livros que pretendem ensinar a fazer contas sem ensinar a pensar. O método multidisciplinar adotado aqui combina música com geometria, informática, câmbio, cálculo, história financeira e pensamento lógico e analógico sobre os números e a língua falada e escrita.

O texto tem várias pontes para a música virtual da GarageBand, o iTunes U da Apple e o software espalhado em iPads e iPhones. É uma viagem entre a antropologia e a neurociência financeira. Parte do princípio de que o cérebro é um motor analógico, antes de ser lógico. O piloto desse motor é uma fera que toma decisões usando analogias (comparações) e seu próprio instinto. Se ouve "gooool", vibra. Se ouve *"buuuum"*, foge.

Se um poeta, um pintor ou um músico acha que a economia vai pro brejo, se livra do papel-moeda e corre para o ouro, dólar ou moedas mais fortes. Não vai antes pesquisar no Google o que foi que Shakespeare disse sobre *"ser ou não ser"* gol, bomba ou estouro inflacionário.

Há uma fera adormecida na cabeça da garotada que foge das salas de aula chata. Ela pode acordar para a matemática da vida e navegar na música dos números usando metrônomos lógicos, ou imaginários. Pitágoras começou assim, há 25 séculos. Galileu, Kepler, Euler, Gauss, Riemann, Russell, Gödel e outros corrigiram os erros dele e foram além.

Podemos ir mais longe ainda. Podemos? Você tem todo o direito de investigar quem é o cara que diz isso. A resposta é simples: é só alguém que resolveu não mandar para o arquivo morto tudo o que aprendeu sobre educação no trabalho. Onde? Quando?

Desde a direção de uma campanha de educação de adultos analfabetos pelo método de Paulo Freire e pesquisas de campo com Lina Bardi sobre arte popular, até a direção do conteúdo da internet e das áreas de relações institucionais, agrícola e mídia da BM&FBovespa entre 1985 e 2008. Nesse período foi secretário do Conselho de Administração e escreveu as atas das reuniões da BM&F até 2008, quando a Bolsa já era um dos quatro maiores mercados futuros do mundo e se associou ao grupo da Chicago Merc.

O diretor geral Edemir Pinto e o Conselho aprovaram um projeto dele de educação superior para jornalistas, sem interrupção do trabalho. O projeto foi apoiado pela Associação Nacional de Jornais, presidida por Francisco Mesquita, e gerou um MBA em informações financeiras, presencial e on-line. Esse MBA foi feito durante vários anos em parceria com a FIA (Fundação de professores da USP) por repórteres da *Agência*

Estado e *Estado de São Paulo*, *Folha*, Uol, *Valor*, *Veja*, Band, Globonews, Canais Rural e do Boi, Bloomberg, Reuters, *JB*, *Correio Brasiliense*, *Estado de Minas* e outros.

Este livro é fruto dessas e outras experiências de educação no trabalho no Brasil e pelo mundo afora, incluindo um breve período como membro do Ministério Público e da OAB em regiões pobres. Não é um subproduto do copy/paste da internet. Antes da Bolsa o autor trabalhou três anos residindo em Washington, com credenciais de correspondente da Casa Branca, quatro em Moscou com credenciais do Ministério das Relações Internacionais da URSS, quatro entre Londres e Bruxelas. Garimpou antropologia e história nas ruínas de Ur, Uruk, Babilônia e antigas civilizações da Mesopotâmia que desafiam o tempo e a imaginação. Foi correspondente de guerra e fotógrafo no Oriente Médio, Afeganistão, África e repórter de crime, editor-chefe e editorialista internacional em jornais do Rio e no estado de São Paulo.

As moedas da **Coleção Nomus Brasiliana** foram coletadas ao longo de mais de 40 anos. A metodologia adotada segue um pouco o que o autor aprendeu com Lina Bo Bardi, quando ajudou a reunir material para a monumental exposição **A Mão do Homem.**

O autor convida você para uma viagem investigativa sobre o imaginário na linguagem dos meios de pagamento e o futuro do palco móvel da matemática da vida no Brasil e em redor do mundo. Nele, a história nunca acaba. E as cortinas só se abrem com a presença da *top-star* das tragédias, traições e uso de uma invenção que tanto pode servir para o bem quanto para o mal: a moeda.

CAPÍTULO I

DÓ ré mi fá sol lá si DÓ

Quem não ouviu **"Dó-Ré-Mi"** alguma vez na vida? Você e todo mundo, talvez. Mas quem se interessa pelos números escondidos nessa escala? Alguém quer saber qual é a relação entre matemática, música e contabilidade que acompanha as moedas desde quando elas apareceram na face da Terra? Vale a pena gastar tempo investigando isso? Pitágoras achou que sim e descobriu números ocultos no **Dó-Ré-Mi** uns 2.500 anos atrás. Ninguém sabe o que é lenda ou realidade na biografia dele. Com certeza existiu uma escola pitagórica de filósofos, músicos, matemáticos e agrimensores entre a Grécia e o sul da Itália. Eram todos fascinados pela beleza dos sons. Diziam que o **número é a música no tempo**. As teorias deles viajaram pelos séculos, às vezes distorcidas pela falta de conhecimentos científicos. Mesmo assim são uma bela herança. O **Dó-Ré-Mi** até hoje é conhecido pelos músicos como **"Escala Pitagórica"**. Quantas notas tem? **Oito**? **Doze**? Por que Bach resolveu **temperar** o cravo em que tocava? Qual é mesmo o mistério matemático que ela esconde e mexe até com a senha do seu cartão de crédito? **Por que uma fundação decidiu pagar um prêmio de 1 milhão de dólares pela solução desse mistério? Será que vale a pena estudar para ganhar esse milhão?**

Meno, personagem que toca berimbau e guitarra numa **GarageBand** imaginária, viaja na linha do tempo com a coleguinha chamada **Mariana**. Os dois entrevistam Pitágoras e outros moradores famosos de nuvens

---

TRITE, O DÓLAR DOS TEMPOS DE PITÁGORAS

O trite com o perfil de um leão e um Sol raiado na testa é uma das primeiras moedas cunhadas no mundo. Circulou há mais de 2.500 anos. O tamanho da moeda que aparece na abertura deste capítulo era pouco maior que um grão de feijão. Historiadores acham que um trite dava para comprar dez cabras, ou garantir um mês de subsistência. As raízes matemáticas são as mesmas da escala pitagórica dos sons. Veja no site INÚMEROS como as patacas e os patacões coloniais brasileiros de 960 réis dançavam no mesmo tom.

virtuais. Quer ganhar aquele milhão de dólares do problema não resolvido? Entre no balão com eles e voe nas páginas. Mariana descobriu algumas pistas.

COMO USAR A MÚSICA E UM CORDÃO MÁGICO PARA VIAJAR NO LABIRINTO DOS NÚMEROS E DO DINHEIRO

Muitas almas perdidas nos números e na matemática financeira sonham com uma segunda chance para encarar os desafios dessas áreas. Como não encontram um cordão mágico para navegar em labirintos reais ou imaginários, desistem. Alguns jogam a toalha mesmo sabendo como é difícil viver sem ter como fazer contas e cantar com alegria.

Este livro foi escrito para ajudar a **desenvolver o pensamento lógico e analógico sobre a música dos números e os números da música**. Foi escrito também para **facilitar a navegação entre ciências exatas e humanas**. Muitos erros de projetos poderiam ser evitados se houvesse um diálogo maior entre matemáticos e cientistas sociais.

O que vale para matemáticos vale para advogados, jornalistas, sociólogos, tocadores de berimbau, funkeiros ou historiadores que torceram o nariz para **as ciências exatas** na escola. De repente alguém começa a querer garimpar em terrenos novos e sai dando topadas. Resolve entrar na **GarageBand** da Apple e não sabe que clarinetas preferem números primos. Desastre. Por que uma clarineta iria preferir números primos? O que é mesmo que os primos têm a ver com a música e as moedas? Não desanime. Todos podem começar ou recomeçar sem dor.

Este livro é dedicado também a mães, pais e professores interessados em melhorar o diálogo com a galera castigada por notas baixas em português e matemática. Acredite: a garotada pode perder o medo dos números cantando, tocando violão, guitarra, berimbau e até clarineta.

MÉTODO DE TRABALHO: UMA VIAGEM COM OS PÉS NO CHÃO

Você acabou de ver um **trite.** Durante algum tempo essa moeda circulou como o dólar do mundo onde Pitágoras vivia. A base de cálculo é igual à de um piano clássico com teclas brancas e pretas. Se você não sabe nada de música, não se espante: **uma oitava tem doze tons.**

Por que você deveria se interessar por isso? Que tal saber que seu cérebro às vezes calcula pulando de uma escala **de dez em dez** (decimal) para outra **de doze em doze** (duodecimal) sem lhe dar a menor satisfação? Que tal saber também que seus neurônios funcionam como se usassem **logarítmicos neperianos** para ouvir o *Samba de Uma Nota Só,* de **Tom Jobim**? Não sabe o que é neperiano? Seu cérebro é um traidor? De novo: não se espante. Você pode aprender a falar com neurônios e entender o que a **Mãe Natureza** manda seu cérebro fazer por conta própria.

- **Os neurologistas ainda não chegaram a um acordo sobre como é que isso tudo funciona.** O método de trabalho deste livro mantém os pés no chão: não navega na estratosfera de algumas teorias. O dinheiro ajuda. Vamos viajar na linha do tempo e na lógica matemática com a ajuda de moedas, sons e símbolos gravados na imaginação humana. **Em cada parada na estrada haverá uma placa representativa do que aconteceu naquele trecho da história.**

- **As placas são as moedas pertencentes à coleção Nomus Brasiliana**, exposta pela primeira vez na **BM&F Bovespa** e depois na **Associação Comercial da Bahia**. A coleção foi montada ao longo de uns 30 ou 40 anos para funcionar como espinha dorsal da **viagem na linha do tempo**. O trite com a cabeça de um leão e um Sol raiado na testa é um exemplo das placas que você vai ver em cada parada na estrada. **O trite parece primitivo, mas é baseado numa engenharia financeira muito mais sofisticada que você pode imaginar.**

O trite circulou na Lídia, perto da Grécia, nos reinos de Alyattes ou Croesus, entre 600 e 580 anos antes de Cristo. Essa moeda é feita com uma liga de metal chamada **electrum**.

*O **trite** desta coleção contém 54% de ouro e o resto é prata. Pesa 4,6 gramas e mede 14mm. Pertenceu a **Joseph Linzalone**, autor de um livro sobre o electrum e a invenção das moedas. Foi exibido durante um evento anual patrocinado pela **American Numismatic Society** no Waldorf Astoria, em Nova York. Linzalone mantém uma mesinha ali há muitos anos. O trite usa a mesma lógica matemática da escala musical pitagórica dos tons de **DÓ** a **DÓ**.*

Segundo alguns biógrafos, Pitágoras nasceu numa ilha chamada Samos, entre a Grécia e a costa da Lídia (atual Turquia), onde o trite circulava. Música, geometria, moedas e matemática financeira cresceram nesse berço. Vamos seguir a linha do tempo e tentar descobrir por que os conhecimentos geométricos, musicais e financeiros desse jardim de infância da cultura ocidental produziram países que ficaram ricos e outros que ficaram pobres.

Muitas teorias tentam explicar as razões para sucessos e fracassos, individuais ou coletivos. Uma teoria famosa aparece num diálogo contado por Platão. Sócrates tenta provar que a **Mãe Natureza** implanta **ferramentas lógicas** iguais na cabeça de todos nós. O diálogo dele com o escravo mostra a diferença que a educação pode fazer para o uso dessas ferramentas.

Se isso for verdade, chegamos todos ao berço com o cérebro equipado com gatilhos parecidos com os implantados na cabeça dos criadores do Império Romano, inventores da Apple, engenheiros de sistemas ou administradores de fortunas. Olhar para um jornal escrito em inglês, outro em chinês e um terceiro em português ajuda a descobrir a única coisa que ninguém discute: todos os humanos nascem equipados com um *hardware* capaz de receber um *software* sofisticadíssimo: **a linguagem**.

O cérebro de três bebês nascidos no mesmo dia – um em Nova York, outro em Pequim e o terceiro no Rio – é o *hardware*. O *software* é o inglês, chinês ou português. Línguas podem ser mais avançadas ou mais primitivas. Se Sócrates tiver razão, a Mãe Natureza implanta mesmo muita coisa em nossos cérebros. Nascemos iguais. Mas nem todo mundo aprende a **fazer analogias, comparando situações e números e aproveitando oportunidades. A linha do tempo prova que os vencedores são aqueles que dominaram a arte da comunicação e o pensamento analógico.** Isso provoca até hoje uma discussão sem fim entre antropólogos, neurologistas, sociólogos, filósofos, historiadores etc. Se você quiser ir mais longe, um bom começo é o livro ***Gödel, Escher, Bach,*** de **Hofstadter**.

*Math foi escrito apenas para provar que é possível desenferrujar gatilhos e tirar os brasileiros do fundo do poço das estatísticas do aprendizado de matemática. **Math** não é uma defesa ingênua de teorias platônicas do poder da educação. Este livro defende a tese de que o atraso matemático dos brasileiros se deve a preconceitos, erros pedagógicos e desorganização política. Barreiras podem ser demolidas dentro de casa, nas salas de aula ou com a autoajuda. Todos podem **reaprender a pensar matematicamente,** aumentando a capacidade para cooperar ou competir na vida social.*

Vamos começar nossa viagem na linha do tempo com uma **revisão da base lógica e analógica da matemática financeira**, música e números em geral. Se você não souber dançar com os números, vai se perder no meio de contas simples ou faturas bancárias. Tentamos reunir nestas páginas todas as ferramentas básicas para você dançar um samba financeiro ou filosófico, tango, valsa, capoeira, forró, ou o que quiser ao longo da vida. As ferramentas propostas aqui podem parecer estranhas para as escolas que fabricam deficientes matemáticos. Além de moedas vamos usar um monocórdio, um cordão mágico, um violão, teclados de piano, instrumentos da **GarageBand** da Apple, medidores de frequência sonora, um balão virtual como meio de transporte e abridores de latas de preconceitos.

MEIO ESPARTANO DE PAGAMENTO: VARETAS DE FERRO

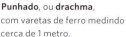

Punhado, ou **drachma**, com varetas de ferro medindo cerca de 1 metro.

Vamos, então, entrar numa nuvem virtual com nosso balão e dar um pulo de 2.600 anos nas trilhas da linha do tempo. O meio de transporte é o balão, mas este livro adota a filosofia da turma da Harley Davidson: o importante é a viagem. Ela nunca acaba.

A primeira estação à beira da estrada é Esparta. Chegamos a esse *pit-stop* quando a mente humana já deixou para trás o **mundo mágico das cavernas**. O homem descobriu há alguns séculos que podia usar o boi para arar a terra. A produção de grãos aumentou, as cidades floresceram. **A base da economia agora é o agronegócio.** Os mágicos saíram das cavernas, foram morar em templos e viraram oráculos.

Desaparece o **mundo mágico** e **aparece o mundo dos mitos**, com um Olimpo cheio de deusas e deuses. Heróis e heroínas como as Amazonas, Hércules e Ulisses e figuras homéricas como Aquiles e Helena de Troia conquistam a imaginação humana.

Esparta não foi escolhida como ponto de partida dessa viagem ao passado por causa da fama dos guerreiros de pulso forte, oráculos, deusas ou deuses. **Desembarcamos ali porque é onde aparece um exemplo original de lei regulando os meios de pagamento, há mais de 2.600 anos.** O que é **meio de pagamento**? É exatamente o que o nome diz: **tudo que pode ser usado ou trocado para fechar um negócio.** Um punhado de varetas de ferro, por exemplo.

Seiscentos anos antes de Cristo o rei Pheidon de Argos criou uma lei fixando um padrão para a aceitação de **varetas de ferro** como **meio de pagamento**. Pheidon tomou como base o **valor corrente entre mercadores** e regulamentou a troca de varetas de ferro fundido por prata.

A relação para trocas (tecnicamente conhecida como ratio) era de 1:2000 (1 para 2 mil). Ou seja: um obol de prata de 1 grama valia tanto quanto um punhado de varetas de ferro pesando 2.000 gramas (2 quilos).

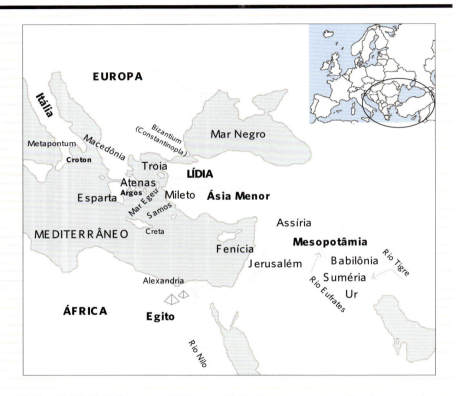

Está na hora de olhar para o mapa onde a viagem começa. O reino espartano de Pheidon cobria um bom pedaço da Grécia Antiga. Padrões diferentes para os meios de pagamento foram fixados no outro lado do Mar Egeu, a leste de Argos, na Ásia Menor. Ali existiram a Lídia e cidades famosas como Troia. Poucos nomes sobreviveram nesse berço europeu das moedas, varrido por guerras e invasões. Lídia ou Anatólia são agora a Turquia. Pitágoras viveu em Croton, colônia da Magna Grécia, que hoje é parte da Calábria.

A mente humana deu um salto enorme quando passou a usar moedas como meio de pagamento. A razão é simples: moedas circulam com mais facilidade

do que varetas de ferro. E os símbolos que elas transportam mexem com a imaginação. A base do padrão monetário que apareceu na Lídia era uma liga de ouro e prata abundante, conhecida como **electrum**.

Ouro, prata e cobre tirados de fornalhas eram cortados e levados para bigornas. Imagens entalhadas em metal eram gravadas a marteladas por moedeiros. O método evoluiu, mas as formas primitivas de **cunhagem** duraram cerca 2 mil anos.

A **cunhagem mecânica** só tomou fôlego depois de uma greve de moedeiros que não queriam perder o emprego para as máquinas na Inglaterra. Eles ganharam tempo, mas foram vencidos pela Revolução Industrial do século XVIII. O desenho do moedeiro primitivo aparece num livro de **Kurt Prober**, um dos maiores numismatas brasileiros (1909/2008).

O QUE DIZ A BÍBLIA SOBRE MEIOS DE PAGAMENTO

Ecos da guerra de Troia, cantos de sereias e lendas como a dos Argonautas, Amazonas, Ulisses, Aquiles, Teseu e outros heróis e heroínas, povoam a imaginação nessa altura da linha do tempo. Lendas que circularam há 2.600 anos ficaram. Mas as provas de paternidade das primeiras moedas desapareceram. Nomes e culturas também sumiram do mapa da Ásia Menor. Onde antes existiram a Lídia e a famosa escola de **Tales de Mileto**, hoje existe a Turquia.

É mais fácil acompanhar a **história dos meios de pagamento em geral** do que descobrir quem, exatamente, inventou **as primeiras moedas** na Terra. O primeiro inventor de moedas entre a Grécia e a Ásia Menor pode ter sido um comerciante esperto: ele descobriu que podia ganhar dinheiro garantindo a qualidade de pepitas de ouro carimbadas com seu brasão.

Na **Torá** judaica (Antigo Testamento na **Bíblia** dos cristãos) algumas pistas podem ser encontradas sobre os **meios de pagamento** usados no passado. Diz o **Gênesis (23:17)** que Abraão usou "**quatrocentos siclos** (shekels – medida de peso) **de prata corrente entre mercadores**" como **meio de pagamento** de um lote de terra no cemitério onde enterrou Sara.

Detalhes dessa história fascinante se encontram na *Enciclopédia Judaica* (vol. III, p. 282 – Vol. IV, p. 706). Ninguém sabe exatamente quando

Abraão nasceu. A tradição judaica aceita o ano 3761 antes de Cristo como referência para a Era da Criação do mundo. Abraão teria nascido muito tempo depois.

Alguns historiadores preferem acreditar que ele foi um mito, mais do que um homem. Abraão seria assim o mito inspirador dos grandes líderes espirituais, reis e profetas que surgiram ao longo da história de Israel. Fatos ou lendas em torno dessa figura adotada por outras culturas e religiões têm cerca de 4 mil anos, contados do século XXI para trás. A história da migração de Abraão e de sua tribo começa na cidade de **Ur, na Mesopotâmia** (veja o mapa).

TERÁ SIDO MESMO UMA INVENÇÃO DOS LÍDIOS?

A prata era muito popular no passado bíblico. O punhado espartano de varetas de ferro também. Mas os estudiosos do dinheiro antigo (numismatas) concordam em atribuir a invenção da moeda à Lídia. Há muita divergência sobre isso e os lídios talvez não tenham sido os primeiros. Mas foram, com certeza, os maiores marqueteiros do novo negócio.

Com um pouco de bom senso, é possível deduzir por que as moedas feitas em bigornas tomaram o lugar das barras de ferro como meio de pagamento: eram mais fáceis de padronizar, transportar e trocar. Além disso, a moeda democratizava o comércio.

Os símbolos e figuras gravados apelavam para a imaginação humana e a base da economia rural, como espigas de cereais e animais. Reis, reinos, teocracias (governos de líderes religiosos), democracias e tiranias de todos os tipos logo descobriram que podiam usar a face da moeda para vender a própria imagem. Marketing político. Aos poucos apareceram datas, legendas e até sinais ocultos dos próprios moedeiros.

Para facilitar a leitura deste livro, falaremos daqui para a frente em **cunhagem**, em vez de **martelagem**.

HELENA DE TROIA, AMAZONAS E BERÇO DE VÁRIAS LENDAS

Electrum Staters com as figuras do leão e do touro descobriram rapidamente o caminho das *Ágoras* (mercados) e portos da Lídia. O uso de moedas pelos negociantes prosperou ali por causa das reservas abundantes de **electrum** (liga de ouro e prata) em rios e montanhas.

Além de modernizar os meios de pagamento, a Lídia foi um berço de heróis, heroínas e muitas lendas. Dizem que além de Helena de Troia e

Hércules, rainhas herdeiras das Amazonas viveram lá. Argonautas vagavam pelas regiões costeiras do Mar Egeu, entre a Grécia e a Ásia Menor.

Escolas de grandes matemáticos, como Tales de Mileto, fizeram a fama de cidades da região. Pitágoras talvez tenha estudado com Tales. Pedaços da história da Lídia são contados por Heródoto e Aristóteles. Lendas dos lídios inspiraram livros famosos, de Platão ao **Senhor dos Anéis**.

As fronteiras eram incertas em tempos tão distantes. Mesmo assim, é possível localizar no mapa deste capítulo as regiões onde viveram sumerianos, babilônios, egípcios, judeus, fenícios, assírios, persas, árabes, espartanos, macedônios, atenienses, romanos, greco-romanos e vários outros povos e tribos.

As migrações nos tempos de Abraão seguem trilhas que começam em Ur, atravessam a Mesopotâmia, passam pela Babilônia, Egito, Fenícia, Assíria e chegam até Jerusalém. Esse é o caldeirão de dois a três mil anos antes de Cristo, onde fervia a cultura religiosa, que iria se espalhar no mundo ocidental.

Ali apareceram faraós, pirâmides, líderes carismáticos, códigos como o de **Hamurabi** e **meios de pagamento com preços fixados por mercadores**, tal como conta a Bíblia.

A Lídia ficava numa parte da Ásia Menor separada da Grécia por um braço do Mediterrâneo, o Mar Egeu. Um estreito entre o Egeu e o Mar Negro, conhecido agora como Dardanelos, permite atravessar as águas com facilidade para entrar na Europa e chegar à Grécia. Constantinopla, hoje Istambul, surgiu naquela encruzilhada.

Por causa dessa posição estratégica para a geopolítica da época, a Lídia foi um palco de guerras constantes e lendas como a de Troia. A região foi invadida pelos persas, reconquistada por Alexandre, o Grande e mais tarde dominada pelos romanos. Parte da Ásia Menor já se chamou Anatólia, Império Bizantino, Império Otomano e agora é a Turquia.

*Constelações visíveis no céu desse lado do mundo foram batizadas com os nomes do **Touro** e do **Leão**, homenageando dois animais considerados sagrados. O leão que aparece sozinho no **trite** era o símbolo da força, e os **numismatas** dão muita importância a ele. Os **antropólogos** olham com mais cuidado para o **touro**, pois a simbologia inspirada por esse animal teve um fôlego maior que o do leão e foi bem mais longe.*

Esta moeda pertence à família dos **staters de prata pura** e disputa um lugar entre as primeiras do mundo. Tem 2.545 anos. O tamanho real dela é um pouco maior que um grão de feijão. **Stater significa "peso"**. O stater era a maior denominação do **electrum stater feito com liga de ouro e prata**. As peças menores se chamavam **tritai** (terços, no plural em grego, **trite** no singular), **hektai** (sextos) e assim por diante, até a 96ª (nonagésima sexta) fração.

Um touro e um leão em combate aparecem no anverso desta moeda, o lado que comumente chamamos **"cara"**. Quando as moedas se espalharam nas colônias gregas do sul da Itália foram renomeadas como **nomos** ou **noummos**. Essa é uma das raízes da palavra **Numismática**, ciência que estuda as moedas.

A TROCA É A FONTE DO VALOR, E NÃO O CONTRÁRIO

Imagens de touros alimentam a imaginação humana desde a vida nas cavernas. Eles eram considerados sagrados nas **Serápias** egípcias e continuam reinando em lugares famosos do mundo: **em Wall Street um touro esculpido em bronze simboliza o mercado de ações em alta**.

Fomos lá fotografar o ícone de Wall Street. Ele vai entrar nestas páginas na viagem de volta do passado para o presente. Você vai olhar para ele com outros olhos. Você saberá tudo sobre as metamorfoses pelas quais o touro passou até desembarcar em Wall Street. E aí você só será enganado pelo ícone se quiser.

> *A história do touro, ou do boi, começa nas cavernas: touros enormes eram pintados e vistos como animais sagrados. Séculos depois de domesticado e usado como fonte de carne e leite, o touro passou pela primeira grande metamorfose: virou trator para arados, facilitando a agricultura em larga escala. Mesmo assim, manteve a aura sagrada e emprestou seu nome para uma constelação.*

Por tudo isso e também por causa do simbolismo religioso, a imagem do touro acompanha as moedas desde que elas foram inventadas. Felizmente o cérebro humano nunca ficou refém dele. Nem do leão. Nem de águias, carneiros, corujas e outros animais simbólicos.

O gatilho disparado quando o olho bate na moeda vai atrás de uma informação elementar. **Essa informação só aparece se houver uma relação de troca**. *Uma moeda de ouro com a imagem de um touro não valeria nada numa ilha deserta. É por isso que a* **troca é a fonte do valor, e não o contrário**. *É através da troca que se descobre o valor e encontra a resposta para a pergunta:*

> *"Quanto vale?"*

O QUE VEIO ANTES: COMÉRCIO OU MOEDA?

Valor intrínseco: *o valor das primeiras moedas era bem diferente do que elas conquistaram séculos depois. O dinheiro primitivo dependia do* **valor intrínseco**, *isto é: valor do ouro, prata ou liga metálica usados nas moedas.*

As varetas de ferro padronizadas em Argos nos tempos de Pheidon circulavam por causa da utilidade do valor do metal. As varetas eram disputadas porque havia pouco ferro. As varetas valiam **quase como moeda**, mas sua âncora era o **valor intrínseco real** derivado do que se podia fazer com o ferro: lanças, pontas de flechas, espadas, panelas, ou... meio de pagamento.

Um pouco antes ou um pouco depois de Pheidon, vários tipos de **quase moeda** apareceram na China, Índia, Japão e noutros lugares. Tudo devia ter valor intrínseco. Nenhum governo ou Estado, em nenhuma época, foi capaz de manipular durante muito tempo **o valor de um meio de pagamento aceito entre mercadores**.

Quando a liga de metal era pobre, ou falsificada, cedo ou tarde as pessoas descobriam e fugiam para o ouro, prata, cereais e mercadorias com valor real. O sinal da inflação ou da decadência moral e material de um império era cruel: a moeda fraca era derretida e o metal negociado pelo que valia na balança. O dinheiro que circulou no fim do Império Romano deixa isso bem claro. O gráfico da desvalorização da moeda acompanha passo a passo o gráfico da queda do Império Romano.

Valor fiduciário: *Cédulas de papel-moeda com um valor simbólico, tecnicamente chamado de* **valor fiduciário**, *só aparecem no século XIX. O dólar, que hoje é poderoso, teve de lutar para ser aceito. Não foi fácil convencer norte-americanos a usarem as cédulas emitidas depois da independência dos Estados Unidos.*

Para ganhar confiança, o dólar de papel entrou no século XX com uma legenda dizendo que valia como se fosse um **Certificado de Prata *(Silver Certificate)***. Se você quiser comprar um dos primeiros certificados emitidos em 1899, prepare o bolso: um certificado autêntico não sai por menos de 300 dólares na loja de um numismata.

Houve um tempo em que o Tesouro norte-americano precisava declarar por escrito, em bom inglês, que as pessoas podiam confiar no dólar de papel. Confiar por quê? Porque ele podia ser trocado (resgatado) por metal. Só com o correr do tempo o dólar de papel ganhou a aceitação geral. As cédulas começaram, então, a circular pelo **valor fiduciário**. A palavra *fidúcia* vem do latim e significa **confiança**. Sucessos de invenções do século XXI, como a *Bitcoin*, morrem se não conseguem isso: **fidúcia, confiança**.

A moeda não apareceu na Lídia por um passe de mágica, numa data qualquer. Surgiu por causa do lastro numa riqueza local e abundante: a liga rica em ouro chamada *electrum*. O electrum era garimpado no rio Pactolus, nos montes Tmolus e Spylus. A região era uma espécie de Chapada Diamantina misturada com Ouro Preto e Serra Pelada no Brasil. O que veio antes, então – o comércio ou as moedas? **A história do comércio é bem mais velha que a história das moedas, mas esse é um caso típico em que uma perna puxa a outra.**

O comércio evoluiu através da troca (*barter*) de produtos no agronegócio, principalmente grãos, uns três mil anos antes de Cristo. Comerciantes sumerianos de **Ur** (perto de Bagdá, no mapa) cunhavam selos para garantir a origem e a qualidade das mercadorias. **É por isso que a Torá fala em preços correntes entre mercadores.**

> *Arqueólogos encontraram tabletes de cerâmica escritos na Mesopotâmia, falando em **meios de pagamento** com palavras que agora pareceriam truncadas: "... tantos grãos de cevada foram usados para pagar tantas unidades de prata ..."*

A prata e o ouro só assumiram a liderança como meio de pagamento quando os comerciantes descobriram a utilidade dos metais raros. Além de facilitar a poupança e as trocas, podiam ser escondidos durante guerras e eram mais fáceis de transportar. A moeda democratizou o uso.

Quem enterrou moedas não deve ter feito isso pensando em deixar um legado para a humanidade. Mas foi graças aos potes com tesouros perdidos que numismatas e arqueólogos conseguiram recuperar boa parte da história dos meios de pagamento.

Azeite, cerâmica, tecidos e cereais transportados em barcos eram trocados por ouro e prata nos portos do Mediterrâneo, do Mar Egeu e Egito. Os fenícios foram pioneiros nesse comércio.

A incerteza sobre o teor de ouro na liga do electrum da Lídia dificultava as trocas. O rei Croesus deve uma parte da fama à espertaza dos moedeiros dele para lidar com esse problema. Símbolos da corte foram cunhados nas moedas, funcionando como garantia de peso e tipo de metal usado.

*Veja: a palavra **stater** significa **"peso aferido"**. Segundo alguns numismatas, como Kraay, falar em **electrum stater** era o mesmo que dizer **moeda com liga de ouro e peso aferido (ou garantido)**.*

Grandes negociantes podem ter emitido moedas com seus próprios brasões bem antes de Croesus. Arqueólogos alemães definem esses tipos como **Wappenmünzen** (de Wappen + münzen, que em alemão significa **brasão** + **cunhagem**). O British Museum tem alguns exemplares. Inventadas ou não no reino de Croesus, as primeiras moedas foram clonadas e proliferaram na Grécia e nas ilhas vizinhas. O nome de Croesus virou sinônimo de riqueza e até hoje é usado com o mesmo significado. Dizem que Sólon, um dos sábios que mais contribuíram para fortalecer as leis e o sistema monetário grego, visitou o palácio dele em Sardis.

Parece que Sólon não gastou muito tempo para perceber o tamanho do ego do rei. Vaidoso como era, Croesus levou donativos ao Oráculo de Delfos. O oráculo disse que se ele fosse à guerra, um grande reino cairia. Croesus interpretou as palavras a favor e armou um exército para combater o Império Persa. O exército da Lídia foi derrotado pelos persas no ano 547 antes de Cristo.

Correu a lenda de que Croesus só não morreu numa fogueira por causa de uma chuva milagrosa. Salvo pela chuva, foi levado para a Pérsia, onde trabalhou como escravo na assessoria da corte de Cyro. Morreu lá, acredita-se que tenha sido assassinado.

Siglo persa (**shekel**) que circulou entre 420 e 375 a.C. Depois da derrota de Croesus, o **electrum stater** lídio com as figuras do touro e do leão aos poucos deixou de circular. No lugar dele entrou a moeda persa com a figura de um guerreiro ou do próprio rei, empunhando as melhores armas de combate da época: lança, arco e flecha.

EM ALGUM LUGAR NESSAS REGIÕES PODE TER EXISTIDO UM PARAÍSO TERRESTRE

Foto do autor transmitida de Basrah por radiofoto, através da UPI em 17/10/1980. Linha de frente da guerra.

Essa é a região onde muitas religiões acreditam que existiu o Paraíso Terrestre, em algum momento de um passado remoto. Perto dali, entre Bagdá e Basrah, ficam as ruínas dos jardins suspensos da Babilônia. Abraão começou a peregrinação dele saindo de Ur, quase na foz dos rios Tigre e Eufrates (veja no mapa onde fica Ur). O que se encontra agora nas trilhas da Mesopotâmia é uma paisagem deserta, charcos salinizados e canais de irrigação destruídos. O tanque e as trincheiras foram fotografados duas milhas ao norte de Abadan, durante a guerra de 1980 entre o Iraque e o Irã. Rolos de fumaça sobem de oleodutos explodidos.

GUERRAS DO PARAÍSO PERDIDO

De volta ao passado: com Croesus fora do caminho, os persas dominaram a Ásia Menor e a Mesopotâmia. A burocracia persa aprendeu com os lídios a vantagem de usar moedas para pagar o soldo de mercenários, comprar cavalos, camelos, cereais ou vender escravos.

Depois de copiar o que havia de bom e prático nas invenções monetárias dos lídios, os persas mudaram o sistema. Darics e sigloi persas ocuparam o centro do palco e Cyro entrou na história como Cyro, o Grande. O Império Persa chegou até a Babilônia. A Torá conta que quando os judeus se livraram do cativeiro na Babilônia usaram siglos (shekels) como um dos meios de pagamento na viagem de volta para Jerusalém. **Você acabou de ver um desses sigloi bíblicos.** A circulação de moedas no varejo era pequena quando elas apareceram, mas nunca parou de crescer. Qual seria o valor de troca de um shekel naqueles tempos? Só uma coisa é certa: era **"o valor corrente entre mercadores"**, como diz a Torá.

Quando alguém viaja agora para a Flórida, Lisboa, Paris, Tóquio ou Bariloche tem de trocar reais por dólares, euros, ienes ou pesos argentinos. É fácil entender quanto vale seu meio de pagamento: basta entrar numa casa de câmbio. **Quando se viaja no tempo é mais difícil entender as relações de troca. Poucos são os usos e costumes que valem para qualquer época.**

Descobrir o "valor corrente das coisas entre mercadores" *é uma receita que pode dar certo em qualquer época. Mesmo assim,* **tudo depende do valor social das coisas. Antropólogos gostam de dizer isso**: *se você estiver fazendo uma pesquisa sobre o comportamento humano num passado remoto, e não achar provas do que quer demonstrar, a razão pode não ser só falta de sorte. Talvez não existam provas porque as coisas tinham um valor social diferente.*

O câmbio no passado remoto é um matagal onde não se pode entrar só com o olhar dos economistas. Pouco se sabe sobre detalhes importantes, como a **velocidade de circulação dos meios de pagamento** (**MV**, no jargão técnico) ou os **juros**. Nos tempos bíblicos era mais complicado ainda, por causa do valor intrínseco das moedas e da variedade de padrões.

O moedeiro bíblico tinha de ser bom nas contas. O shekel fenício pesava 7 gramas. Na Pérsia os siglos (shekels) pesavam 5,35g, e os darics, 8,35g. Além disso, o electrum stater da Lídia era dividido em frações de 12, ou **duodécimos**. O sistema **duodecimal** até hoje é usado nos relógios, mas pouca gente tem consciência disso.

Doze é um número facilitador: *pode ser* **fatorado** *facilmente, isto é, dividido por seus* **fatores** *(2, 3, 4, 6), simplificando o cálculo de frações. Só que... os inventores do cálculo sexagesimal* **não conheciam o zero**. *Você também dispensa o zero quando diz 1 hora, em vez de 60 minutos. Pense: um ciclo completo do ponteiro de seu relógio tem 12 horas. Quando completa 12 ele começa a contar novamente. Seu relógio é duodecimal. Na base duodecimal de cálculo 11 + 2 = 1. Seu cérebro pensa assim sem lhe dizer nada, quando prefere falar em 1 hora da tarde em vez de 13 horas.*

O peso não era tudo nas relações de troca de moedas: a imagem que elas transportavam refletia a cultura do lugar onde nascia. O imaginário das moedas prova que um dos fundadores da sociologia, Émile Durkheim, tinha razão. Ele dizia que grandes batalhas da alma humana acontecem em palcos bem definidos: o palco do **valor profano** (mercado) e o palco dos valores sagrados (templos, mesquitas, profetas, deuses, deusas). Símbolos e imagens são o espelho de uma cultura:

> *As imagens das moedas do período mais rico e próspero do Império Persa faziam a propaganda de um grande rei.*
> *O imaginário nas moedas gregas é bem diferente. Elas refletiam o espírito da Pólis (cidade) e das Ágoras (mercados).* Quase sempre circularam cheias de figuras olímpicas de deuses, deusas ou seres da natureza.

A cultura grega prevaleceu no Mediterrâneo. A Grécia derrotou o Império Persa no século IV a.C. e dominou parte da Ásia, Mesopotâmia e Egito. A decadência do mundo grego coincide com o enfraquecimento da **drachma** e o fortalecimento do **denário**, a moeda do Império Romano. Uma das moedas mais curiosas na infância dos meios de pagamento nas ilhas gregas mostra um fauno itifálico nu, sequestrando uma ninfa.

RIQUEZAS DA TERRA E CELEBRAÇÃO DA FERTILIDADE NA FACE DAS MOEDAS

Dilmun
2500 a.C.

Trácia
500/460 a.C.

A Mesopotâmia destruída pela guerra que você viu na foto tinha outra cara uns 7 mil anos atrás. O adensamento humano forçou o cultivo organizado de alimentos e a região começou a prosperar. Por volta de 2500 anos antes de Cristo, comerciantes emitiam selos em Dilmun para garantir a origem de mercadorias. O imaginário desses selos não é muito diferente da moeda que você vê acima. As imagens representam animais e produtos ligados à terra.
 Entre 500 e 463 anos antes de Cristo, quando as moedas já circulavam nas ilhas gregas, a simbologia mudou, mas a inspiração era a mesma. Num Stater de prata (AR) da Trácia (22mm, 8,96g) um fauno itifálico sequestra uma ninfa. A imagem é uma celebração inocente da fertilidade. Quem tinha uma moeda dessas no bolso achava que atraía os gênios do bem para plantações de oliveiras e vinhas. Imagens desse tipo foram banidas da face das moedas por religiões e culturas ortodoxas. Ou por causa de preconceitos que surgiram séculos depois.

NÚMEROS: COMO DESCOBRIR VALORES INVISÍVEIS?

Nossa viagem ao passado remoto dos meios de pagamento mostrou a face visível das moedas. Resta agora descobrir a **face invisível** delas. Para decifrar os enigmas que essa face invisível esconde é preciso mergulhar na **matemática das relações de troca**. Vamos ter de somar, diminuir, multiplicar, dividir frações. Se você já sabe, ótimo. Vamos recapitular para quem não sabe ou esqueceu.

Quando alguns gatilhos enferrujados na cabeça não funcionam, a culpa é quase sempre transferida para os números. Números não fazem cara feia porque não têm cara. O medo que eles inspiram vem de dentro e começa nas escolas, que **ensinam a fazer contas antes de ensinar a lógica dos cálculos**. Vamos subverter isso e fazer as pazes com a lógica dos números:

Primeiro: não se aprende matemática só com números e só em aulas de matemática. Suas possibilidades de desenferrujar os gatilhos do cérebro aumentam se você viajar antes na companhia das musas, ninfas e faunos da música, história, antropologia, sociologia e... ética. Você vai entender o significado da ética dos números, lendo a entrevista de Sócrates feita por Meno, o garotão da guitarra na abertura deste capítulo.

Segundo: é preciso saber que o pensamento matemático flui com mais facilidade quando você usa comparações, ou analogias e vai aos poucos entendendo a lógica das coisas, objetos e formas. Tente entender a lógica de um problema. Só depois parta para a soma, multiplicação, divisão de frações, fatoração, logaritmos, funções etc. etc.

Vamos começar pela lógica elementar do dinheiro. **A lógica matemática do dinheiro brotou das coisas da terra, da Mãe Natureza para cima.** Alguém sempre quer vender e alguém sempre quer comprar alguma conta. O boi representa a riqueza da pecuária. A espiga de um cereal representa a fartura dos grãos na mesa. O fauno carregando a ninfa simboliza a fertilidade do solo. **Os números só aparecem depois, para definir a relação entre as coisas.**

Recapitulando: os tesoureiros de Argos descobriram a importância da relação de troca (ratio) há 2.500 anos. Espetinhos de ferro que cabiam num punho fechado (drachma ou dracma) deviam pesar cerca de 2 quilos. Dois mil gramas (2 quilos) de espetos valiam o mesmo que 1 obol de prata de 1 grama. A ratio (ou relação de troca) era de 1:2000 (1 para 2 mil). Ótimo. Já sabemos o que é ratio.*

---

* Tente não esquecer o que significa **RATIO**.

Grama não era exatamente o nome do padrão de peso usado pelos espartanos. Mas, para facilitar o raciocínio e as comparações, vamos usar padrões de peso existentes hoje em dia. Quando as moedas começaram a circular na Lídia, os tesoureiros tiveram de fixar a relação (**ratio**) entre **moedas de ouro puro e prata pura**. A lógica matemática foi a mesma usada pelos espartanos para a relação **ferro/prata**. Só que... a contabilidade dos lídios era mais complicada.

*Como calcular exatamente a relação de troca do **electrum stater**, levando em conta que ele era uma liga de metais com 54% de ouro e o resto prata? Sem saber como somar, dividir ou multiplicar frações, você dificilmente conseguiria um emprego como servente de moedeiro na Lídia, 600 anos antes de Cristo. Eles não tinham balanças de precisão nem calculadoras eletrônicas. Por isso eram tão bons no uso da cabeça. A primeira lição para usar bem uma calculadora é aprender a pensar, antes de apertar um botão. Botões não pensam por você.*

Numismatas como Martin Jessop Price e John Melville Jones fizeram algumas contas muito úteis. Temos de agradecer a eles, pois facilitaram a compreensão de como funcionavam as coisas em tempos tão distantes. Jones acha que a **ratio, ou relação prata/ouro** fixada pelos lídios girava em torno de **13.3 : 1** (treze ponto três partes de PRATA para uma de OURO).

A **ratio electrum/prata** era de 10:1 (dez para um). Dizer treze ponto três ou dez ponto três é o mesmo que dizer treze **vírgula** três. A primeira forma aparece nas notações matemáticas em inglês. A vírgula é usada nas notações matemáticas em português.

Palavras de outros idiomas como **ratio** e **spread** (**diferença** e **margem entre valores**) terminaram se infiltrando na língua portuguesa, e a tradução criou confusões. Algumas foram traduzidas do grego para outras línguas e só depois para o português. Outras vieram diretamente do latim. Por isso uma parte importante do significado original terminou se perdendo. Você descobre isso depois de se familiarizar um pouco mais com os números batizados em português como "**primos**".

O CORDÃO MÁGICO ENTRA EM CENA

Nossa viagem começa por onde deveria começar em todas as escolas: aprendendo a usar analogias, antes de tentar usar a lógica matemática pura. Vamos usar um cordão com doze nós para começar a fazer analogias.

A primeira lição que o cordão ensina é elementar: "eu não faço mágicas. A mágica quem faz é você, e tudo depende do seu olhar e da sua imaginação".

Vamos então tentar olhar através das três janelas que esse cordão pode abrir: uma para a **MÚSICA**, outra para a **GEOMETRIA** e a terceira para as **MOEDAS**. Lembre-se: o cordão pode tomar a forma que você quiser.

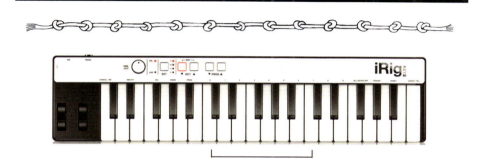

O cordão tem doze nós. A relação entre esse número e o teclado de um piano é visível. Contando as brancas e as pretas **no espaço da oitava marcada (de um DÓ até o próximo DÓ)**, você encontra **12 notas**. O teclado **iRIG** usado neste exemplo é metade real e metade virtual: se for plugado num **iMac** ou **iPad**, pode gerar as notas de um piano, órgão, guitarra elétrica e uma infinidade de outros instrumentos. Se você for músico, seria melhor deixar de pensar na oitava como abobrinha. **O problema cuja solução vale um milhão de dólares nasceu aí dentro**. Músicos, matemáticos e engenheiros acústicos poderiam dividir essa grana. Tudo depende da capacidade para usar o cordão mágico e trabalhar em equipe.

Neste exemplo o cordão se transforma em triângulo com um ângulo reto. Se você colocar letras como **a**, **b**, **c** nos lados, talvez descubra o teorema famoso atribuído a Pitágoras. Tente. Se não descobrir, veja a solução mais adiante.

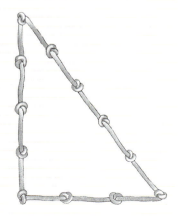

Não existe um limite para o que a imaginação pode fazer com o cordão. Se o número de nós variar, algumas formas geométricas podem gerar números aparentemente irracionais, como a raiz quadrada de 2. Dizem que uma discussão sobre esses números terminou em morte nos tempos de Pitágoras. Um dissidente da comunidade foi jogado para fora de um barco por causa de números que desafiavam a lógica. A cultura dos pitagóricos foi transmitida por tradição oral. Por isso é difícil separar o que foi fato do que foi versão, ou mera fantasia.

Com o passar dos séculos e a evolução da lógica matemática, discussões filosóficas deixaram de provocar mortes por afogamento. Para nivelar conhecimentos, é preciso lembrar que os números ganharam nomes novos: existem números naturais, números inteiros, números racionais, números primos e outros.

Números naturais, na definição mais simples, são aqueles números inteiros que usamos para contar (1, 2, 3... etc.). **Números inteiros** são os que também usamos para contar, incluindo seus **negativos** (-3, -2, -1, 0, +1, +2, +3... etc.). **Números racionais** são frações. Ou, em resumo: o resultado da ratio, a relação entre números inteiros. **Número primo** é aquele que só pode ser dividido por si mesmo ou por 1. Exemplo: 3, 5 ou 7.

Números irracionais são aqueles que parecem não ter fim depois de uma divisão. Não podem ser transformados em uma fração simples. **Números imaginários** foram criados para resolver equações complexas, como a famosa **hipótese de Riemann**.

Se você estudou ciências exatas, dê uma chance aos historiadores antes de achar que já sabe tudo sobre lógica matemática. **Não conseguimos ver com muita clareza onde estamos, quando ignoramos de onde viemos.** A mente humana nunca avançou em linha reta. Ela dá alguns grandes saltos entre Pitágoras e Euclides. Depois passa muito tempo estagnada, entre os anos 500 e 1453, quando acaba a **Idade Média**.

Mentes brilhantes aos poucos empurraram o pensamento para a frente. Alguns nomes merecem mais destaque nessa galeria: Galileu (1564–1642), Kepler (1571–1630), Newton (1642–1727), Leibniz (l646–1716), Euler (1707–1783), Gauss (1777–1855), Dirichlet – precursor pouco conhecido de Riemann (1859), Russell-Whitehead (1910) e outros. Até agora, a melhor definição dos limites do que se pode provar com a lógica matemática é a de Kurt Gödel (1931). Vamos visitar todos eles, tentando evitar armadilhas espalhadas no meio do caminho. Muitas derivam de erros de tradução, notações e significados na língua portuguesa. Outras refletem distorções na forma como as escolas tradicionais ensinam a pensar os números.

*Quase sempre os números são apresentados como **quantidades**. Na realidade, **números significam relações**. Sugestão: **pense no significado dos números como relações e não como quantidades**. Aos poucos você vai descobrir que um gatilho lógico do seu cérebro ficou mais azeitado.*

Se você for um brasileiro lendo este livro, pode ter sofrido também com traduções malfeitas de nomes e conceitos que chegaram até nós vindo de tempos remotos. Dois casos emblemáticos de traduções erradas: o significado da **"raiz de um quadrado"** e **"números primos"**.

O significado desses dois foi corrompido enquanto pulava de língua em língua, até desembarcar no português. É mais correto pensar na **raiz de um quadrado** do que falar em **raiz quadrada**. Você já viu uma raiz quadrada na natureza? Logo vamos ver de onde vem o erro.

Os **números "primos"** são outro bom exemplo de significados embaralhados por traições linguísticas. Por enquanto basta lembrar que em outra língua, como o inglês, **número primo** se traduz como *"prime number"*. A tradução literal de **"primo"** para o inglês é *"cousin"*, definindo uma relação de parentesco. Se alguém disser *"cousin number"* numa aula de matemática em inglês vai gerar gargalhadas. Esse é um bom exemplo da importância da linguística: **nascemos todos com o mesmo hardware (o cérebro), mas a linguagem (o software) pode estragar tudo**.

Essas comparações talvez sejam um pouco cruéis com a língua falada pelos brasileiros. Afinal de contas, a origem da palavra "primo" em português vem do latim (prima – primorum – primus), que tanto pode significar começo como primazia. Vamos descobrir mais adiante o que significa o conceito de primazia aplicado aos números... primos.

O português é uma bela língua, mas foi muito traído por tradutores. Vamos reler com cuidado a cartilha dos **significados**, para não dar interpretações erradas às placas espalhadas na linha do tempo, ou ser jogado para fora do barco como o dissidente pitagórico.

QUEM INVENTOU O CORDÃO?

De volta ao cordão mágico: se ele não foi inventado pelos gregos, então quem inventou? O cordão era uma ferramenta simples e milenar de trabalho, conhecido por várias civilizações e culturas. Cordões parecidos foram usados há mais de 5 mil anos na *Mesopotâmia* por sumerianos e babilônios.

Esses povos viviam abaixo de Bagdá, no Iraque, numa região cortada pelos rios Tigre e Eufrates. Já sabemos onde isso fica no mapa. Num painel em alto-relevo encontrado em Tebas (no Egito) feito por volta do ano 1400 a.C. pedreiros aparecem enfileirados, puxando um cordão. O cordão era o esquadro usado pelos pedreiros antigos para desenhar ângulos retos, lançar fundações e levantar paredes.

O uso era generalizado. Era a norma. E a norma nasceu do teste e aprovação nos canteiros de obras de canais de irrigação, muralhas e pirâmides misturando suor, intuição e bom senso. Algumas fórmulas matemáticas complicadas derivadas do uso do cordão só eram transmitidas de boca em boca, ou dentro de grupos fechados. Esse era o *know-how* que valia ouro na época, da mesma forma que os algoritmos de programas para computadores no tempo presente.

Os pedreiros continuam até hoje usando os mesmos métodos de medição de áreas. Eles *passam linhas* para demarcar fundações e evitar que uma casa suba com ângulos de parede distorcidos, ou fora de prumo.

Por que o brilho teórico do cordão aumentou com os gregos? Aumentou porque eles souberam combinar a geometria aplicada ao mundo real com a abstração da música dos números, e levaram essa bagagem toda para o pensamento filosófico e estético.

Platão, num livro famoso, descreve um diálogo de Sócrates com um personagem chamado Meno e um garoto que era seu escravo. Meno é um personagem importante para este livro. O escravo de Meno não estudou matemática nem geometria. Diante do olhar desconfiado de Meno, Sócrates pediu que ele desenhasse algumas figuras na areia. Enquanto o escravo desenhava, Sócrates conversava com ele e perguntava o que via. Pouco a pouco o garotão descobriu relações numéricas entre os quadrados. Ele estava usando os gatilhos lógicos implantados pela Mãe Natureza no cérebro.

*Tomamos o nome de **MENO** emprestado para o garotão que toca guitarra e viaja no tempo neste livro. Ele não é nem tem escravos.*

Você pode redescobrir um teorema atribuído a Pitágoras fazendo o mesmo exercício lógico do garotão do diálogo com Sócrates. Use o cordão mágico para desenhar o triângulo. Depois desenhe os quadrados nos lados e lembre-se: **número não significa número. Número significa relação**. Use sua percepção espacial e descubra as relações numéricas entre as figuras **a**, **b**, **c**.

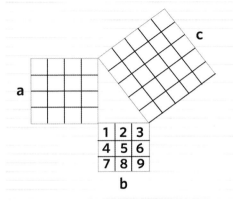

O exercício fica mais fácil se você desenhar o triângulo **a**, **b**, **c**, mantendo a proporção de 3 nós, 4 nós e 5 nós para definir o tamanho de cada lado. A lógica de nossa viagem ao passado começa com o cordão. Adotamos esses números simplesmente porque eles facilitam os cálculos. É mais fácil descobrir analogias quando você simplifica um problema. Antes de ler o resto deste capítulo, tente descobrir as proporções numéricas entre os quadrados. Conte os pequenos em cada quadrado grande.

Um dos berços desse e de outros exercícios didáticos é a ilha de Samos, perto de Mileto, na região costeira da Lídia (veja no mapa). Supõe-se que Pitágoras nasceu ali, mas cada biógrafo conta uma coisa. Um dos mais famosos, **Iamblichus**, diz que ele pertencia à família de um tal Ancaeus. Esse Ancaeus colonizou Samos e seria nada mais, nada menos que um descendente de **Zeus**.

Outro biógrafo, **Porfírio**, diz que houve uma crise de falta de alimento em Samos e Pitágoras nasceu em Tyre (Tiro), na Síria, para onde os pais imigraram. Outros acham que ele foi aluno de **Tales de Mileto**. Se isso for verdade, estamos falando em alguma coisa ao redor do ano **570 a.C**. Tales deixou registros de um eclipse no dia 28 de maio daquele ano. Datas de eclipses não mudam no calendário.

Imagine como fervia a imaginação das pessoas na época de Pitágoras. Se aceitarmos as versões de outros biógrafos, a mãe dele era herdeira de uma família Geomoroi, e o pai, um gravador de joias. **Geomoroi** era como se chamava uma casta de fazendeiros. A palavra tem a mesma raiz de geômetra ou geometria, combinação de terra (ge) e metria.

Pitágoras, ou os pitagóricos viveram, portanto, quando a geometria, a matemática financeira e a teoria musical ensaiavam os primeiros grandes saltos no lado europeu do mundo. E a geometria primitiva era usada para quê? Isso nunca mudou nem vai mudar: a geometria se usa para medir glebas de terra para plantação ou para construir casas, muros, muralhas, barragens, canais de irrigação.

Julgando pela herança que eles deixaram, os pitagóricos eram gente ligada ao agronegócio. Partindo dessa base se educaram e cresceram. Quase todas biografias dizem que Pitágoras viajou muito e conviveu com sábios egípcios e babilônios.

CALCULANDO SEM USAR O ZERO

Pitágoras ficou mais conhecido pelo teorema batizado com seu nome. Talvez você se surpreenda quando souber que ele nunca escreveu a fórmula do teorema, tal como aparece hoje nos livros de álgebra. Os gregos daqueles tempos usavam letras do alfabeto para fazer contas. A letra α (alfa) representava o número 1. A letra β (beta) significava 2. Daí vem a palavra *alfabeto*.

Os gregos não conheciam nem usavam o zero tal como funciona na matemática contemporânea. Por isso, 10 era representado por uma única letra ι (iota). Da mesma forma a letra κ (kapa) significava 30 (tudo sem zero).

Os conceitos de 0 (zero) e os valores móveis atribuídos aos números (como em 1001 por exemplo) chegaram à Europa muitos séculos depois de Pitágoras. **Zero é um número**. Aceitamos dizer que **2 + 0 é igual a 20**. Isso faz sentido. O que não faz sentido é dizer **2 + nada é igual a 20**. Nosso cérebro toma decisões por conta própria com frequência.

Quando pensamos em 1001, o primeiro número 1 (um) vale mil e o último 1 (um) vale apenas 1. Nossa cabeça faz essa conversão (chamada **posicionamento notacional** pelos matemáticos) achando que é lógica. Essa forma de trabalhar com os números era usada por astrônomos da Índia. Primeiro desembarcou em Bagdá, quando essa cidade era muito rica e visitada por orientais.

Dali o zero foi levado para a Europa por um matemático árabe chamado **Al-Khwarizmi** (pronuncia-se Alkrharismi) entre 700 e 1.000 anos d.C. Daí vêm as palavras **algarismo** e **algoritmo**. Naquela época a Espanha e Portugal eram dominados por mouros. A contabilidade no resto da Europa usava números romanos, como **X** para 10, **C** para 100 etc.

A álgebra como conhecemos hoje só decolou com a ajuda de Descartes, Newton, e de novas formas de escrever os números, cerca de dois mil anos depois de Pitágoras. O zero foi aceito porque alguns achavam que facilitava o raciocínio. Pitágoras é, simplesmente, um dos ancestrais mais famosos da álgebra, e fez suas descobertas ignorando o zero. Alguns teóricos e estudiosos de lógica pura acham que o zero é um atraso na forma de pensar.

*O cordão usado para dividir glebas de terra produzia figuras. Como todo bom descendente de **geomoroi**, Pitágoras possivelmente **pensava olhando para figuras geométricas**. Só depois interpretava as relações numéricas transportadas pelas figuras.*

Fato concreto: Pitágoras nunca escreveu a fórmula atribuída a ele com a expressão $a^2 + b^2 = c^2$ do jeito que aparece nos livros contemporâneos de álgebra ou matemática. Vamos ver a razão disso. A pedagogia pitagórica abordava **números** essencialmente como **resultado de relações**. Grandes educadores, como Anísio Spinola Teixeira, tentaram empurrar as escolas brasileiras para um caminho parecido. O golpe militar de 1964 enterrou os planos e projetos da "escola nova".

Os CIEPs criados no período do governo de Leonel Brizola no Rio, assim como os CEUs de São Paulo, são uma pálida imagem do que foi imaginado por Anísio Teixeira. Vamos dar mais um passo à frente olhando para a figura que você já conhece: o triângulo **a**, **b**, **c**. Observando quadrados e triângulos, é possível partir para os números abstratos gerados pelas figuras. Formas e associação de formas levam aos números.

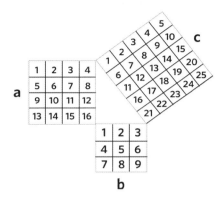

Os números **vistos** por Pitágoras olhando para o triângulo **a**, **b**, **c** simplesmente saltam de dentro das figuras. O quadrado maior colado no lado **a** do triângulo contém 16 quadradinhos (4 x 4 = 16). O lado **b** contém 9 (3 x 3 = 9) e o lado **c** 25 (5 x 5 = 25).

É fácil agora entender que "a" multiplicado por ele mesmo, ou seja: **quatro elevado ao quadrado** (4^2) + "b", **ou três elevado ao quadrado** (3^2) é igual a "c" **ou cinco elevado ao quadrado** (5^2). Veja agora a tradução disso em números:

$$4 \times 4 + 3 \times 3 = 5 \times 5$$

...e agora veja como isso pode ser traduzido também através da fórmula famosa:

$$a^2 + b^2 = c^2$$

Autores de livros sobre a história da ciência dizem que os egípcios não teriam construído as pirâmides se não soubessem como aplicar essa fórmula.

Se você acha que continuamos falando sobre abobrinhas matemáticas, espere um pouco. Tente não pensar apenas como matemático.

Dê uma chance ao antropólogo, ao sociólogo ou ao historiador que existe dentro de você.

Por que os egípcios construíram monumentos fantásticos, como as pirâmides, mas foram incapazes de inventar a moeda? Por que uma cultura monetária avançada floresceu entre os pitagóricos, e não entre os sacerdotes egípcios?

A vida social no Egito Antigo era organizada de cima para baixo: dos faraós e sacerdotes para o mercado e os mercadores.

Os valores eram prisioneiros dos deuses e de fenômenos da natureza, como a cheia periódica do rio Nilo. A figura do homem calibrando relações de troca entre meios primitivos de pagamento foi descoberta em ruínas por arqueólogos.

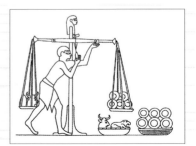

Do outro lado do Mediterrâneo, muito além da imobilidade eterna das pirâmides, **os meios de pagamento evoluíram de baixo para cima**. Os espetos de ferro espartanos eram pesados e não tinham espaço para símbolos ou imagens de deuses. Quando os comerciantes descobriram a vantagem de trocar espetos por moedas, elas rapidamente tomaram conta do negócio.

Com o passar do tempo a moeda grega abriu a face para imagens de deuses, heróis e tiranos. Mesmo assim, nenhum tirano ou religião radical conseguiu até hoje engessar o valor da moeda. Tentativas de engessamento do câmbio em geral acabam em desastres. Mal ou bem, a moeda sempre refletiu o **valor social e real das relações de troca das coisas**.

A moeda grega floresceu no meio **profano** das **Ágoras** (mercados). A democracia era imperfeita e alternava com períodos dominados por tiranos. Mas o mundo tinha saído para sempre das cavernas e não era mais refém dos mágicos. Era um mundo perplexo diante dos mistérios do universo.

Nessa época os avanços na geometria e na matemática começaram a encurtar distâncias entre o pensamento teórico, abstrato, e o conhecimento científico, baseado em experiências. Enquanto o conhecimento científico avançava, os mesmos números que geravam certezas geométricas, ou físicas, passaram a gerar dúvidas profundas.

Como explicar números que pareciam infinitos dentro de um mundo finito? Como entender a existência de um tempo terrestre com começo, meio e fim, e um tempo cósmico com séries sem fim? Você já conhece a fórmula atribuída a Pitágoras e as relações numéricas perfeitas que o cordão pode produzir.

Vamos agora visitar números aparentemente irracionais. Vamos tentar entender como a mente humana enfrentou os desafios gerados por eles conversando com Sócrates.

Meno, o garotão que toca a guitarra deste livro, vai entrevistar Sócrates por nós. *Você já sabe que ele usava a técnica do diálogo para provar que todas as pessoas são capazes de fazer analogias e tirar conclusões lógicas. Sócrates provou isso conversando com* **o escravo de Meno**. *Lembre-se: o* **garotão que viaja no tempo em companhia de Mariana, coleguinha de trabalho, tomou esse nome emprestado.** *E lá vamos nós acompanhar a entrevista dele com Sócrates, que agora vive numa nuvem virtual.*

QUEM MATOU SÓCRATES?
DIÁLOGO DOS NÚMEROS COM A ÉTICA NUMA REDE IMAGINÁRIA

Sócrates passeia olhando distraído para as rosas do jardim da casa dele nas nuvens. Meno chega com a guitarra elétrica debaixo do braço. Com todo respeito, espera que Sócrates perceba a presença de alguém no portão. Depois de um bom tempo, Sócrates desvia o olhar das roseiras em flor e com um gesto de mão manda Meno entrar.

Meno: o senhor recebeu meu e-mail sobre a entrevista?
Sócrates *(olhando com curiosidade para o recém-chegado):* recebi o quê?...
Meno: meu e-mail...
Sócrates: ah... e-mail... ouvi dizer que vocês estão usando as nuvens como correio. Pobres nuvens. Viraram depósito. Por melhor que seja minha imaginação, ainda fico pensando como é que uma carta pode viajar pro passado e cair no meu jardim...
Meno: o senhor acha impossível?...
Sócrates: nada é impossível... Já ouviu falar em *Alice no País das Maravilhas*? O criador de Alice mora numa nuvem aqui perto. Lewis Carroll era matemático. Sabia? Trocamos ideias de vez em quando. Como todo bom matemático, ele quer me convencer de que nada é impossível. Nós dois ainda estamos tentando entender a eternidade. Alice também...

Sócrates volta a olhar para as roseiras por alguns minutos. Depois olha para Meno com um ar meio tolerante, meio investigativo:
Sócrates: ...já que tudo é possível no mundo virtual, o que é que você quer saber?
Meno: queria saber quem matou o senhor.

Sócrates (*soltando uma gostosa gargalhada*): ...quer um furo de reportagem. Já esperava por essa, mas não posso mexer no passado. Se voltar atrás, corro o risco de ter de beber cicuta de novo. O gosto é péssimo. Mesmo assim, vou dar umas pistas. Por onde quer começar?
Meno: o senhor escolhe.
Sócrates: que tal começar pelo diálogo de um círculo com uma linha reta?
Meno: parece criativo... mas será que é possível?
Sócrates: acredite em Alice. Nada é impossível no mundo virtual. Sua rede virtual não conseguiu mandar você viajar na linha do tempo?
Meno (*olhando para as nuvens em busca de alguma inspiração*): o único diálogo de uma linha reta com um círculo que eu conheço é **pi**... aquela medida que não acaba nunca: 3,1415...
Sócrates (*com um ar desolado*)**:** não me diga que você é outro prisioneiro das armadilhas lógicas desses números que não acabam nunca... Vamos ver a mesma coisa por outro lado. Vamos tentar entender o diálogo das linhas de um triângulo com um círculo. Vamos definir que a base de um triângulo é o diâmetro do círculo. Que é que você acha?
Meno: vou tentar entender.
Sócrates: ótimo... um matemático vai achar que vou lhe dar um exemplo banal. Matemáticos deviam conversar mais com antropólogos. Vamos surpreender os matemáticos. Imagino que você sabe o que é diâmetro: a linha que divide um círculo ao meio. Desenhe um círculo com um diâmetro igual a 1 e batize ele como "**a**".

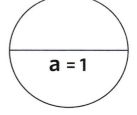

Meno: feito... e agora?
Sócrates: agora desenhe uma linha vertical "**b**" que sai da ponta do diâmetro e sobe. Essa linha deve ser do mesmo tamanho do diâmetro, ou seja: o comprimento de cada linha é **1**.
Meno: feito. Desconfio que sei onde é que o senhor quer chegar...
Sócrates: duvido... Ligue agora as pontas das duas linhas "**a**" e "**b**" para formar um triângulo.
Meno: feito.
Sócrates: você já sabe que o lado "**a**" tem **1** metro e "**b**" **1** metro também. Aplique a fórmula $a^2 + b^2 = c^2$ atribuída a Pitágoras e descubra "**c**".... Depois defina o que é "**c**".

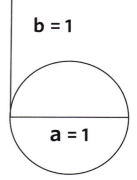

Meno confere alguns números na calculadora do iPad, mas desta vez vacila antes de responder. Veja o que ele escreveu na tela e depois no quadro-negro de Sócrates:

$$1^2 + 1^2 = c^2$$

Meno: foi fácil...

Sócrates (*sorrindo com uma pitada de ironia no canto da boca*)**:** já vi que você é esperto, cara. Olhou para a calculadora, viu que não achava um número exato para "c" e resolveu sair pela tangente escrevendo a fórmula no lado grande do triângulo. Infelizmente você usou mal a maquininha. Usou uma ótima ferramenta para não chegar a lugar nenhum. De novo: cadê o número (**c**) que multiplicado por ele mesmo (**c**) define o tamanho exato da linha?

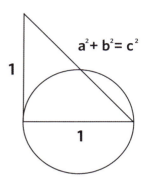

Meno: pô, Sócrates... isso é uma pegadinha? Não existe um número exato para "c". Um técnico da Nasa chamado Robert Nemirof calculou um número com 1 milhão de dígitos. Começa assim: 1.41421356237309504880168872420, e vai longe.

Sócrates (*com uma cara desconfiada*)**:** hummm... aqui aplicavam cálculos parecidos para encontrar a área de um círculo. Faziam polígonos cada vez menores dentro do círculo e iam somando as áreas deles. Chamavam isso de "método da exaustão...". Quem mora na eternidade tem o direito de ler tudo o que aparece nas livrarias. **Tom Apostol** escreveu um bom livro sobre a história do pensamento geométrico e do cálculo. Leu? Sabe o que é exaustão?

Meno: não...

Sócrates: é; imaginei. Então você usou a calculadora e ela lhe deu um número que vai longe e chega perto de um número exato. Mas "perto" não quer dizer "exato"... e como você não sabe achar o número exato, jogou a culpa na calculadora... Eu não disse que os matemáticos precisam de antropólogos? Será que você quer fazer carreira como os políticos que aparecem todo dia no noticiário da TV brasileira? Com um número inexato seu triângulo não fecha.

Meno: tem razão... a linha chega perto mas não fecha se o número não for exato.

Sócrates: muito bem. Muito bem... o triângulo não fecha. E se fosse uma ponte com 100 metros? Como é que você iria usar um número inexato pra construir uma base exata?

Meno: com todo respeito, Sócrates, número é número... a calculadora resolve problemas por aproximação.

Sócrates: entendi... problemas resolvidos por aproximação... Você deixa uma brechinha na cabeceira da ponte e diz ao motorista do caminhão carregado com 12 toneladas de soja pra forçar o motor e pular por cima da brecha. **O problema, cara, não é o número. O problema é a ética. Toda aula de matemática devia começar com uma aula de ética nesse Brasil de vocês. Quando a ética é frouxa, vale tudo. Qualquer fórmula vale.** Só que... se você construir uma ponte com uma perna mais curta do que a outra, ela cai. Se fizer uma linha de trem com um pedaço sem trilho, o trem descarrila. Gente morre. A safra se perde no meio do caminho da estrada esburacada. Marquises desabam na cabeça de quem passa na calçada. Aí você desmancha a ponte, remenda os trilhos, joga a culpa na calculadora e o governo pede aos deputados pra não cumprir a lei que proíbe gastar além do que foi aprovado no orçamento.

Meno: número é número...

Sócrates: número não é número. Número é relação... Número não tem cheiro, nem cor, nem sabor. Número é certo ou errado. Sua calculadora não pode ser usada como desculpa pra números inexatos. Converse com ela.

Meno: como é que eu vou conversar com uma máquina?

Sócrates: esse é o problema. Ensinaram você a viver num mundo de **quantidades.** Quando você reduz tudo a quantidades, você esquece as relações entre as coisas.

Meno: e o que é que eu ganho vendo a beleza das relações entre coisas que no fim das contas não passam de números?

Sócrates: O que é que você **ganha?!!!** Por que você tem de ganhar sempre? Você simplesmente aprende a pensar. Aprende a não trapacear escondendo a ignorância quando não consegue calcular. Aprende a ter vergonha de empurrar o lixo pra baixo do tapete. Aprende a não pescar no exame do ENEM. Você aprende a ser ético. E aí sua ponte não cai, seu trem não descarrila, sua marquise não desaba na cabeça dos outros, seu satélite não explode no espaço...

Meno: então... pra que é que serve a calculadora?

Sócrates: de novo... aí é que está. Você continua querendo jogar a responsabilidade nas costas da máquina. Você não precisava tentar me tapear porque ela não deu um número exato.

Meno: eu não quis tapear, Sócrates. Juro.

Sócrates: acredito. Você podia ter dito simplesmente que existe uma função capaz de definir com exatidão o tamanho da linha **c**. Se, em vez de escrever a fórmula, você tivesse dito **"c" é igual à raiz do quadrado de um número cujo resultado é irracional**, você estaria sendo honesto. Em vez disso, você escreveu qualquer coisa pra dar a impressão de que sabia resolver o problema. Igual à enfermeira que deu uma injeção de sopa na veia de uma paciente e a matou.

Meno: pô, Sócrates... isso tá ficando muito filosófico. A raiz de um quadrado de 2 está aqui na maquininha. Você também empurrou com a barriga.

Sócrates (sorrindo): a diferença é que eu não tentei trapacear, dando a impressão de que sabia resolver o problema. De novo: já ouviu falar em ética?

Meno: minha intenção não era trapacear.

Sócrates: acredito em você olho no olho... acredito mesmo. Sabe por quê? Porque quem viaja no tempo quer aprender as lições da história. Pode aprender a não repetir erros e descobrir a vantagem de não trapacear. Você veio me entrevistar porque queria aprender. Então aprenda. Quando alguém tenta sair pela tangente, todo mundo percebe: esse cara aí pode virar um daqueles políticos que pisam no pescoço da mãe. E é assim que eles vão entrar pra sempre na história. Por que você não vai entrevistar Pitágoras? Ele pode ajudar a pensar melhor sobre essa questão dos números que não fecham. Ele sabia fazer isso muito bem usando a música.

Meno: tá louco, Sócrates? Lembra aquele pitagórico que foi falar em número irracional e foi jogado aos tubarões?

Sócrates: isso é folclore das brigas de filósofos do Mediterrâneo... Pitágoras não mandava matar ninguém. Nem um franguinho pra comer, se estivesse morrendo de fome. Os pitagóricos eram vegetarianos...

RISCOS DE ENSINAR ESCRAVOS A PENSAR

Mudando um pouco o tom e franzindo as sobrancelhas, Sócrates dá uma palmadinha nas costas de Meno, leva-o até o portão do jardim e se despede.

Sócrates: até breve, garotão... Ensinar escravos a pensar era subversão nos meus tempos. Um dia tentei provar a um grego que quem dispara raios na Terra não é Zeus quando fica furioso com os mortais. Zeus tinha cadeira cativa na face das moedas... Acho que dei uma boa pista pra você descobrir quem me obrigou a beber cicuta. Agora vá conversar com Pitágoras. Você pode aprender um bocado sobre números irracionais tocando o monocórdio dele. Ouvi dizer que uma coleguinha sua de trabalho já chegou lá. O nome dela é Mariana. Adeus.

Meno, nosso viajante virtual, escreve no caderninho em que anotava tudo o que fazia e por onde passava:

> *Sócrates talvez tenha sido condenado a beber cicuta e morrer porque provou que raios não caem na Terra por causa da ira de Zeus. E escravos podem aprender a pensar. Deve ter pisado em muitos calos também, dando lições de ética a políticos...*

Quando saiu da casa de Sócrates Meno resolveu correr o risco de visitar Pitágoras. Pelo que ouviu na casa de Sócrates, Pitágoras e seus seguidores buscavam a harmonia em todas as formas da natureza.

Meno sabia que o mundo dos pitagóricos chegou até o presente mais cheio de fábulas e versões que de fatos concretos. Numa dessas fábulas, Pitágoras descobriu as oitavas ouvindo as marteladas de um ferreiro numa bigorna. Noutra, descobriu a diferença entre os sons fazendo variar a quantidade de água dentro de um tonel e dando marteladas.

Mentiras científicas atribuídas aos pitagóricos se espalharam na internet com uma velocidade espantosa. Pitágoras pode ter ouvido marteladas dentro de sua própria casa, mas por outros motivos. Dizem que o pai dele era um gravador, joalheiro ou lapidador de pedras preciosas. Cunhar moedas era o grande negócio emergente no século VI a.C. É difícil acreditar que um gravador de joias inteligente tenha deixado passar a oportunidade de abrir cunhos para moedeiros. Os sons que Pitágoras ouviu podem ter saído da bigorna que o pai tinha em casa.

As lacunas sobre a vida de Pitágoras e de seus pais se explicam. **Iamblichus**, um dos biógrafos dele, viveu entre 250 e 325 anos depois de Cristo. Isso significa sete ou oito séculos depois da morte de Pitágoras. Porfírio, outro biógrafo, é da mesma época. Todos consultaram os fragmentos dos escritos de Philolaus, um membro da escola pitagórica que viveu no século VI a.C.

Os primeiros registros efetivos do uso de monocórdios para descobrir relações matemáticas entre sons só apareceram nos tempos de Euclides (300 a.C.). Mesmo assim, é possível que Pitágoras tenha sido de fato o padrinho do primeiro casamento da música com os números. O ritual desse casamento não podia ser perfeito.

- O som é uma onda causada pela vibração de alguma coisa: cordas vocais, cordas de um violão, piano etc. Essa onda viaja pelo ar, água ou outro meio com determinada frequência. No mundo de Pitágoras não havia nenhum conhecimento científico sobre ondas eletromagnéticas e medição de ondas sonoras.

- Isso só seria descoberto cerca de 2.500 anos mais tarde, graças aos avanços da física e da acústica. O sobrenome do físico alemão Heinrich **Hertz** (1857–1894) foi adotado a partir do século XX para definir a vibração do som em ciclos por segundo (**cs**) ou **hertz**.

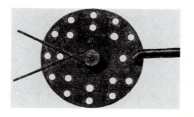

Neste modelo primitivo de sirene um disco com 8 e 12 furos gira puxado por uma corda. Um jato de ar é soprado por um tubo em forma de cachimbo. Se a boca do cachimbo estiver no primeiro círculo, o ar passará por 12 buracos e você ouvirá um **som com um certo tipo de tom**. Se a boca do cachimbo for deslocada para soprar no círculo menor, o ar passará por oito buracos e você ouvirá um **som com outro tipo de tom**.

Com o disco girando em alta velocidade, o ar passa pelos buracos como se fosse uma gota. Se o ar pudesse ser comparado com o mar, cada gota que caísse na água produziria uma onda. As ondas se propagam na superfície e chegam a algum lugar, que poderia ser seu ouvido, se você fosse uma sereia nadando por perto.

Hermann Von Helmholtz (1821–1894) aparece na enciclopédia de filosofia de Stanford e noutras principalmente como físico. As descobertas dele foram importantes para a época, mas a física evoluiu. A história então resolveu consagrar a contribuição de Helmholtz em outro espaço. Ele abriu as fronteiras e porteiras entre a "acústica física e a ciência musical e estética". O título de um livro publicado por volta de 1855 vai direto ao ponto: ***Sobre as sensações do Tom como uma base fisiológica para a teoria da música***. Você encontra uma reedição desse livro no Kindle. Helmholtz tenta nivelar conhecimentos entre músicos, físicos, matemáticos e outros.

A sirene polifônica de Dove tem em geral quatro círculos de 8, 10, 12 e 16 furos. Helmholtz usou um aparelho desses para comparar os resultados com o que Pitágoras descobriu usando um monocórdio. Em suas próprias palavras, isto é o que a sirene ensina:

> *Tome uma série de* **8 e outra de 16** *furos num disco e sopre em ambos os conjuntos enquanto o disco é mantido com uma velocidade uniforme de rotação.* **Dois tons serão ouvidos, que estão um para o outro na exata relação de uma oitava.** *Aumente a velocidade de rotação; ambos os tons ficam mais agudos, mas* **ambos continuarão no novo tom formando o intervalo da oitava**. *Então se conclui que um tom musical que é uma oitava mais alto que um tom anterior produz duas vezes mais vibrações num determinado tempo que esse anterior (...)*
>
> *... Muito tempo antes de se saber qualquer coisa sobre os números dos tons, ou a forma de contar esses números, Pitágoras descobriu que se uma corda for dividida em duas partes por um obstáculo, de tal forma que produza dois tons consonantes quando tocada, os comprimentos dessas partes devem ficar dentro da* **ratio** *dos números respectivos...*

CAPÍTULO II

Além de Pitágoras e da música das estrelas

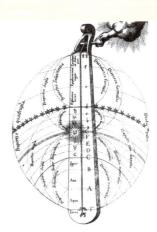

Lembra do punho espartano com barras de ferro, chamado **drachma**? Um século depois de Pitágoras, a palavra **drachma** se transforma em sinônimo de moeda grega e padrão monetário do Mediterrâneo. Alexandre, o Grande morre em 323 a.C., depois de fundar um império. Ele aparece na face de moedas emitidas pelos sucessores como semideus, usando uma tiara em forma de chifre de Amon. Símbolo da sabedoria, a coruja acompanha Atena nas drachmas cunhadas na Ática entre 449 e 404 a.C. As **corujas** viajaram até onde o império de Alexandre alcançou.

    Platão passou aos discípulos a teoria pitagórica da existência de uma harmonia universal e cósmica, refletida na música. Desafiados pelos mistérios do céu e da Terra, neoplatônicos e neopitagóricos criaram suas próprias doutrinas para explicar a rotação dos astros, estrelas e formas de vida na Terra.

    A medida dos sons era feita pelos pitagóricos com um **monocórdio**, instrumento com uma **corda única**. Em grego era conhecido como **kanōn**, cuja tradução literal é: **barra de medir**. Usando um **kanōn** e tocando lira, Pitágoras descobriu relações matemáticas entre os sons e definiu a música como **número no tempo**.

    A intuição e a fé, mais do que a ciência, dominaram a astronomia até o século XVII. Mais de mil anos depois de Pitágoras, um instrumento aparece em gravuras medievais sintonizado pela mão de Deus. Esse **Monocórdio Divino** está num livro de Robert Fludd de 1617. As notas são representadas por letras: **A, B, C, D, E, F, G (SOL)** conforme o **padrão de Boëthius**. A ordem das letras na escala aparece invertida, possivelmente para coincidir com o sol que brilha em **G**. Nas línguas latinas o alfabeto musical é conhecido como **DÓ**, **RÉ**, **MI**, **FÁ**, **SOL**, **LÁ**, **SI**, que todo mundo conhece.

RAIZ DE UM QUADRADO:
QUEM DESCOBRIU A LÓGICA DO ESQUADRO DE CARPINTEIRO?

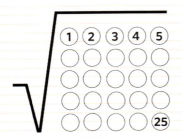

Olhando para o quadrado com 25 bolas é fácil entender por que o número 5 é a **raiz** dele: 5 x 5=25. É por isso que se fala em "elevar um número ao quadrado". Por exemplo: 5^2. No mundo onde as drachmas circulavam, os números eram usados como **operadores lógicos de relações entre coisas. As figuras revelavam relações existentes no espaço**. A mesma base analógica se aplica às escalas musicais tocadas num monocórdio, ou ao valor fracionário das moedas. O esquadro de carpinteiro, até hoje tão comum nos canteiros de obra, é um herdeiro da lógica matemática remota dos **gnomos**. O **ensino abstrato, que privilegia a lógica pura dos números**, limita a capacidade do cérebro para fazer comparações e **procurar analogias**.

Drachmas gregas e **gnomos** são as placas mais visíveis encontradas pelo viajante que desembarca nessa estação da linha do tempo. Cordões com nós e tabuleiros com pedrinhas eram usados como calculadoras naquela época. No começo as moedas pouco circularam no varejo. Mas serviam para o recolhimento de impostos, pagamento de mercenários, compra de cereais e comércio dos atacadistas nos portos.

A placa na porta da estação onde acabamos de desembarcar avisa que as **drachmas** já estão a um século de distância do *electrum stater* da Lídia. O **stater** consagrava as figuras do touro e do leão. A **drachma** agora consagra uma deusa guerreira e sua coruja. A simbologia das moedas facilita a compreensão dos interesses materiais, mitos e raízes da cultura dominante em todas as épocas.

Meno, o viajante virtual que atravessa a linha do tempo, vai entrevistar Pitágoras antes de desembarcar nesta estação. Vamos sugerir algumas perguntas a ele: será verdade que Pitágoras morreu numa emboscada porque adorava a Mãe Natureza e não quis cortar caminho pisando num campo de favas? Por que ele definia a música como **número no tempo**?

Talvez você saia da entrevista de Meno com Pitágoras sabendo também se a moedinha chamada **nomos**, incluída na coleção deste livro, passou pelas mãos dele. Lembra o que Sócrates disse, copiando *Alice no País das Maravilhas*? Nada é impossível.

Antes de entrevistar Pitágoras, vamos tentar entender a lógica matemática e a geopolítica por trás das moedas desta estação da linha do tempo. A Magna Grécia é agora um império em expansão para a Ásia Menor e o Leste Europeu.

Depois de derrotar os persas e conquistar o Egito, os gregos decidiram fundar uma cidade ao norte da África, no delta do rio Nilo, batizada como Alexandria. Alexandre morreu na Babilônia, num palácio que séculos antes pertenceu a Nabucodonosor e não chegou a ver sua cidade de pé. A placa do calendário diz que passamos pelo ano 323 a.C. Lembre-se: muitos historiadores usam *o calendário cristão e por isso as datas diminuem, até chegar a zero.* Só depois do nascimento de Cristo os números aumentam.

Depois da morte de Alexandre os generais herdeiros dividiram o império entre si. Cada um explorou o mito ao seu modo, vinculando a própria imagem à dele nas moedas em circulação. Ptolomeu I herdou o Egito. A última e mais famosa descendente dessa dinastia é Cleópatra.

Mais adiante vamos olhar um pouco para os bastidores dos romances de Cleópatra com César e Marco Antônio. Cleópatra herdou um Egito inflacionado, inspirou o teatro trágico e virou estrela em Hollywood. Você verá a moeda em que ela aparece carregando nos braços o filho atribuído a César. Não havia teste de DNA naquela época, nem batismo. Ela deu ao menino o nome de Cesarión. Em outra moeda Cleópatra divide o espaço com Marco Antônio. Essa mulher guerreira aparentemente fez tudo o que podia para salvar o trono do Egito.

As moedas de **bronze** do período de Ptolomeu ficaram famosas. O **"valor de face"** era mais importante que o **valor intrínseco do metal**, isto é, o valor do próprio bronze. Poucos historiadores e numismatas percebem a relação entre esse fenômeno de inteligência financeira dos bronzes ptolomaicos e outros da mesma época. O **valor fiduciário** foi corroído aos poucos. Cleópatra só escreve o último capítulo dessa história. O Império Romano chega, domina o Mediterrâneo e os denários tomam o espaço dos bronzes ptolomaicos. O **valor fiduciário das moedas** só iria ressuscitar no mundo ocidental dois milênios depois de Cristo.

O mito e a *deificação* de Alexandre ajudaram a manter durante algum tempo a cooperação entre os generais gregos no Egito, Grécia, sul da Itália, Síria, Pérsia e Mesopotâmia. Depois o mito desmoronou e as lutas pelo poder destruíram o império. Olhe de novo para o perfil de Alexandre na moeda e observe a tiara na cabeça. A tiara é inspirada no chifre do deus egípcio **Amon** (Ammon-Ra) ou **Zeus-Ammon**. Zeus era a versão de Amon na mitologia grega. Os sacerdotes da corte dos faraós foram obrigados a achar que Alexandre era Amon reencarnado. Os gregos mais cultos, ou mais céticos, achavam graça disso.

Nautilus Pompilius e espiral construída com a **razão de ouro**: lógica geométrica imita a natureza. A fórmula matemática de Pitágoras para construir a espiral está na versão do iPad.

As moedas com o perfil de Alexandre são um bom exemplo do que o sociólogo francês Émile Durkheim (1858–1917) chamava de valor sagrado e valor profano. Elas circulavam com **símbolos sagrados**, é verdade. Mas o que garantia mesmo a popularidade das drachmas como meio de pagamento nas Ágoras (mercados) era o **valor profano** da prata.

Os governantes que cunhavam drachmas aprenderam desde cedo como usar a face das moedas para fazer propaganda política. Os moedeiros de Alexandre e do pai dele, Felipe II, foram mestres nisso. A moeda ajudava a vender o mito, facilitando o comércio e a cobrança de impostos. As drachmas com o perfil de Alexandre abriram as portas para o lançamento das moedas de bronze dos ptolomaicos.

> É verdade que a espiral do chifre de Amon tinha um significado sagrado. Mas a construção dela se baseava num arsenal científico adquirido dentro de palácios e templos, através do estudo de astronomia e geometria.

Os egípcios pregavam o culto da vida e da morte como um ciclo contínuo. Achavam que vida e morte fluíam como as águas do rio Nilo, com estações de cheia e estiagem. Os faraós eram vistos como filhos de Rá, Deus Sol. Os mortos eram enterrados com uma cesta básica de alimentos para ajudar na transição deste mundo para o outro, a eternidade.

As relações entre o **sagrado** e o **profano** na cultura grega eram mais alegres e divertidas: os deuses viviam num Olimpo imaginário. De vez em quando travavam grandes batalhas pelo poder e também gostavam de promover bacanais.

Oráculos, poetas e dramaturgos transformaram esse mundo olímpico em tragédias e comédias em teatros ao ar livre. As drachmas são citadas por muitos estudiosos da cultura grega como pivôs para o roteiro dos teatrólogos.

Uma fábula diz que os verdadeiros sátiros, seres livres da Mãe Natureza, ficavam indignados quando eram representados no palco por atores pagos. Os sátiros de aluguel eram marketeiros políticos sem princípios: faziam o que os patronos mandavam para ridicularizar alguém.

O fato é que todos se divertiam e a cultura passava de boca em boca. Dizem as lendas que os pitagóricos fizeram uma grande festa quando descobriram (ou trouxeram do Egito) a fórmula matemática do eixo das espirais. A fórmula foi batizada como razão de ouro porque permitia replicar a harmonia geométrica encontrada na natureza.

O certo é que os pitagóricos foram proprietários da melhor tecnologia matemática e financeira da época. Moedeiros, tesoureiros, arquitetos e sacerdotes possivelmente usavam os calculistas dessa escola, ou se apoiaram neles. As raízes estéticas de muitos monumentos talvez tenham se inspirado na relação (ou ratio) batizada como **razão de ouro** pelos pitagóricos. Esse tipo de geometria entrou na história como geometria sagrada.

*Veja de novo as duas espirais (a do Nautilus e a linear) que aparecem neste capítulo. **Observando a sombra projetada** talvez você consiga imaginar a testa de um carneiro, daqueles que dão marradas. Na astrologia o carneiro é **Áries**, símbolo da coragem. Se você não descobrir nada olhando para a sombra, tenha uma conversa séria com seu cérebro. Se ele só se liga nas figuras dos joguinhos de guerra, pode deixar você na mão no mundo real.*

Versões da lógica matemática inspirada pela espiral do chifre de Amon viajaram no tempo. Fibonacci, que viveu no século XIII, ampliou o uso da matemática das espirais. Muitos serviços de informação financeira divulgam fórmulas baseadas em **Fibonacci** para a tomada de decisões de compra e venda de títulos e ações.

De uma forma ou de outra, os números de Fibonacci e as espirais da razão de ouro entraram em planilhas eletrônicas e fórmulas divulgadas pela **Bloomberg**, **Broadcast**, **Dow Jones**, **Financial Times**, **Reuters**, **Valor** e outras agências de notícias. Estes são alguns dos serviços financeiros on-line mais usados por administradores de fortunas. Você poderá saber mais sobre **Fibonacci**, consultando as fontes deste livro no iPad.

Além de representar a sabedoria, Atena era também uma deusa guerreira na mitologia grega. Ela aparece nas drachmas de Alexandre com uma lança e apoiando o braço esquerdo num escudo. A pequena deusa alada pousada na mão direita é **Nike**. A missão de Nike era colocar lauréis na cabeça dos vitoriosos. As palavras em grego no reverso – ΒΑΣΙΛΕΩΣ ΛΙΣΙΜΑΧΟΥ (pronuncia-se Basileus Lisímarkhoi) – significam "Soberano Lisímaco", nome de um general que governou a Trácia e queria vincular a imagem dele à de Alexandre. As guerras entre sucessores enfraqueceram o império e abriram espaços para o surgimento de uma nova hegemonia: a romana.

PRIMEIRAS GUERRAS CAMBIAIS

Alguns estudiosos da mitologia dizem que se Zeus (o deus de todos os deuses do Olimpo) tivesse de tomar partido numa discussão entre Atena e Marte, de vez em quando preferia ficar com Atena. Zeus achava que em algumas circunstâncias a sabedoria feminina podia ser mais importante do que a força do deus da guerra.

Muitos outros deuses, sereias, animais e figuras mitológicas, como o cavalo alado chamado Pégaso, entraram nas moedas gregas. Com o passar de séculos e milênios a coruja da sabedoria sumiu. Nike, a pequena deusa da vitória, virou marca de artigos desportivos em nossa época.

> As drachmas não ficaram famosas da noite para o dia. O aumento da circulação das moedas gregas no continente europeu e nas ilhas vizinhas passou por um belo teste. Houve uma espécie de guerra cambial primitiva. Essa guerra travada há mais de vinte e seis séculos deixou algumas pistas visíveis. Essas pistas só foram descobertas em pesquisas recentes.

Os governantes de várias cidades gregas enriqueceram explorando minas ou derretendo e recunhando ouro e prata. No meio da feira dos garimpeiros e aprendizes de especulação cambial, uma moeda ficou particularmente famosa: a **tartaruga da Égina**.

Moedas emitidas por volta de 350 a.C. na ilha de Égina, perto de Atenas. Os eginenses descobriram o câmbio desde cedo e ganhavam dinheiro com dinheiro. Derretiam as moedas de outras regiões, cobrando um **ágio** (juro) pelo recunho com o símbolo da tartaruga.

Um numismata brilhante, chamado **John Kroll**, conta que várias cidades gregas (**pólis**) descobriram como ganhar dinheiro derretendo e recunhando moedas. Ganhavam uns 4% com esse truque, já descontados os custos do moedeiro e o desgaste do metal por causa do uso ou **cerceio**. **Cercear** significa raspar ou clipar a moeda para roubar o metal.

Colin Kraay e outros numismatas que estudaram a história da moedagem grega atribuem a Sólon uma lei criando regras para a cunhagem oficial de moedas, 5% abaixo do peso de mercado. Essa é a origem da palavra "senhoriagem", que define o direito dos Estados para taxar o próprio dinheiro. De tempos em tempos algumas moedas eram declaradas "inaceitáveis". Quem tinha dívidas com a **pólis** era obrigado a converter as moedas, pagando ágio pela troca.

Esse é um bom exemplo da velocidade com que os governantes descobrem como tungar a poupança e os estelionatários inventam como roubar o Estado através do cerceio. A ilha de Égina ocupa uma posição estratégica na entrada de um golfo (chamado Sarônico) perto de Atenas. Os eginenses negociaram essa vantagem geográfica em períodos de crise. A mistura de geopolítica com guerra cambial gerou um ditado irônico em Atenas: "as tartarugas eginenses passam por cima do caráter (*arete*) e da sabedoria (*sofia*)."

DOIS MIL E QUINHENTOS ANOS DEPOIS...

Esta moeda de prata circulou em 1896 no Brasil com o nome de **DOIS MIL-RÉIS**. É uma das mais belas emitidas pela jovem república sul-americana batizada em 1889 como **Estados Unidos do Brasil**. Ramos de café e fumo abraçam o Cruzeiro do Sul. O que aconteceu com esses dois mil-réis? Quando essas moedas de prata foram emitidas, o café garantia sozinho a maior parte do comércio brasileiro com o resto do mundo. Superprodução de grãos, inflação, dívidas externa e interna quebraram o Tesouro.

Os credores vieram bater na porta e o governo usou os 2 mil-réis de prata como meio de pagamento. Cambistas do século XIX imitaram os gregos que viveram quinhentos anos antes de Cristo: derreteram a prata brasileira, recunharam e transformaram em moedas fortes de seus países. Adeus, **DOIS MIL-RÉIS**. Essas antigas moedas brasileiras são agora raridades numismáticas.

A ponte entre o passado e o presente é ou não é mais curta do que se imagina? No século XXI, a soja e outros produtos do agronegócio substituíram o café no Brasil e passaram a carregar boa parte do comércio exterior nas costas. As regras de valorização e desvalorização das moedas continuam as mesmas. O debate na época em que este livro foi escrito girava em torno do déficit público provocado por excesso de consumo e gastos do governo. Agências de crédito rebaixaram, por isso, a nota do Brasil como bom pagador. O crédito ficou mais caro. Juros altos são a versão mais visível e atual do dinheiro derretido pelos déficits públicos.

- Talvez você já tenha pensado algum dia em comprar ouro ou prata para se proteger da inflação brasileira. Se pensou nisso, estava copiando a estratégia dos negociantes de corujas que viveram há 2.600 anos.

- Com uns 8 mil dólares à vista você pode tentar comprar uma **República de dois mil-réis** de prata de 1896. Mas tome cuidado: mesmo com a assessoria de um numismata, é difícil achar uma MBC (Muito Bem Conservada) que não seja falsa. Lembre-se: as moedas verdadeiras foram derretidas para pagar os pecados da inflação brasileira.

TARTARUGA PRIMITIVA, ESPIGA DE CEVADA, LARISSA, PÉGASO ALADO E HÉRCULES COM ÁGUIA

Traços geométricos simples aparecem no **reverso** das primeiras **tartarugas** que circularam nas ilhas gregas. Alguns arqueólogos acham que nesse estágio primitivo (cerca de 600 a.C.) as tartarugas eram **fichas – quase moedas com brasões (Wappenmünzen)** emitidas por negociantes ricos. Com o correr do tempo aparecem figuras ligadas à vida rural, como as espigas com grãos de cevada e outros cereais, touros, deuses e deusas. Pégaso, um cavalo alado, **Larissa** (a **Iemanjá** dos gregos), águias e outros símbolos povoavam o imaginário. Os cambistas da época descobriram como ganhar dinheiro usando a balança. Por mais forte que fossem as deusas e os deuses, muitas moedas não conseguiam escapar do fogo. Eram derretidas quando os governos emissores começavam a enfraquecer a liga e o peso.

DIÁLOGO DE DUAS FIGURAS GEOMÉTRICAS
COM NÚMEROS PARES E ÍMPARES

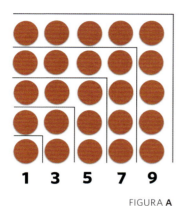

FIGURA **A**

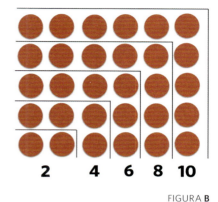

FIGURA **B**

A descoberta de que o número é um operador associado às formas e sons estimulou os pitagóricos a procurar todas as relações ocultas nos gnomos, e entre eles e a harmonia gerada pela natureza. As bolas são iguais em A e B. Gnomos são visíveis dentro das duas figuras. Mas o mesmo gnomo (esquadro de carpinteiro) pode gerar dois tipos de figura. Na Figura A o esquadro revela um quadrado e números ímpares (aperion) identificados com a ideia do sem limite, ou ilimitado. Na Figura B o esquadro revela outra matriz geométrica: é um retângulo. E reflete ou responde aos números pares (peras em grego) identificados com a ideia de limite.

Vinte e cinco séculos depois da descoberta dos gnomos, da lógica dos pitagóricos e da geometria euclidiana, a forma de ver as coisas mudou radicalmente. Mas o esquadro dos pedreiros e carpinteiros sobreviveu ao teste dos séculos. Com sua dramática simplicidade o esquadro de carpinteiro continua revelando números pares (peras) *e ímpares* (aperion) *em polegadas ou centímetros.*

Se a base lógica (ou *software*) do **gnomo** primitivo for comparada com o *software* de uma calculadora de 10 reais de supermercado, a calculadora perde longe. A mente humana gosta de analogias e as maquininhas do varejo não dialogam com o cérebro como os **gnomos** faziam. **Os gnomos estimulavam a imaginação** através da associação de números e formas.

Só aos poucos, graças à revolução do iPad, as máquinas e suas telinhas voltaram a ajudar o cérebro humano a desenvolver analogias, ou seja: entender antes de decorar. A calculadora **HP-12C** foi uma precursora e prestou um bom serviço. A **12-C** introduziu a lógica de Łukasiewicz (ou polonesa) no estudo de matemática financeira. Você verá o que é a lógica polonesa nos próximos capítulos. Uma evolução consistente dos métodos de ensino com o apoio de iPads pode ajudar a restabelecer o diálogo entre **números, imagens e formas**.

Uma das chaves para abrir cabeças pode ser o ensino do velho caso de amor dos números com a música e as formas. Isso significa voltar a descobrir **analogias entre números**, **sons e imagens**. A mesma coisa pode ser dita com palavras mais óbvias: é preciso melhorar a pedagogia do ensino de matemática. A matemática sem música é como uma adolescente abandonada. A pedagogia que fecha as portas para a imaginação, o romantismo, a arte, a antropologia e a história é decadente ou simplesmente obsoleta.

DIÁLOGO DOS GNOMOS COM UM VIOLÃO

Sócrates deu uma boa dica na entrevista com Meno no capítulo anterior. Disse que ele poderia tirar mais proveito da calculadora do iPhone ou da GarageBand se procurasse entender o diálogo dos gnomos pitagóricos com um violão.

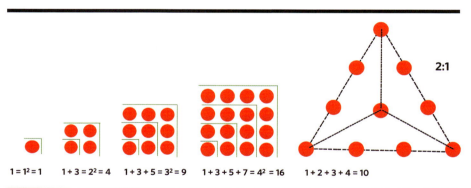

$1 = 1^2 = 1$ $1+3 = 2^2 = 4$ $1+3+5 = 3^2 = 9$ $1+3+5+7 = 4^2 = 16$ $1+2+3+4 = 10$

O triângulo chamado tetraktys (ou tetractus) tinha um significado especial para os pitagóricos: focando o olhar no centro dele você verá uma pirâmide tridimensional. Olhando do vértice para baixo, você descobre relações semelhantes às combinações sonoras mais simples e agradáveis para o ouvido humano: o topo tem uma bola **(1)** logo abaixo duas **(2:1)**, e assim sucessivamente. Se você dividir uma corda ao meio, a relação sonora será de **2:1**. Na cosmogonia (visão do mundo) pitagórica o número 1 **(uno)** refletia a razão e equivalia ao ponto (•). O 2 valia para a linha •–• e 3 para a superfície Δ. O 4 completava as escalas musicais básicas e a figura tridimensional da pirâmide.

Sintonizador Korg marcando 440Hz e a nota >A< [LÁ] tocada num violão Di Giorgio. A GarageBand tem um recurso semelhante, que pode ser usado para afinar instrumentos musicais.

Se você entendeu o conceito de **ratio**, a **relação** usada pelos espartanos para trocar varetas de ferro por prata, vai entender também o que o sintonizador cromático marcou no visor. O Korg **"ouviu"** a nota **LÁ** tocada no violão deste livro. A letra >A< que aparece no visor é igual ao **LÁ** do alfabeto musical latino. O número no visor (**440 Hz**) é um padrão ocidental para afinar orquestras. A lógica matemática da **ratio de 4:1** entre **drachmas** (cerca de 4,3 gramas) e **tetradrachmas** (cerca de 17g) é a mesma que Pitágoras usou para descobrir relações entre notas numa escala musical. O número **1 do tetraktys** corresponde ao tom básico de um monocórdio ou violão. Os pitagóricos descobriram relações matemáticas usando apenas o ouvido e a lógica. No imaginário deles existia o canto das sereias, mas não existiam sirenes como a de Dove para facilitar a tradução das oitavas ou quintas em números.

Na escala formada pelas notas **[DÓ**, RE, MI, FA, SOL, LA, SI, **DÓ]** o segundo **[DÓ]** chega ao nosso ouvido com uma vibração (medida em **Hz**) duas vezes maior que o primeiro. A ratio, ou relação de **2:1** do triângulo, é igual à da **oitava da escala musical**.

Os pitagóricos não sabiam como o som se propaga. Se você tiver um ouvido tão bom quanto o deles, também vai perceber o significado da palavra **uníssono**. Quando duas notas iguais (uma mais alta e outra mais baixa) são tocadas ao mesmo tempo, você só ouve uma.

Ninguém sabia, dois mil e quinhentos anos atrás, que o som viaja a uma velocidade relativamente constante. Nem que as ondas sonoras podem ser medidas em **ciclos por segundo**, ou **hertzs**. O que ouvimos tanto pode ser produzido pela vibração de uma corda como de um sino, mas o **timbre** (a cor do som) dos sinos não se transforma no **timbre** de um violino ou qualquer outro instrumento por causa do peso ou tamanho do badalo.

Como a ciência às vezes é atropelada pelas lendas, surgiram várias histórias sobre a suposta inspiração de Pitágoras ouvindo o som das marteladas de um ferreiro em bigornas. Ele até pode ter se inspirado na malhação de ferreiros ou moedeiros. Mas com certeza foi usando o **kanõn**, uma lira e a intuição que descobriu a escala musical consagrada com seu nome.

Você verá outros detalhes sobre escalas e **temperamentos** musicais nas próximas páginas. Se quiser tocar algum instrumento e aprender história e teoria musical, não vai poder ignorar a escala pitagórica. Se quiser mexer com dinheiro, vai ter de estudar a lógica matemática. Já sabemos que a matemática dos trites era muito parecida com a das oitavas.

O triângulo que você viu no **tetraktys** gera o número 10, interpretado como **número perfeito**. A herança simbólica deixada pela pirâmide pitagórica viajou ao longo de séculos e milênios. Ela reaparece em toda a sua glória nas cédulas contemporâneas de papel-moeda. Acompanhando a história do dólar, você descobre instantaneamente de aonde veio e onde foi pousar.

A pirâmide cortada no topo com a legenda **PERENNIS** é o símbolo das cédulas de 50 dólares (***Continental Currency*** ou **Moeda Continental**) de 1778. As "continentais" foram emitidas para financiar a guerra de independência norte-americana. A pirâmide passou por uma metamorfose nos séculos XIX e XX e reapareceu no dólar que circula até hoje. O olho da Providência foi acrescentado no topo. A **Moeda Continental** fotografada para este livro veio de um leilão da **Heritage**.

A imagem esconde uma bela história. Dizem que os criadores da simbologia do dólar se inspiraram na filosofia de velhos e bons pedreiros — em outras palavras, na tradição dos maçons. Queriam, também, estimular o estudo de matemática entre os jovens. A pirâmide cortada no topo gera uma forma geométrica conhecida como *frustum*. O cálculo do volume de um *frustum* é desafiador até para bons matemáticos.

OPERADORES DE RELAÇÕES:
HORA DE ENCARAR OS NÚMEROS PRIMOS

Você pode ver os números como **quantidades**, mas sua cabeça funcionará melhor se eles forem considerados **operadores de relações entre coisas no espaço**. O melhor exemplo disso é a figura com os **gnomos, ou esquadros de carpinteiro**. Essa figura mostra claramente a origem da expressão **"elevar um número ao quadrado"**.

Recapitulando: de onde vem a raiz de um quadrado com várias bolas? A raiz deriva da relação entre bolas que ocupam um certo espaço. Essa relação pode ser interpretada por números. Número é relação. Se você olhar para os quadros com bolas ao lado da pirâmide (tetraktys), verá embaixo vários exemplos de raízes que foram extraídas deles.

Agora sabemos a origem lógica da expressão. Então, confesse, não é mais lógico dizer **"extrair a raiz de um quadrado"** em vez de dizer **"extrair a raiz quadrada"**? Você já viu alguma raiz quadrada na natureza? Raiz torta, talvez. Mas raiz quadrada...? Raiz quadrada é uma aberração que só agrada ao ouvido de quem não dá importância a uma ciência importante: a linguística.

A mente humana gastou mais de dois mil anos, contados desde o lançamento das primeiras moedas, para descobrir como atravessar o labirinto dos números. Tesoureiros, músicos, engenheiros e filósofos ainda se perdem nesse labirinto. Por quê? Porque a linguagem é uma carruagem que transporta conhecimentos e ignorâncias. Mas não é justo jogar todo o peso nas costas dos linguistas e esperar que eles expliquem tudo aos matemáticos e pedagogos.

Você vai ver no último capítulo como **Gauss***, quando era criança, resolveu em poucos minutos um problema que ocupou o resto do tempo de aula da turma. Gauss simplesmente usou a mesma lógica e a mesma percepção de relações espaciais dos pitagóricos que calculavam olhando para gnomos.*

Se você quiser ser uma boa artista plástica, engenheiro financeiro ou maestro(a), terá de fazer as pazes com a língua que você fala, a gramática e... os números *"primos"*. Não é impossível melhorar o ensino da língua portuguesa nas escolas começando com o significado lógico dos números. Exemplo: Vamos começar olhando para o significado de número primo.

Se você pegar um **número inteiro positivo** como **12**, ele pode ser dividido por seus **fatores próprios** 1, 2, 3, 4, 6 ou por ele mesmo. O que é fator próprio? 2 é um fator próprio de 12? Sim, porque 12 é divisível por 2 e por outros **fatores próprios dele**, como 3, 4, 6.

O **número primo 13**, ao contrário, só pode ser dividido por 1 ou por ele mesmo. Por isso se diz que só tem **fatores triviais**. A música está cheia de números pares, primos ou... quebrados. **Bernard Riemann** deu um passo importante para resolver os problemas criados pelos números primos. Riemann escreveu uma tese brilhante por volta de 1859. O título se resume em poucas palavras: *todos os zeros não triviais da função zeta têm como parte real uma metade.*

Isso parece receita de bolo de bruxo, mas não é. Entrou na história como **Função zeta de Riemann**. Se você chegar às últimas páginas deste livro, vai entender a receita da **função zeta** e descobrir por que a prova de uma hipótese de Riemann paga o tal prêmio de 1 milhão de dólares.

O matemático alemão Kurt Gödel foi ainda mais longe do que Riemann na solução dos problemas com os números "incomensuráveis" que provocavam brigas entre pitagóricos. Detalhes da lógica de Riemann e Gödel podem ser vistos nos subsídios deste livro no site de apoio iNÚMEROS. Por enquanto, lembre-se: não é possível correr sem aprender a engatinhar e caminhar.

A música é a melhor forma de aprender a engatinhar e depois dançar com os números. Vamos então voltar aos pitagóricos, pioneiros nessa dança.

Por que será que eles achavam que **os números eram a música no tempo**? Vamos continuar pesquisando o que descobriram e até exageraram, achando que o universo é regido por escalas musicais.

Nessa visão pitagórica do mundo, ou **cosmogonia**, a harmonia universal podia ser **ouvida**. Eles descobriram relações (ou ratio) entre as notas tocando lira ou **monocórdios**. Para ir um pouco mais a fundo no significado das **oitavas pitagóricas**, é preciso conhecer os alfabetos musicais.

ALFABETOS MUSICAIS

As notas do **alfabeto musical** adotado nos países de língua inglesa e alemã são conhecidas como **A, B, C, D, E, F, G**. Nesse alfabeto a letra **A** equivale a **LÁ**. Essa forma de designar as notas foi divulgada ou criada por Boëthius (ou Boécio) no século VI d.C. O Brasil seguiu a tradição latina e adotou o alfabeto usado nos mosteiros beneditinos da Itália, no século XI. Por isso as notas são conhecidas como **DÓ, RÉ, MI, FÁ, SOL, LÁ, SI**. O quadro traz os dois alfabetos. Os alemães preferem usar **H** no lugar de **B**.

DÓ	DÓ#	RÉ	RÉ#	MI	FÁ	FÁ#	SOL	SOL#	LÁ	LÁ#	SI	DÓ
C	C#	D	D#	E	F	F#	G	G#	A	A#	B (H)	C

Pitágoras descobriu com o ouvido o que a **acústica** agora explica através de aparelhos, como o sintonizador Korg usado neste livro, um diapasão ou os recursos da GarageBand. Esses aparelhos e programas permitem afinar um violão ou qualquer outro instrumento.

> A **medida do tom** é feita em **ciclos por segundo (ou hertzs)**. Não confunda a **medida do tom em hertzs** com a **medida da velocidade do som**. O som viaja pelo ar a uma velocidade de cerca de **340 metros por segundo**. Por isso quase não faz diferença se você está na primeira ou na última fila de um teatro, ouvindo uma orquestra. Todos ouvem ao mesmo tempo o **tom das notas tocadas**, os **timbres diferentes** (violino ou piano, por exemplo) e vozes mais altas ou mais baixas. Olhando para o teclado de um piano, é mais fácil compreender tudo isso.

Além de Pitágoras e da música das estrelas 67

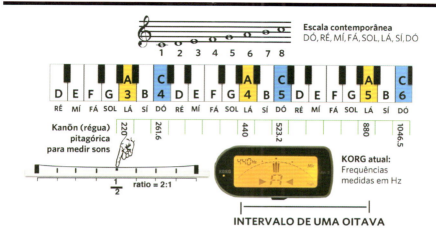

Corte de um de piano com **88** teclas, mostrando a frequência de algumas notas medida em hertzs (Hz). Em outras palavras, os números refletem a transição das notas mais graves para as mais agudas. O **C (DÓ)** pode aparecer na teoria musical como **C1, C2, C3, C4, C5** etc. As orquestras ocidentais tomam o **A 4 (LÁ 4 – 440 Hz)** como ponto de referência para afinar os instrumentos.

Nesse padrão, o tom da nota **C4 (DÓ) equivale a 261Hz**. Em linguagem lógica, isso é dito assim: **C4<=>261Hz**. A nota que fica uma oitava acima **(C5)** é o dobro. Os pitagóricos perceberam tudo isso com a intuição e pesquisando um **kanōn (barra de medir)** rebatizado pela cultura ocidental com uma palavra menos exata: **monocórdio**. A lógica pura simplifica fórmulas e funções. Você não precisa decorar nada. Todos os sinais lógicos são explicados nos complementos deste livro no iPad. A escala completa de **DÓ** a **DÓ** (o mesmo que **C** a **C**) deve levar em conta os **acidentes, ou semitons**, representados pelas **teclas pretas** do piano (**sustenidos e bemóis**). As pretas não foram numeradas no teclado para não poluir o desenho com números.

Os acidentes dão uma espécie de empurrão de meio-tom na nota tocada. Você compreenderá melhor a questão dos meios-tons e do temperamento musical comparando o braço de um violão com o braço de um violino. Os trastes no braço do violão **definem** como você vai gerar os sons tocando ele. Num violino o dedo escorrega livremente nas cordas.

    Se você quiser levar a sério esse namoro com a música, é bom saber outras coisas. Por que o som de um violino é diferente do som de uma corneta? Por causa do timbre. **Timbre é a cor do som**. O companheiro(a) que ajuda você a não se perder no **infinito dos sons e das cores dos sons**; segundo Pitágoras, é o **número**. O limite do tons é revelado pelos **números**. **O som é um número no tempo.** Um instrumento que produz um **LÁ** ao ser tocado faz o som viajar a **340 metros por segundo** e ele chega ao seu ouvido vibrando a **440 hertzs**, se a nota for **A4**. Se a mesma nota for tocada uma oitava acima, o som chegará ao seu ouvido **viajando à mesma velocidade, mas vibrando em dobro: 880 hertz (2:1)**. Tudo viaja com a **mesma velocidade**, com **ondas e vibrações diferentes**.

Se você colocar um diapasão bem calibrado ao lado de um sintonizador eletrônico, verá no visor a nota e a medida do som que ele está produzindo. Você pode usar um diapasão para afinar um violão ou um monocórdio. A moeda de **1 real** ajuda a comparar tamanhos. Diapasões revelam mais do que isso. Você pode medir a **onda senoidal** produzida por ele. Mas não tem como medir a emoção que faz alguém chorar ouvindo Chopin e achar graça de quem entra em transe com o barulho musical das baladas. Compassos não definem a natureza da música. Um soneto também tem compasso — que a linguística define como **métrica** —, mas o que emociona na poesia é o que as palavras dizem. A música fala direto com a alma.

A **cor da roupa dos sons** depende do tipo de vibração produzido pelos instrumentos. Nos tempos de Pitágoras não existiam tantos conhecimentos técnicos sobre o som. Ele parece ter ficado feliz com os números que descobriu para a **oitava**, **a quinta perfeita**, **a quarta** etc. O teclado facilita a compreensão do significado das oitavas.

Os acidentes (teclas pretas) transformam **a oitava** de **Dó a Dó** em **12 (doze) tons**. Isso pode parecer um pouco esquisito para quem não é músico. Mas pode crer: é assim mesmo. Um piano tem sons fixos pelas teclas, ao contrário de um violino, que pode produzir vários sons intermediários.

Os pianos adotam meios-tons em posições fixas. Esse é o papel das teclas pretas. Por isso se diz que um piano é um instrumento **temperado**, ao contrário de instrumentos **não temperados**, como o violino. Isso não autoriza você a dizer que violinistas são artistas destemperadas ou destemperados.

A discussão sobre os **temperamentos** musicais é enorme e não cabe neste livro. Tente ouvir um solista clássico e depois ouça uma artista **ladina** tocando violino. Ouça **Pavarotti** cantando ***Celeste Aida*** e depois **Madonna** cantando ***Borderline***. Se quiser ir mais longe ainda nessa floresta, você terá de escolher entre **teoria musical** ou **acústica**. Música ou ciência exata?

Neste livro vamos recorrer à música apenas como companheira de viagem e parceira no trabalho de desenferrujar gatilhos matemáticos. No capítulo seguinte, você entenderá melhor por que o número 12 se infiltrou com sucesso na infância das moedas. Talvez se surpreenda ainda mais quando souber que é **possível fazer uma simulação logarítmica para a forma como seu cérebro percebe os sons**. Ele pode ser artista e matemático ao mesmo tempo.

Por que você sabe quando um cantor desafina? Porque seu cérebro **usa uma fórmula parecida com a de um logaritmo para processar os sons que você ouve**. O que é logaritmo neperiano? Sua cabeça sabe. A Mãe Natureza dotou seu cérebro desde pequenininho com um hardware que processa os sons automaticamente. A Mãe Natureza deixou você livre para estudar e descobrir o que é um **LOGe**. Ou viver ignorando o que seu cérebro continuará fazendo por conta própria.

Quer se surpreender um pouco mais? Tente encontrar a calculadora científica que existe ou pode ser baixada no iPhone da Apple com aplicativos. Gire o iPhone da posição vertical para a horizontal e ela aparece no lugar da calculadora menor. A calculadora científica escondida no iPhone da Apple tem uma tecla para achar o **LOGe (logaritmo neperiano)**.

Não entre em pânico, nem se sinta traída ou traído também pelo celular. Vamos fazer as pazes com o iPhone e com os logaritmos mais adiante. Você vai entender. Se quiser ir mais longe ainda por conta própria, há uma vasta literatura sobre música e matemática. É também vasta a história do *"temperamento"* musical. Você vai ter de escolher entre **teoria musical e acústica**, ou os dois.

E agora? Quem você quer como parceiro(a) para atravessar a trilha da selva selvagem dos números? Musas e faunos da música que moram na *GarageBand*, ou matemática solitária, engenharia pura de som, engenharia financeira? Nada contra quem prefere caminhar sozinho, pilotando sombras na tela dos joguinhos de guerra. Nada contra os joguinhos.

O propósito deste livro é tão somente ajudar quem se perdeu no labirinto dos números ou quer ter uma visão multidisciplinar da matemática financeira. Em outras palavras, sair da moldura bitolada de uma única disciplina e tentar alargar o horizonte aprendendo com a ajuda de outras e outros.

VERDADES, MITOS E MENTIRAS CIENTÍFICAS

Vale a pena saber um pouco mais sobre como começou o curioso caso de amor dos números com a música e as moedas. Ninguém nega o papel de cupido desempenhado por Pitágoras. Mas, como em muitas fábulas românticas, o amante às vezes se esconde nas sombras ou dentro de um armário. Humoristas preferem o armário.

Nem sequer sabemos exatamente quem foi Pitágoras. Alguns biógrafos afirmam que foi o fundador de uma irmandade secreta e era um homem fascinante e sonhador. **Kenneth Guthrie** edita uma das melhores coleções sobre ele: *Pythagorian Sourcebook*. O livro reúne biografias, textos e fragmentos escritos por Iamblichus, Porfírio, Laertius, Platão, Philolaus e outros.

A leitura requer cuidado e algum conhecimento de matemática aplicada a escalas musicais. Além disso, algumas teorias atribuídas a Pitágoras são **cientificamente erradas**. Outras talvez sejam fruto da imaginação. Ou simples lendas.

Contam que certa vez, quando era jovem, Pitágoras pegou uma carona com marinheiros. Navegou da costa da Fenícia, onde hoje é Israel, até o Egito. Só não foi vendido como escravo porque a tripulação ficou fascinada com as histórias que ouviram dele sobre astros e estrelas. Talvez tenha tocado uma lira mágica e hipnotizado os marinheiros. Quem sabe?

Você pode construir seu próprio monocórdio e tentar repetir algumas experiências de Pitágoras. Não tente descobrir tudo na telinha. Sua primeira descoberta pode ser feita tocando e escutando o som da corda de um violão ou monocórdio. Primeiro, toque a corda solta. Quem compra um violão e tenta afinar sozinho pode se surpreender nesse passo. Se você tocar uma corda solta e tiver um bom ouvido, **vai perceber o som principal e outros que parecem infiltrados**. Talvez você pense que comprou um violão com alguma coisa errada na caixa de ressonância. Se for só isso, pode ficar em paz com ele.

Além da vibração principal, a corda se divide em vibrações secundárias, produzindo outros sons. **Bohumil Med** explica esse fenômeno acústico com um texto bastante claro no livro *Teoria da Música* (MusiMed Edições Musicais).

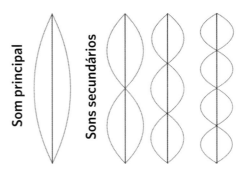

Historiadores céticos dizem que os pitagóricos misturaram o mundo **profano** (música, matemática, geometria) com o mundo **sagrado** (fé, visões místicas) para fortalecer a base política. O **tetraktys** fazia parte do juramento dos iniciados. No triângulo equilátero (lados iguais) os círculos somam 10 e revelam outras relações, como já vimos: 1:2 (oitava), 2:3 etc.

É preciso lembrar que esses pioneiros da matemática e da música viveram numa época refém de misticismos. Os povos das ilhas gregas e do leste da Ásia Menor assumiram uma identidade nova e mais aberta. Eles se afastaram da herança cultural da Mesopotâmia e do Egito, **onde quase não havia simbolismo**. Mesmo assim, superstições e períodos de democracia e tirania se alternavam e a ciência mal engatinhava.

Porfírio (233–305 a.C.), um dos biógrafos de Pitágoras, atribui a morte dele a uma conspiração de Cylon, chefão de Croton, rejeitado pela confraria. Versos satíricos contam que Pitágoras não quis pisar numa plantação de favas fugindo de uma emboscada e morreu porque era vegetariano. Com certeza existem mais lendas do que verdades nisso tudo. Mas o fato é que a **escala musical** batizada como **pitagórica** imperou até o século XVI. Só então os músicos e orquestras começaram, por vários motivos, a pesquisar "**temperamentos**" diferentes.

As teorias pitagóricas facilitaram o estudo da geometria e da matemática, mas os discípulos espalharam muitas versões distorcidas, principalmente na Idade Média. A história da relação do peso do martelo com o som é típica. **Mentiras científicas** charmosas como essa deformaram cabeças e continuam rolando na internet. Experimente bater num sino com dois martelos de pesos diferentes. O som pode ser mais estridente, ou menos. O tom é o mesmo. Pitágoras perceberia isso instantaneamente.

Se você souber inglês e quiser saber mais sobre o pensamento pitagórico, leia um livro de **Kitty Ferguson**. Kitty é musicista profissional formada pela **Julliard School de Nova York**. Ela esclarece, por exemplo, até que ponto a teoria pitagórica da sinfonia dos astros e estrelas atrasou o pensamento de **Kepler, maior astrônomo do século XVII**. Recentemente um planeta descoberto parecido com a Terra foi batizado com o nome dele. Se você quiser navegar num oceano onde se misturam música, acústica e linguagem, visite o **Centro para Estudos de Línguas e Informação de Stanford** (Enciclopédia de Filosofia > Hermann von Helmholtz).

Robert Fludd, autor do livro *Utriusque Cosmi – História* (Oppenheimer, 1617) em que aparece a figura do **Monocórdio Divino**, foi contemporâneo de Kepler. A comparação dos escritos místicos de Fludd e Kepler mostra como era vaga a fronteira entre a astrologia, astronomia e a intuição e superstições no início da era dos grandes descobrimentos marítimos.

ENTREVISTANDO O PASSADO:
MENO VISITA PITÁGORAS E PERGUNTA SE UM
NOMOS DE PRATA PASSOU PELA MÃO DELE

Bruttium, Croton – Nomos de prata cunhado por volta de 530–500 a.C., época em que Pitágoras viveu. A figura no verso representa o tripé onde se sentavam oráculos. Uma garça aparece ao lado. O reverso é "incuso" como em outras moedas primitivas: só aparece o baixo- -relevo gerado pelo cunho. Será que essa moeda passou pela mão dos pitagóricos?

Meno, repórter virtual deste livro, volta ao passado com a missão de entrevistar Pitágoras. Deve perguntar se o **nomos** de prata que faz parte da coleção deste livro passou pela mão dele, ou de seus discípulos.

O balão virtual em que ele viaja na linha do tempo atravessa mais de 2.500 anos. Meno desce na Calábria, ao sul da Itália. Perambula um bocado pelas trilhas da região até encontrar a vila onde Pitágoras vivia em Croton. Naquela época Croton era uma colônia da Magna Grécia. A irmandade dos pitagóricos não abria portas com facilidade. Dizem que só transmitiam seus conhecimentos por tradição oral. Pouco ou nada foi deixado escrito.

Pitágoras se mudou para o sul da Itália fugindo de uma crise política na ilha de Samos, onde alguns biógrafos dizem que ele nasceu. De boca em boca os moradores da região foram apontando curvas, atalhos e meandros na trilha de terra batida morro acima, que levava à casa do chefe da famosa irmandade.

No fim da tarde Meno terminou encontrando uma vila meio escondida, atrás de um muro baixo de pedras recoberto por heras, trepadeiras e flores silvestres. Pitágoras estava sentado perto de uma fogueira, com o olhar perdido no mar, tocando lira. Parecia flutuar no mesmo compasso das ondas a distância, tentando decifrar os acordes e os sons do universo.

Meno: bom dia, mestre... Sócrates me mandou entrevistar o senhor.

Pitágoras para de tocar a lira e ri da timidez do garoto recém-chegado, tiritando de frio no portão. Mesmo com o céu da tarde ainda claro, naquela época do ano os sopros do ar seco do Mediterrâneo cortavam como navalha.

Pitágoras: bom dia... Quem foi mesmo que mandou você?

Meno: Sócrates...

Pitágoras: entendi... Sócrates... nasceu muito depois de mim. De vez em quando vejo ele vagando por aí nas nuvens. Você não é o primeiro que ele manda me entrevistar. Como é mesmo seu nome?

Meno: Meno.

Pitágoras *(com um ar de poucos amigos)***:** Meno?... Você é parente daquele dono de escravos da história de Platão? É isso mesmo que ouvi?

Meno: é só um apelido...

Pitágoras *(recuperando o ar sereno)***:** ah... ainda bem. Nossa irmandade não recebe escravocratas nem os parentes deles. Saia do frio. Entre.

Os dois cruzam uma espécie de átrio, com a luz jorrando por todos os lados, e vão se sentar mais perto da fogueira. A lenha queima, estala e aquece o ambiente. Pitágoras vai até um aparador de madeira repleto de vasos de cerâmica, ânforas e cestos de vime. Pega um cesto cheio de frutinhas e começa a catar as mais maduras. Saboreia algumas enquanto olha para Meno como se radiografasse a imagem de um alienígena. Depois de um silêncio quase sem fim, estende a cesta com as frutinhas:

Pitágoras: ...quer provar?

Meno olha para as frutinhas azuis parecidas com cerejas e pega algumas, tentando esconder a desconfiança com o que ia provar.

Pitágoras *(apontando para as frutinhas e rindo)***:** ... nunca comeu isso? É abrunho... também conhecido como *prunus spinosa* pelos naturalistas que teimam em batizar com nomes latinos tudo que a Mãe Natureza nos dá. Pode comer sem medo. Tem um azedinho. Um português chamado Cipriano que passou por aqui trouxe essas mudas e me ensinou como fazer a *spinosa* ficar doce.

Meno: ...é doce.

Pitágoras: eu sei que é doce. Se o abrunho... – isto é, se o *prunus spinosa* for cultivado como deve, fica doce. É uma frutinha exigente. Tudo que a Mãe Natureza dá requer cuidado. Umas mais do que as outras. Senão azeda. Como é mesmo que você veio esbarrar aqui?

Meno: posso explicar. Bem, eu nasci no Brasil. O nome Meno é só um apelido.

Pitágoras: entendi... apelido... e você nasceu onde, mesmo?...

Meno: Brasil... Brasil. Nos tempos do senhor ainda não tinham descoberto o continente onde esse país fica. É do outro lado do oceano.

Pitágoras: entendi... entendi... onde é que fica mesmo?

Meno: do outro lado do oceano Atlântico...

Pitágoras (*muito surpreso*): pra lá das colunas de Hércules? Pra lá do mar aberto?

Meno: é... fica pra lá do mar aberto. As colunas de Hércules de que o senhor está falando agora se chamam estreito de Gibraltar.

Pitágoras: ... parece nome árabe. Gibel o quê?...

Meno: vem do árabe mesmo. O nome primitivo era **Jebel Tariq**. Os árabes passaram por ali e invadiram a Espanha.

Pitágoras: Quando foi isso?

Meno: ihh... uns mil e duzentos anos depois de seu nascimento...

Pitágoras: entendi... entendi... então você nasceu num continente que não existia na minha época... que fica pra lá das colunas de Hércules, que caíram nas mãos dos árabes, num país que também não existia... e se chama Meno, mas não é o Meno dono do escravo da história de Sócrates. Hummm... e o que é que você faz na vida?

Meno: ...reportagens num site de internet. O site promove viagens virtuais ao passado.

Pitágoras: entendi... internet, site, Brasil... viagens *virtuais* ao passado... não vou dizer que isso é grego porque eu falo grego. Está vendo a mocinha sentada ali ao fundo?

Meno: ...sim. É Mariana. Ela sempre dá um jeito de desembarcar do balão antes de mim e dar furos de reportagem...

Mariana está sentada perto da lareira desenhando, e sorri. Pitágoras percebe que os dois são concorrentes e solta outra gostosa gargalhada enquanto afaga a barba e come abrunhos.

Pitágoras: pois é... sua coleguinha também chegou aqui dizendo que é virtual. Contou uma história parecida com a sua: disse que viaja num balão dentro da tal nuvem. Daqui de cima das nuvens da eternidade, a gente pode olhar o que quiser lá embaixo. Confesso que tenho olhado pouco. Fazem tanta besteira... Repetem os erros da história com tanta monotonia que resolvi gastar meu tempo estudando a eternidade olhando para trás. A mocinha acha que as coisas podem melhorar daqui pra frente com a internet. Tomara... O que é que você acha?

Meno (*sorrindo*): ...desta vez concordo com ela. Se não fosse a nuvem, eu não estaria aqui entrevistando o senhor.

Pitágoras: ...por todas as badaladas do universo: não preciso entender as loucuras do futuro. Conte somente como é que você ganhou seu apelido. Meno não era o dono do escravo que aparece num diálogo de Sócrates inventado por Platão? É isso?

Meno: é... mas no meu caso é só um apelido que George inventou. Ele é o chefe de redação. O apelido grudou... Sócrates me mandou entrevistar o senhor pra ver se eu perco o medo dos números irracionais... Confesso que gosto mais da música.

Pitágoras (*soltando outra sonora gargalhada*)**:** ...entendi. Então você é escravo do medo dos números. A música é o número no tempo. Tocar qualquer instrumento é um exercício de emoção e calculismo. A mocinha também disse que queria fazer as pazes com os números... O que falta na cabecinha de vocês é a arte de misturar imaginação com conhecimento.

Com o apetite de um fauno, Pitágoras come mais abrunhos, pão torrado com ricota e azeite de oliva salpicado com flor de sal e ervas finas. Depois volta a estudar Meno de alto a baixo, como se continuasse radiografando o alienígena.

Pitágoras: ...pobre criatura... com medo dos números. Números não mordem. Quer a receita da minha pasta de ricota com azeite e ervas?

Meno tenta ser gentil com a propaganda vegetariana, toma umas notas e agradece. Pitágoras faz outra pausa e parece lutar o tempo todo com a barba, enquanto continua pesquisando a figura do visitante vindo do futuro. Aos poucos o olhar que parece ser de piedade se transforma em curiosidade.

Pitágoras: ...todos vocês pra lá das colunas de Hércules chegam aqui envergonhados. A mocinha me disse que o ensino de matemática no Brasil é péssimo.

Meno sente que não tem nada para acrescentar. Mariana também balança a cabeça com um ar desconsolado. Pitágoras percebe o pequeno drama dos dois.

Pitágoras: ...pra ser justo, não é só o Brasil que vai mal nos números. Soube que a Grécia também foi à falência financeira nesse futuro maluco. A Grécia e a Mileto dos meus tempos acabaram. Os gregos com alguma coisa na cabeça talvez tenham fugido e foram morar na Alemanha. Dizem que apareceu uma heroína por lá no século de vocês. Zeus ia adorar conhecer uma mulher como essa tal de Ângela sei lá o que...

Meno: Ângela Merkel...

Pitágoras: ... Merkel. Isso aí. Durona. Botou a casa em ordem... Pena que não existam outras com o mesmo caráter. Sinal dos tempos: eu mesmo vim me refugiar aqui em Croton.

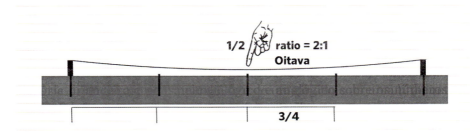

A linguística traiu o **Kanōn**: traduziu como **monocórdio** o que na cabeça dos pitagóricos significava apenas **régua para medir sons. A "régua" era usada para traduzir sons em números.** Dividindo a corda ao meio, a relação entre o som mais baixo e o mais alto será sempre o dobro (2:1). O significado de oitava fica mais claro pensando na escala de DÓ a DÓ, em que o primeiro é mais baixo e o segundo é mais alto. O livro **Geometria do som**, de David Creese, (Cambridge) é uma boa fonte para quem quiser ir além. Veja também Stefan Hagel, da Academia de Ciências da Áustria: *The monochord in Ancient Greek...*

Pitágoras vai até o fogão, atiça a lenha e o carvão, sopra as brasas e mexe numa frigideira com uma colher de pau. Tira de lá uns vegetais corados e oferece a Meno. Volta e meia olha para o iPad que ele tem na mão.

Pitágoras: Guarde a maquininha. Guarde a guitarra também. As leis da eternidade me proíbem explicar o passado usando ferramentas do futuro. Pegue o monocórdio e vamos trabalhar...

Pitágoras: toque a corda **solta**. Se o seu ouvido for razoável, você vai descobrir que a corda produz um som dominante e outros secundários... Tudo isso tem um significado que você pode traduzir com números. Descreva o que você ouviu tocando a corda solta.
Meno: ouvi o som principal da corda...
Pitágoras: ...agora divida a corda ao meio e diga o que ouviu.
Meno: o som que a metade da corda produz é uma oitava acima da corda inteira...
Pitágoras: já vi que você aprendeu com o violão real e a guitarra virtual. Impressionante. Ah, se eu tivesse uma ***GarageBand*** no meu tempo... mas deixa pra lá... ninguém muda o passado. Você ouviu a relação entre o som principal e o secundário: 2 para 1. **Números são operadores de relações**. Tudo na vida é assim... e o tetraktys reflete essas relações com números inteiros.
Meno: mas nem todos os números... quer dizer... alguns são... irracionais...

Pitágoras solta outra de suas famosas gargalhadas e volta a cofiar a barba com o mesmo tique nervoso. Ele detestava a ideia de passar a eternidade toda dando explicações triviais para esclarecer problemas que as pessoas achavam insolúveis porque não aprendiam a pensar.

Pitágoras: taí... demorou um bocado pra fazer a pergunta boba sobre **números irracionais**, ou que nome tenham. Não vou mandar meus irmãos afogar você por causa disso...

Meno: minha pergunta não é sobre os números. É sobre a corda. E se a corda de um *kanōn* for infinita?

Pitágoras: taí... gostei. Sócrates me avisou que você é esperto. Deu a volta por cima... Sua pergunta é uma entrada muito mais inteligente pra chegar à questão da raiz quadrada de 2. Quantos seriam os tons que você poderia tirar de um *kanōn* com uma corda infinita?

Meno: um número infinito?

Pitágoras: ...teoricamente, sim. Um número infinito. E se a corda fosse pequena, como a do *kanōn* que estamos usando? A corda dele é **finita**, não é? E se seu dedo fosse infinitamente pequeno? Quantos tons você poderia tirar da corda finita com um dedo infinitamente pequeno?

Meno: um número infinito também?

Pitágoras: se acha que é, responda: o infinito é infinitamente grande ou infinitamente pequeno?

Meno (*sem esconder a confusão*)**:** francamente não sei...

Pitágoras: olhe para a corda do *kanōn* de novo; você acabou de descobrir que o infinitamente grande cabe dentro do infinitamente pequeno.

Meno: é...

Pitágoras: então, o que é o infinito?

Meno: é o **incomensurável**... aquilo que não tem um número para medir...

Pitágoras: aha... não tem um número **racional**... mas pode ter um imaginário. Em vez de pensar em números, pense nos sons. Ouça a música dos números. Converse com a Mãe Natureza. Dentro dos sons você pode encontrar escalas com harmonias e desarmonias finitas e infinitas. Por isso eu prefiro a música... Ela me oferece arte e harmonia matemática.

Meno: entendi...

Pitágoras: entendeu mesmo? Entendeu que o infinito não é um número?

Meno: entendi. O infinito não é um número. Então, como é que se explica um número imaginário?

Pitágoras: demorou pra chegar lá. Seja sincero. O que você quer mesmo perguntar é sobre o cálculo do comprimento daquela ponte que tem de ser exato, senão a ponte cai.

Meno treme nas pernas ao perceber que Pitágoras já sabia tudo sobre a história da ponte e que não estavam sozinhos na sala. Num espaço ao lado, outros discípulos de várias idades pareciam acompanhar a conversa e se divertiam com as perguntas dele.

Meno: ... não vai mesmo mandar me afogar?

Os discípulos da irmandade caem na gargalhada.
Pitágoras (*sorrindo também*)**:** ...esqueça a galera. Se você quiser ir em frente na vida, esqueça quem ri de seus esforços para superar a ignorância. Essa turma aí adora se divertir com os brasileiros que chegam aqui com medo de matemática...
Meno (*respirando fundo*)**:** como é então que eu acho um número exato pra raiz de um quadrado de 2? Sócrates queria que eu definisse todos os lados de um triângulo com números exatos. Tinha razão: se a ponte fosse a hipotenusa e o cálculo fosse errado, ela ia cair.
Pitágoras: aha!!!! Claro que ia cair mesmo. Sócrates riu muito quando me contou suas aventuras. Ele não queria ensinar geometria. **Queria ensinar ética.** Aprenda a não fugir de um problema. Então vamos lá... está vendo os desenhos na parede? O primeiro é meu. O segundo é dos tempos de Euclides, que nasceu uns duzentos anos depois de mim. Vamos ver se você consegue decifrar o significado do terceiro. Mas isso fica pra depois. Descreva o primeiro desenho.

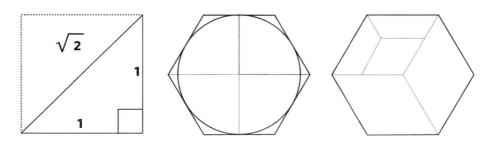

Meno: esse é o problema que Sócrates criou e eu não consegui resolver. No caso de um triângulo com ângulo reto e lados iguais o número da hipotenusa pode ser irracional.

Pitágoras: o quadrado pequeno dentro do triângulo mostra que a raiz do quadrado de 2 é uma proporção. A linha tem um comprimento exato. Foi difícil explicar isso no meu tempo. E sua ponte também não fecha se não tiver um número exato. Alguns séculos se passaram até encontrarem respostas melhores do que a minha pro mesmo problema. Essa história passa por Euclides, Arquimedes e viaja até 1889, quando Hilbert deu uma boa contribuição. De vez em quando ele vem aqui trocar ideias comigo. Não vai dar pra contar a história toda nessa entrevista. Vou resumir: olhe agora pra figura do círculo dentro de uma figura geométrica com seis lados. Uns 1.200 anos antes de mim, os babilônios e egípcios já sabiam como definir a relação entre o círculo e seu diâmetro. Arquimedes viveu uns dois ou três séculos depois de mim e foi mais longe: colocou a figura do polígono dentro e fora do círculo, dobrando e comparando tamanhos. O que ele queria era achar um **número limite partindo da lógica do meu tetraktys**. Esse é o número que você também quer pra sua ponte. **Leibniz** e outros lançaram as bases do **cálculo**, facilitando o estudo de limites e a vida dos engenheiros. Como não dá pra contar a história toda do cálculo antes de você voltar pro seu balão, vou pedir somente que você olhe pra figura ao lado do círculo com o polígono. Defina essa figura.

Meno: parece uma caixa...

Pitágoras: ...olhe de novo. Conte as linhas do lado de fora da figura.

Meno: ...é o mesmo polígono (ou hexágono – figura de seis lados) que tem o círculo dentro.

Pitágoras: exatamente. Seu cérebro viu a figura do jeito que quis e transformou, o hexágono virou caixa. Muitas vezes seu cérebro ignora as soluções que existem **fora do espaço onde ele quer ver o problema**, **por preguiça ou sei lá por quê**. Você tem de aprender a usar seu cérebro...

O cheiro de raízes temperadas com alecrim, manjericão e azeite impregnava o ar. Pitágoras cutucou as brasas. Um discípulo foi até o jardim e voltou com mais lenha. As achas voltaram a estalar e o fogo alto soltou o cheiro agridoce de alguma raiz tostada. Mariana caminhou na direção de Pitágoras e meteu uma caixinha na mão dele.

Pitágoras: ...acho que nossa entrevista acabou. Tenho de voltar à música das estrelas... mas você parece que ainda quer perguntar alguma coisa. Vamos lá. Pergunte.

Meno mais do que depressa, mete a mão no bolso, tira uma moeda e mostra a Pitágoras.

Pitágoras (*olhando surpreso para a moeda e achando que era um pagamento, reage irritado*)**:** não precisa pagar nada. Se os contadores de Brasília virem isso, vão querer que eu pague Imposto de Renda. Vão descobrir um jeito de mandar faturas para a eternidade.

Meno: só queria saber se esse nomos passou pela mão do senhor.

Pitágoras (*voltando a sorrir*)**:** entendi... você quer voltar pro futuro dizendo que essa moedinha passou pela minha mão. Entendi. E aí vai valer uma fortuna num leilão de numismatas. Menino, acho que Sócrates tinha razão. Você é especulador?

Meno não consegue disfarçar a vermelhidão que sobe no rosto. Pitágoras solta uma última gargalhada ao perceber a vergonha dele e o cuidado com que enfiou o nomos no bolso. Era como se a moeda tivesse se transformado de repente numa prova de espírito especulador, em vez de um pequeno tesouro.

As cores do céu continuavam a encher os olhos. O azul do mar ia aos poucos se dissolvendo na luz do disco amarelo e enorme do sol do outro lado das águas, caindo no fim do dia ou no fim do mundo. Com um ar paternal Pitágoras entrega a Meno o pacotinho embrulhado em pelica que recebeu de Mariana.

Pitágoras: leve isso, garotão... Pedi emprestado a Mariana pra você. Só abra quando voltar ao século XXI, e não esqueça de devolver a ela. Depois de entender o que essa caixinha ensina, você pode ir entrevistar Riemann e até o tal... Go... Go... Como é mesmo o nome dele?

Meno (*sorrindo*)**:** ...Gödel.

Pitágoras (*com a mão atrás da orelha, fingindo ser meio surdo*)**:** Gol...? Foi isso que ouvi?... Vocês no Brasil só pensam em futebol. Não aprendem nem quando perdem a Copa do Mundo pro time da tal Merkel por 7 a 1. Dê lembranças ao seu **"Goldel"**. Adeus.

Quando Meno chegou em casa, correu para abrir o pacotinho. Era uma caixinha de cerâmica pintada com flores lilases, uma terracota misturada com tons alegres e vivos. Dentro encontrou um baralho e um bilhete. O bilhete começava com a figura fracionada do baralho e terminava com uma carta com a letra Y diferente de todas as outras.

O bilhete de Pitágoras:

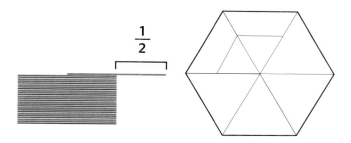

Olá, garotão,
Espero que seu balão tenha voltado para o tempo certo. A ideia de lhe dar o baralho foi da Mariana. Ela desembarcou aqui cheia de perguntas sobre números e geometria. Pedi a ela pra desenhar uma paisagem. Ela domina bem a luz e a cor, mas gosta de distorcer imagens.

Parece que os artistas do futuro se cansaram da realidade. Preferem ignorar as formas do mundo real e reinterpretar o temperamento de tudo, até das escalas sonoras... Mostrei a ela que uma distorção só é perfeita quando você conhece bem o objeto, ou seja lá o que for que está distorcendo. Qual é a graça que tem em distorcer o que você não entende?

Lembra o hexágono que parecia uma caixa? Fiz um desenho pra você, mostrando outra interpretação do mesmo problema. Olhe de novo. Tente ver o que tem dentro do hexágono. Se você não percebeu imediatamente os triângulos, só tem duas explicações para isso: ou a fera adormecida que controla seu cérebro é preguiçosa, ou você não sabe como pilotar ela.

*O baralho é um bom teste. Você pode jogar com as cartas ou deixar que as cartas joguem com você. Mexendo no baralho, descobri que as cartas ajudam a entender melhor os números pares e ímpares, **peras** e **aperai**. Continuo surpreso com o tempo que a humanidade gastou para resolver problemas descobertos há milênios. Não posso ir ao futuro e ajudar a consertar o passado. Mas você pode mudar o futuro.*

*Estude o baralho. Não deixe que as cartas dominem seu olhar, como a figura do hexágono. Descubra os números que elas escondem. Tente entender o que significam séries harmônicas convergentes e divergentes e o significado de **harmonia** e **limite**.*

Mariana fez alguns desenhos para ajudar o raciocínio. Use a imaginação e experimente quantas cartas você consegue empurrar para a frente na pilha do baralho, sem derrubar nenhuma. Aprenda a traduzir suas experiências em frações.

*Mande um e-mail pelas nuvens pra mim contando suas descobertas. Gostaria de acreditar que é possível ressuscitar pra ajudar a melhorar o futuro, viajando nas nuvens. Nada é impossível... Principalmente agora que **Steve Jobs** se mudou pro lado de cá da eternidade. Adeus,*

Pitágoras

P. S.: *Respondendo melhor à sua última pergunta: acho que uma moedinha igual à que você me mostrou passou pela minha mão, sim. Pode não ter sido o **nomos** de prata que você trouxe no bolso. Muitos **trites e nomos** circularam entre os comerciantes de Croton. Por que um desses nomos não poderia ser o da coleção **Nomus Brasiliana**? Mande uma carta perguntando isso a Lewis Caroll, o criador de Alice, aquela do País das Maravilhas. Nada é impossível para um bom matemático... E, ah, sim: especular não é pecado...*

CAPÍTULO III

Cartas que não caem do baralho

Jogos de cartas desembarcaram na Europa antes do descobrimento do Brasil. Baralhos vieram do Oriente na bagagem de comerciantes. Costureiros de Paris desenharam os trajes de reis, rainhas e valetes e a moda pegou. Dizem que o pôquer começou na Alemanha. Ninguém garante isso, nem sabe com certeza quem criou o truco, a paciência, o buraco e outros jogos.

Pitágoras só conheceu o baralho quando Mariana, viajante do futuro, trouxe um de presente. Num piscar de olhos percebeu os números escondidos pelas cartas e sugeriu o estudo deles. Os motivos para aceitar a sugestão de Pitágoras são bons. É impossível atravessar a linha do tempo dos números e das moedas sem investigar as armadilhas escondidas no cálculo de frações.

Todas as metamorfoses do câmbio e medidas de peso usam números fracionários. Alguns padrões, como a **uncia romana (onça),** sobreviveram ao teste do tempo. Frações ajudam também a entender os bastidores de moedas famosas, como a que provocou a frase **"dai a Cesar o que é de César..."**

Olhando para números fracionários, algumas contas parecem fáceis. Outras, nem tanto. Quantas cartas alguém pode empurrar para a frente sem derrubar um baralho? Bons jogadores sabem fazer cálculos complicados como esse. Alguns ficam ricos investindo nas bolsas. Outros ganham fortunas especulando, depois perdem tudo.

Quase sempre quem perde é aquele ou aquela que só usa a intuição, sem nenhuma base técnica. Essa é a melhor receita para fabricar perdedores. Do outro lado do baralho pode estar um computador com um batalhão de profissionais defendendo a poupança dos clientes. Escolha seu lado. Pitágoras provou com os hexágonos dele como os olhos podem enganar uma cabeça quadrada ou preguiçosa. A música de Tom Jobim ajuda a entender isso.

ANTES DE PEDIR AJUDA A TOM JOBIM

A música facilita a caminhada nas trilhas da linha do tempo. Mas você terá de azeitar os gatilhos em seu cérebro, se quiser entender melhor as relações entre os números e a música. Vai ter de suar um pouco, se não quiser ouvir o *Samba de Uma Nota Só* como quem olha para um hexágono pensando que é uma caixa.

Muitos mistérios que atormentaram os pitagóricos e outros pioneiros da matemática e da música desapareceram com o passar do tempo. Em meados do século XX já se podia dizer que qualquer coisa capaz de gerar séries aparentemente infinitas, como as cartas do baralho, tem traduções lógicas. Desafiar o conceito de infinito deixou de ser pecado.

Um exemplo bom e didático da evolução do pensamento matemático aparece numa biografia de **Riemann** escrita por **John Derbyshire**. O livro recebeu um elogio de **John Nash**, ganhador de um prêmio Nobel. Fizeram um bom filme sobre Nash chamado ***Uma mente brilhante***.

O desafio do baralho é uma das muitas versões de paradoxos inventados por sofistas gregos. Sofisma é uma coisa absurda que parece logicamente perfeita. Os sofistas apareceram algum tempo depois de Pitágoras. Viraram o pensamento clássico de pernas para o ar.

Um deles, chamado Zeno, quatro séculos antes de Cristo inventou um sofisma famoso, conhecido como *paradoxo da tartaruga*. É possível explicar esse paradoxo com poucas palavras. Mas a compreensão só melhora se você dominar a matemática embutida nele.

O paradoxo é apresentado assim: um grego faz uma aposta com outro para ver quem vencia uma corrida – Aquiles ou uma tartaruga? Nos termos da aposta, a contagem seria amarrada a cada intervalo da corrida. Aquiles daria uma vantagem de 100 metros. Nessa base, Aquiles nunca vence. Veja: enquanto Aquiles corre 100 metros, a tartaruga corre 10 e continua à frente. Quando Aquiles correr 10 metros, a tartaruga terá corrido um pouquinho mais e continuará à frente. Mantendo a contagem nessa base, a vantagem da tartaruga tende para zero, mas nunca acaba.

Mexendo com as cartas do baralho, você começa a perceber as armadilhas que se escondem nas somas de frações. O autor da biografia de Riemann fez algumas contas por nós no caso do baralho: se você empilhasse 1 trilhão de cartas, poderia empurrar até 14 para a frente sem derrubar a pilha. Então, qual seria o limite para o número de cartas empilhadas e empurradas para fora? Sua pilha pode ir além da Lua, diz ele. Não existe limite.

*Aquiles, a tartaruga e o baralho são bons exemplos do que os matemáticos chamam de **séries harmônicas divergentes, ou convergentes**. As* *soluções que os pitagóricos não encontraram nos números foram buscar na música. É na música, também, que vamos navegar, e Tom Jobim pode ajudar. Mas para poder pedir ajuda a ele, é preciso preparar o terreno revendo o que sabemos sobre frações e as armadilhas que elas escondem. Vamos fazer isso acompanhando a experiência de Meno, nosso viajante virtual, nas trilhas de Croton. Depois vamos recorrer a um...* **iPhone**.

QUANTO CUSTAVA UMA PIZZA CALABRESA NOS TEMPOS DE PITÁGORAS?

Quando alguém ouve o *Samba de uma nota só* o cérebro transforma a música em emoção e número. Gostar ou não da música não depende de números. Você pode ignorar eles. Mas se quiser descobrir o que seu cérebro faz por conta própria, sem lhe dar a menor satisfação, vai precisar saber calcular frações, números exponenciais e logaritmos. NÃO. NÃO é difícil não.

Meno aprendeu um bocado sobre a soma de frações perambulando pela Calábria, até achar a casa de Pitágoras. A fome apertou, ele entrou numa trattoria, comeu uma pizza, pagou com um **trite** e recebeu o troco. Quanto gastou? Lembre-se: os ponteiros do relógio viraram 25 séculos para trás. Ninguém pensava na soma de frações ou em moedas como pensamos hoje. Para descobrir o custo da pizza, é preciso saber qual era o meio de pagamento e como as pessoas **pensavam** no dinheiro. O estudo da evolução do pensamento se chama epistemologia.

Já sabemos que o **trite** era popular no Mediterrâneo e fazia ali um papel parecido com o do dólar. Comerciantes que chegavam a Croton pelo mar talvez trocassem **trites** por produtos locais. O **trite** era feito com **electrum**, uma liga de ouro e prata. Pesava 4,75 gramas. Três **trites** valiam **1 electrum stater (ELs)** de 14,1 gramas. **Esse era o padrão adotado na Lídia e na Milésia**, lugares que podem ser vistos no mapa do **Capítulo I**. Vamos fazer um pequeno exercício de epistemologia para entender como funcionava a cabeça das pessoas.

A moeda grande representa a soma de frações. É um **stater** da Lídia de 545-520 a.C. As pessoas calculavam frações nos tempos de Pitágoras **usando um raciocínio dedutivo, associando coisas**. Troca daqui, troca dali... e acabavam deduzindo que uma coisa grande valia tanto quanto três coisas pequenas. O **pensamento matemático indutivo**, abstrato, envolvendo álgebra e frações, levou cerca de dois mil anos para amadurecer.

As formas de pensar estagnaram na Idade Média. Só voltaram a evoluir mais rápido entre os séculos XV (1500) e XVI (1600) graças a Galileu, Kepler e muitos outros. Não era mais possível olhar para o céu e dizer que o Sol girava em torno da Terra. Foi preciso aprender a fazer cálculos e provar que a Terra girava em redor do Sol para poder garantir que não era pecado pensar assim.

> Vamos voltar a 545 anos antes de Cristo: a moeda grande, o **stater** da soma de frações, apareceu quando a Lídia lançou um **regime monetário bimetálico**, isto é: baseado em ouro puro ou prata pura. Pesquisadores do grupo **CNG** dizem que essa moeda reflete a evolução rápida do sistema monetário no reino de Croesus. A troca de **prata por ouro (ratio)** passou de **13 ½:1** para **10:1** – isto é: de 13 e meia partes de prata contra 1 de ouro, para 10 contra 1. Os cálculos que vamos fazer, portanto, são aproximados.

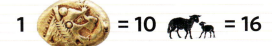

Um **trite** com a cabeça do leão e um Sol na testa dava para comprar dez cabras nos tempos em que circulou. O **trite** podia ser trocado por moedas menores ainda. Um **trite** valia cerca de dezesseis ou dezessete **EL** pequenos. Esse **EL** pequeno (fracionário) possivelmente era usado para acerto de contas: era a **quadragésima oitava** parte da maior de todas as moedas.

O EL pequeno que aparece ampliado na foto foi cunhado por volta do ano 625 a.C. Ele mede, de fato, 5 milímetros. O tamanho na palma da mão é como o de uma lentilha. A bola no anverso (frente) lembra o olho do leão do **trite**. Existiam moedas menores ainda, chegando até a 96ª (nonagésima sexta) fração da moeda grande (o **EL stater**). **Quantos fatores tem 96?**

> *Matemática*: 96 tem um **fator** importante, **12**. Já vimos o que significa fator. Em outras palavras, 96 é divisível por 12. Então, 12 é um dos seus **fatores** (96/12 = 8). Oito é também o número da **oitava** musical de Pitágoras, que conhecemos como **DÓ, ré, mi, fá, sol, lá, si, DÓ**. Você já sabe que se contar também os meios-tons (as teclas pretas num piano), a oitava passa a ser 12. Parece que músicos e moedeiros aprenderam a calcular estudando matemática na mesma escola. Se você não prestar muita atenção, pode ser enrolado por alguém que sabe como ouvir melhor a música do dinheiro.

Meno, nosso viajante imaginário, descobriu a utilidade das frações quando teve de pagar a pizza no caminho da casa de Pitágoras. Você já sabe que a região ficou famosa pelas pizzas calabresas. Meno pagou com um **trite** e achou que foi enrolado no troco.

Meno tinha ouvido **Joseph Linzalone** dizer que **1 trite** dava para comprar dez cabras, ou garantir um mês de subsistência no trecho da linha do tempo que ia visitar. O trite da coleção **Nomus Brasiliana** foi comprado na mesa de **Linzalone** na feira do Waldorf Astoria. Meno entregou todo confiante a moedinha à dona da trattoria onde comeu a pizza e esperou o troco.

"Grazie mille...", disse a calabresa com os olhinhos brilhando ao ver o ouro. Todo mundo chamava a calabresa de *mamma*. A *mamma* suava em bicas perto de um forno a lenha e falava uma mistura incompreensível de dialeto do sul da Itália, latim e grego. No fim das contas, recorria às mãos para se comunicar com um turbilhão de gestos. Todo mundo entendia.

Foi assim que ela enfiou as moedinhas do troco na palma da mão de Meno. Obrigou o garotão a cerrar o punho, mandou segurar firme, deu duas palmadinhas nas costas dele, empurrou-o gentilmente até a porta e o despachou:

*"Andate via. Andate via i Attenzione! Sono quindici **quarantotto**, plus **1 nomos**. Arrivederci... (Vá andando. Vá andando e cuidado... são quinze moedinhas de **48** de troco mais um **nomos**. Até a vista...)."*

Meno contou e recontou o troco: tinha recebido 15 daquelas moedinhas minúsculas, mais 1 **nomos**. Olhando para a calabresa sorridente na porta, ele ensaiou dizer que sabia quanto valia um trite: 10 cabras *"ou talvez dezesseis moedinhas pequenas, dependendo de quanto iam pesar na balança..."*

A dona da trattoria percebeu logo que ele queria pesar as moedinhas para discutir o troco e soltou uma sonora gargalhada. Tão sonora que o Mediterrâneo inteiro ouviu:

"Santo Dio... ma dove...?" (*Santo Deus... mas onde um trite vale dez cabras)...?*

Meno pediu desculpas, meteu as moedinhas douradas no bolso e sumiu rápido na trilha de terra batida. Nem olhou para trás. Com certeza a garotada que brincava perto do forno a lenha da *mamma* e acompanhava a conversa continuava às gargalhadas também, rindo da cara dele. De onde teria saído a figurinha que quis discutir o troco e pesar moedas na balança de uma grega calabresa daquele tamanho?

Nunca saberemos se Meno foi tungado pela calabresa ou não. Mesmo assim, vamos estudar esse caso mais de perto, olhando só para os números. Lembre-se: estamos falando da Lídia, da **cultura jônia na Milésia**, das ilhas do mar Egeu e de cidades ou colônias da **Magna Grécia** onde a moeda circulou.

Estamos viajando para um tempo que fica a uma distância de mais de cinco séculos antes de Cristo, num lugar entre o sul da Itália e a Grécia, não muito longe da região costeira da atual Turquia.

O câmbio naquela época era uma grande confusão: a moeda corrente em croton – o nomos –, era bem diferente do **trite**. O **nomos** era um disco de prata de 26 milímetros pesando cerca 7,11g. Se tudo fosse igual e olhando só o peso da prata, valeria agora uns 5 dólares.

Na Égina, ilha das tartarugas famosas, o **electrum stater (ELs)** era cunhado com 12,2g. Em Mileto, do outro lado do mar Egeu, o **ELs** seguia o padrão da Milésia de 14,1g, o mesmo da capital da Lídia, Sardis. Que grande confusão.

No reinado de Croesus houve uma mudança importante. Moedas de **ouro puro e prata pura** começaram a ser cunhadas para substituir as moedas de 14,1g cunhadas com a liga dos dois metais, o **electrum stater**. A moeda grande usada no exemplo da soma de frações é um stater **de ouro puro** de 8,17g. Tentamos várias vezes arrematar uma dessas moedas para a **Nomus Brasiliana**. Colecionadores milionários levaram todas. Vimos e fotografamos duas: uma no **British Museum**. Outra no **Eretz Museum de Tel Aviv**, graças à gentileza da curadora, **Cecilia Meir**.

De volta uma vez mais ao passado: os cambistas da Magna Grécia deviam fazer a festa com quem não era do ramo na hora do troco. Apesar da confusão, não é impossível entender, mais ou menos, o que aconteceu na trattoria. Vamos tentar trazer a história da pizza para nossa época.

Vamos imaginar que dois mil e quinhentos anos depois de Pitágoras todas as circunstâncias continuavam as mesmas. Voltamos para o ano 2013 e vamos visitar uma fazenda nos Estados Unidos.

Em 2013 uma cabra sem *pedigree* (animal comum) podia ser comprada por uns 200 dólares. Uns 400 ou 500 reais no Brasil, com o dólar cotado a R$2,40. Se uma cabra valia 200 dólares e um trite valia 10 cabras, então um **trite** valia 200 x 10, ou 2.000 dólares.

Quando já estava longe da trattoria, Meno contou de novo o troco que recebeu da mamma: tinha 15 moedinhas pequenas na mão e 1 **nomos**. Como o **trite** valia 16 moedinhas pequenas, é claro que a *mamma* cobrou uma pela pizza.

Quanto valia a moedinha pequena que ficou na pizzaria? A calculadora do iPhone respondeu rápido: $2.000 \div 16 = 125$. Cada moedinha valia 125 dólares.

Portanto, a pizza custou o equivalente a 125 dólares, menos o valor do **nomos** de prata que veio com o troco. Em resumo, a pizza custou uns 120 dólares. Perto de 288 reais com o dólar cotado a R$2,40. A pizza mais cara do mundo.

Talvez por isso muitos numismatas acham que as primeiras moedas não circulavam no varejo. A conta da pizza só poderia estar errada se um **trite** não valesse 10 cabras na Calábria, se estivesse gasto pelo uso, se a liga fosse fraca ou o **nomos** valesse mais de 5 dólares.

Não sabemos exatamente como eram os usos e costumes na Calábria, ilhas gregas e Ásia Menor 2.600 anos atrás. Não estamos afirmando que existiam pizzarias ou mafiosos naquela época, nem que as *mammas* de Croton falavam um dialeto de grego e latim e tungavam os visitantes na hora do troco. Esse é um exercício puro de imaginação. Com certeza, certeza mesmo, só podemos pensar que sempre existiram *mammas* fazendo pão e pizza e que os cambistas sempre souberam somar, dividir e diminuir frações muito bem.

Na Lídia circularam moedas chamadas terça (1/3), quarta (1/4), sexta (1/6), quadragésima oitava (1/48 – a do troco na trattoria) e até a minúscula nonagésima sexta (1/96). No mundo grego circulavam drachmas, didrachmas e frações. O padrão do **nomos** derivou das drachmas.

A transação elementar que acabamos de ver tem meios-tons fracionários escondidos, tal como na música. É preciso preparar o ouvido para distinguir todos os tons. Vamos olhar mais de perto para o histórico das moedas usadas na transação da pizza:

Quando um moedeiro fundia moedinhas, um olho ficava na mistura de ouro e prata e outro na balança. Tudo que era martelado na bigorna tinha de sair de lá bem calibrado. Se entrasse ouro demais na liga, o reino perdia dinheiro. Se a liga fosse *"fraca"*, a *"moeda fraca"* perdia a credibilidade. E o peso? O peso também tinha de ser bem calibrado.

Calibrar o peso era um problema e tanto, por causa das balanças primitivas e do atrito e desgaste da moeda em circulação. Se o peso ficasse abaixo do padrão, o mercado se defendia, conferindo na balança. Um trecho da Torá, possivelmente escrito muito antes do surgimento das moedas, deixa clara a importância da aferição da balança e dos pesos:

LEVÍTICO 19-20 Kedoshin: 36 – "Balanças justas, pesos justos, efá justa *e* hin *justo tereis para vós..."*

Efá é uma antiga medida hebraica para grãos e outros granéis secos. Pode ser comparada com o bushel (35,2l). Hin é uma medida para líquidos entre 5 e 3,5l. Medidas semelhantes para líquidos, como o jarro, *foram usadas por egípcios e outros povos.*

Um comentário na edição da Torá, da Editora Séfer (p. 350), lembra que o significado de "balança justa" pode ser simbólico, ou metafórico: um homem não pode ter "dois pesos e duas medidas".

Muitos numismatas acham que as moedas primitivas não circulavam no varejo. Por quê? Por causa da cultura primitiva do escambo (troca de mercadorias), valor alto e todas as complicações cambiais, dizem eles.

Podemos discordar e pensar de outro modo: a frase sobre os pesos não teria entrado na Torá se o redator não se preocupasse com os meios de pagamento e eles não circulassem nas mãos dos fiéis.

A moeda desperta instintos e puxa gatilhos primitivos no cérebro humano. Basta existir um meio de pagamento consagrado por usos e costumes para que a velocidade de circulação aumente.

Historiadores contam que mercenários exibiam o brilho de moedas dentro de cuias quando cercavam as muralhas de cidades sitiadas. Queriam ganhar a guerra com o reflexo assustador do Sol no ouro ou prata pagos pela cabeça decepada dos inimigos. Qualquer coisa comum que brilha na mão de soldado ou chofer de táxi tem de ser respeitada.

Para que serviam moedas fracionárias tão pequenas como o **EL** de 1/96 senão para pagar soldos, impostos ou para acerto de contas na balança? A moedinha usada no exemplo da trattoria era a quadragésima oitava parte (48ª) do padrão monetário da Milésia, o **EL** de 14,1g.

No período que vai do surgimento das moedas de electrum (liga ouro/prata) até a adoção das moedas com metal puro, a relação, ou **ratio ouro/prata** variou entre 1:13 ½ (uma parte de ouro para **treze e meia de prata**) e 1:10 (para achar a **ratio prata/ouro**, basta inverter).

Você pode achar inútil desenrolar todo esse novelo enroscado há 2.600 anos. Não é. A mente humana evolui, mas nem tanto. Keynes, uma das mentes econômicas mais brilhantes do século XX, apelidou o ouro como "**relíquia bárbara**".

O que um norte-americano pensaria dos Estados Unidos da América se todo o ouro guardado no Fort Knox fosse transferido para um banco na Praça Vermelha, em Moscou?

Estamos falando na América do século XXI, guardiã do maior estoque de relíquias bárbaras na face da Terra. Quanto tempo ainda vai passar até o realinhamento da mente humana com outros valores?

*Mais adiante você verá como a matemática do passado remoto continua fazendo ricos e pobres no século XXI. O gráfico da **ratio ouro/prata** foi um dos mais consultados na crise financeira global do ano 2008. De vez em quando, é bom lembrar uma pergunta que virou clichê: **de onde viemos, onde estamos e para onde vamos?***

No trecho distante da linha do tempo que acabamos de visitar, a base de cálculo não era **decimal**. Você pode achar que isso também é complicado e não se aplica ao mundo onde vivemos. É bom pensar duas vezes. Você pode estar sendo traído outra vez por seu cérebro sem saber. Ele aprendeu a se ajustar automaticamente para funcionar na base duodecimal quando olha para o relógio.

Seu relógio divide o minuto em 60 segundos, a hora em 60 minutos e o dia em metades de 12 horas cada. A cabeça dos sumerianos e babilônios ignorava o zero quando pensava no número 60. Na escrita deles, chamada *cuneiforme*, 60 era escrito com um sinal assim: ▼ – o zero não existia.

Seu cérebro processa as horas, minutos e segundos com a mesma base lógica dos sumerianos que viveram há mais de 5 mil anos. Surpresa? Você raramente diz 60 minutos ou 60 segundos. Você fala em *1 hora ou 1 minuto*, divide o dia em duas partes de 12 e conta de uma forma que parece maluca.

Quando você calcula 11 menos 1, o resultado é 10 na lógica do relógio. Mas se você somar 11 + 2, o resultado é 1. Qualquer relógio faz essa conta automaticamente: uma hora da tarde ou da manhã acontece duas horas depois das 11 (11 + 2 = 1). Seu ouvido também processa os sons com uma lógica parecida. E então? Não será melhor saber que lógica é essa? Seguindo essa lógica, 11 = 0 – 1 e ainda 11 = 1 – 2. Pense: se você estiver em 1 hora da tarde e voltar duas horas para trás, aonde vai chegar? Às 11. Colocamos os números num quadro para mostrar como sua cabeça funciona quando usa (sem saber) a lógica sexagesimal.

LÓGICA DO RELÓGIO

1 + 2 = 3

6 + 5 = 11

11 + 1 = 0

11 + 2 = 1

Cedo ou tarde você terá de enfrentar a realidade: seu cérebro sabe algumas coisas que você não sabe. Os seres humanos vivem num mundo de decisões pensadas e de reflexos condicionados pela **vida social das coisas**. A embalagem dos ovos é um bom exemplo da vida social de uma coisa tão trivial quanto ovos.

Em alguns supermercados os ovos ainda são embalados em dúzias. As donas de casa espertas comparam o preço da embalagem da dúzia com o preço da caixa de dez. Nem todas sabem calcular o que sai mais caro.

Vamos imaginar que existissem mesmo trattorias nas Ágoras (mercados) dos tempos de Pitágoras. Não tenha dúvida: as *mammas* saberiam calcular o valor dos ovos numa base sexagesimal. Talvez as *mammas* soubessem até calcular o troco com moedas cunhadas em frações de 1/96.

Prova de que existiam bobos e espertalhões lidando com moedas em tempos muito, muito remotos:

Um dos motivos das reformas de Sólon em Atenas (638 a.C.) foi regular a agiotagem. Juros impagáveis permitiam que um credor escravizasse a família do devedor inadimplente. Lembre disso quando um vendedor passar seu cartão de crédito na maquininha e perguntar, com um ar inocente:

– Crédito ou débito?

– Quer parcelar o pagamento?...

CALCULANDO COM A AJUDA DE UM SAMBA

Se você esqueceu como somar, diminuir, multiplicar ou dividir frações, está na hora de desenferrujar gatilhos na cabeça. Pitágoras ajudou um pouco com o monocórdio dele. Vamos recorrer agora a Tom Jobim. Há uma vasta literatura sobre ele em biografias escritas por Helena Jobim, Márcia Cezimbra, Tárik de Souza, Luis Carlos Lisboa, Sérgio Cabral e no *Dicionário Cravo Albim.*

Ninguém define a música de Tom como matemática pura. Mas podemos deduzir com certeza que a cabeça dele transformava números em **conjuntos** harmônicos com uma habilidade extraordinária. Mais adiante você verá como Mozart, Chopin e outros faziam a mesma coisa.

O que é um conjunto? Os matemáticos definem "**conjunto**" (*set* em inglês) como objetos ou números que parecem agrupados por causa de alguma **força ou razão externa**. Eles definem essa força externa como **função** (f). Pronto. Você acabou de aprender o que é **função**. Esse termo é muito usado na lógica matemática. Exemplos de conjuntos: uma série de números, pessoas num estádio, uma escala de notas musicais com uma sonoridade agradável etc. Olhando para as teclas de um piano, você vai entender melhor isso.

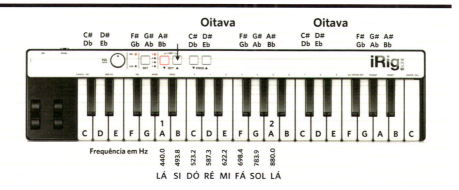

Já vimos que o **iRig** pode ser plugado nos programas da **GarageBand** da Apple e simular qualquer instrumento, ou até mesmo os ruídos produzidos pela Mãe Natureza. Os botões destacados pela seta à esquerda de **C#** ampliam a navegação em oitavas e o alcance acústico (graves/agudos). Tudo isso tem uma tradução numérica. Se Pitágoras acordasse hoje e olhasse para o **iRig**, sairia gritando como Arquimedes: **eureka... eureka...** achando que todas as teorias dele sobre a música das estrelas estavam certas. Não é bem assim. O teclado está sendo usado aqui somente para mostrar a origem de uma fórmula matemática muito interessante, que começa com uma letra Z vazada. Doze intervalos são contados na escala de um **DÓ** até o próximo **DÓ**, quando os semitons são somados. Veja como a matemática e a teoria musical traduzem esse conjunto:

$$\mathbb{Z}_{12} = \{0, 1, 2, 3, 4, 5, 6, 7, 8, 9, 10, 11\}$$

A trilha para explicar a origem e a história das letras $\mathbb{N}$, $\mathbb{Z}$, $\mathbb{Q}$, $\mathbb{R}$, $\mathbb{A}_r$, $\mathbb{C}$ é longa. Por enquanto, basta saber o que significam: essas letras são usadas para definir números naturais, números inteiros ($\mathbb{Z}$), números racionais ($\mathbb{Q}$), números reais, números algébricos reais ($\mathbb{A}_r$) e números complexos ($\mathbb{C}$). A letra $\mathbb{Z}$ vem de **Zahl**, que em alemão significa simplesmente **Número**. Você pode levar a curiosidade adiante nos complementos deste livro no site iNÚMEROS.

> *A música de Tom Jobim é um bom exemplo de como o computador de bordo que a Mãe Natureza enfiou em seu cérebro **processa** os tons da função $\mathbb{Z}_{12}$, sem lhe dar maiores satisfações. Um pouquinho desse samba vai ajudar a melhorar as relações entre você, seu ouvido e o computador de bordo do cérebro. Com certeza você se lembra desses versos:*

> *Eis aqui este sambinha, feito com uma nota só*
> *Outras notas vão entrar, mas a base é uma só...*

A música manipula alguns circuitos entre o ouvido e o cérebro quando você ouve os versos. Seu computador processa o samba por conta própria, tal como a natureza manda que ele faça. Logo adiante vamos usar um gráfico para mostrar como sua cabeça processa alguns sons como se usasse uma **escala logarítmica neperiana**. Ela faz isso mesmo que você nem desconfie do que é **LOG neperiano**, **LOG natural**, **"e"** ou a tecla **Ln** que existe em calculadoras científicas.

Tom Jobim também brinca com seu cérebro: usa uma *licença poética* quando batiza o sambinha dele como **Samba de uma nota só**. Isso é o que acontece quando nosso ouvido tem bom gosto e damos a alguém licença para nos enganar com arte. O cérebro entende a arte de Tom. Vamos ver como isso acontece olhando novamente para o teclado de um piano:

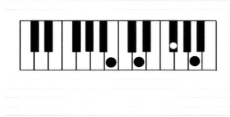

Tom foi legal quando disse na letra do sambinha famoso: "outras notas vão entrar, **mas a base é uma só...**" O cérebro percebe o conjunto dos sons das notas que são tocadas, ao mesmo tempo, num acorde. O teclado mostra como um pedaço da música de Tom é executada. Quatro notas podem ser tocadas ao mesmo tempo com o ritmo e os tons de um samba bonito e famoso. Matematicamente, o samba é tudo, menos um samba de uma nota só.

Vamos recorrer agora à acústica para tentar compreender a matemática de Tom Jobim. É preciso avançar um pouco mais na trilha dos números sem pisar em falso. Só assim será possível entender o que a Mãe Natureza manda seu ouvido fazer por conta própria.

A verdade é que seu cérebro funciona logaritmicamente sem dizer nada. Então, não seria melhor saber o que é logaritmo? Não é difícil: todo logaritmo **(LOG)** tem uma **base**. Se você está entre os que não sabem ou esqueceram o que é a **base de um logaritmo**, vamos começar pelo princípio: **expoentes**.

Nivelando conhecimentos: é impossível entender o que significam logaritmos sem saber como usar um expoente para elevar um número qualquer. Recapitulando: 2^6 é o mesmo que 2 × 2 × 2 × 2 × 2 × 2 = 64. Qual é a utilidade dos expoentes? Pense neles e nos logaritmos como redes para pescar. Quem usa um anzol pega um peixe. Quem usa uma rede pode pegar um cardume inteiro. Relembrando o que são **expoentes**, fica mais fácil entender o que é a base de um logaritmo. A base é a rede do pescador e **ela pode variar à vontade**. A rede é muito útil para trabalhar com **cardumes enormes, como 10.000 ou 10.000.000.000, por exemplo**.

IPHONES E IPADS EXPLICAM O QUE SEU OUVIDO FAZ SEM DIZER COMO

LOG é o expoente usado por uma base para lhe entregar outro número. A base mais comum é 10			
Se o número for...	...e se a base escolhida for...	...então o LOG do número é	Por quê?
1.000	10	3	Porque 10^3 (ou 10 x 10 x 10) = 1.000
8	2	3	Porque 2^3 (ou 2 x 2 x 2) = 8
64	2,7182818245	(x)	Use a calculadora para descobrir (x)
Resumindo: o LOG de 1.000 é 3 se a base for 10 porque 10 x 10 x 10 = 1.000 O LOG de 8 é 3 se a base for 2 porque 2 x 2 x 2 = 8 etc.			

O **iPod da Apple** vem com uma calculadora científica que executa várias funções. Sites da internet oferecem o download de programas semelhantes para **iPhones** e **iPads**. Se você digitar 1.000 e pressionar **log** (tecla ao lado do número **7**), vai aparecer **3** no visor. Esse é o **LOG** de 1.000, base 10. A seta aponta para uma tecla que calcula **LOGs na base neperiana (e) ou natural** (parece **in** mas é **Ln**). O **LOG natural (e)** tem como base o número **2,7182818284**... Os matemáticos adoram esse número por razões que vamos descobrir adiante. Planilhas eletrônicas calculam logaritmos automaticamente. O Excel tem um construtor de fórmulas para achar o **LOG** de um número. Se, por exemplo, você escrever na linha de comando **=LN(64)** o resultado será o **LOG neperiano de 64**.

Veja nos gráficos como seu ouvido é matemático e você nem desconfia.

FREQUÊNCIA DAS NOTAS DE LÁ(A3) ATÉ LÁ (A4) MEDIDA EM Hz.
O SEGUNDO GRÁFICO É UM LOG NEPERIANO DOS MESMOS NÚMEROS

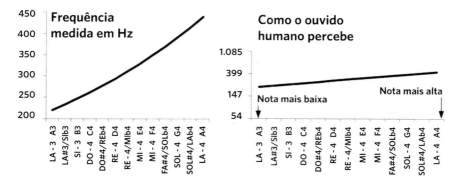

A curva do primeiro gráfico acompanha a escala numérica das frequências no eixo vertical. O gráfico acima trata o mesmo eixo com uma escala logarítmica neperiana. Isso não quer dizer que você ouve música processando logaritmos. Mostra apenas que a matemática pode interpretar frequências sonoras de formas diferentes. Quando você ouve uma nota LÁ mais baixa e outra mais alta, acha que ouviu uma somente. Seu cérebro trata os sons de uma forma parecida com a do método usado para produzir o segundo gráfico.

98 Música, Matemática & Dinheiro

A essa altura você tem todo direito de questionar a metamorfose do *iPod* que comprou pensando em ouvir música, ou do *iPhone* que parecia ser um simples e inocente celular. De repente os dois se transformaram em reveladores de decisões logarítmicas tomadas por seus circuitos mentais. Já sabemos, é claro, que seus circuitos de vez em quando trabalham sem dar a menor satisfação sobre como você deve perceber formas geométricas, ouvir músicas etc.

Muita gente prefere nem pensar nisso e não dá a menor importância a esse velho conselho: "**use a cabeça...**" Se velhos conselhos não bastam, consulte a história. Ou então use seu instinto de sobrevivência e pense: será que a Apple, Motorola, Samsung e outros iam equipar iPhones e iPads com máquinas capazes de calcular funções matemáticas complexas se não tivessem usuários?

A simples intuição poderia lhe dizer que as garotas das fábricas chinesas e indianas, ou os garotões coreanos, estão estudando tudo isso. Assim se explica por que milhões de empregos fugiram das fábricas brasileiras e foram esbarrar nas fábricas de outros países.

E a história, diz o quê? A história conta que as descobertas marítimas do século XVI e os avanços da ciência obrigaram navegadores, engenheiros etc. a trabalhar com números muito grandes. Os logaritmos foram descobertos na Escócia em 1614, para facilitar a vida de quem vivia mexendo com isso em alto-mar. Os **LOGs** estão na base da história dos ganhadores.

Vamos ver pelo menos um exemplo prático de como os logaritmos podem ajudar a Mãe Natureza. Os livros de matemática estão cheios deles, mas tome cuidado: nem todos são didáticos. Alguns criam mais confusão ainda. *Álgebra*, de **McCallun**, traz um exemplo útil para quem trabalha com o meio ambiente.

Um pesquisador descobre bactérias numa amostra de água. Ele conhece a velocidade de proliferação. Sabe também qual é a **população inicial (P). Se a população de bactérias passar de 4.000** na nascente, pode provocar um desastre ambiental. O "xis" da questão é...

EM QUANTO TEMPO (T) A POPULAÇÃO DE BACTÉRIAS CHEGA A 4.000?					
População (P) ou BASE inicial	10	10	10	10	10
EXPOENTE (tempo)	3,0	3,2	3,5	3,6	3,7
RESULTADO no tempo (t) 10^3 ou... 10 x 10 x 10 = 1.000...	1.000	1.585	3.162	3.981	5.012

A população de bactérias vai levar entre 3,6 e 3,7 tempos (horas, dias, anos) para chegar ao número do desastre ambiental, estimado em 4.000. A fórmula é P = 10 t.

Fonte: McCallun - *Álgebra*

Use agora a cabeça e descubra como aproveitar melhor seu iPhone. A calculadora do celular pode lhe entregar um expoente mais exato que o 3,6 do livro citado. Lembre o conselho de Sócrates: não aceite nada que não seja **exato** ou, no mínimo, **excelente**.

Digite 4.000 e depois aperte a tecla **log**. O número que aparece é **3,60205999**. **Ou seja: P** = $10^{3,60205999}$. Você devia recompensar seu celular com um beijo pela precisão socrática. Ele acabou de ajudar a evitar uma epidemia, sem desperdício de remédio e dinheiro com contas malfeitas.

Um erro de 1% em cem toneladas de cloro para matar bactérias pode significar 1 tonelada de desperdício. Quanto custa 1 tonelada de cloro? É dinheiro jogado fora. Quem paga? Mande um e-mail para as nuvens onde Sócrates foi morar. Diga a ele que as escolas brasileiras sem verba, e as crianças com microcefalia, agradecem a lição de ética.

No próximo capítulo vamos desembarcar num trecho da linha do tempo, em que a placa na estação é dominada por moedas romanas. Vamos ficar sabendo por que os romanos usavam a **uncia** como medida de peso e por que o **denário**, moeda padrão do império, teve uma vida longa.

Vamos ver também o que significa **propriedade distributiva**. Esse é outro truque que seu cérebro usa para somar números fracionários sem lhe dar maiores satisfações, nem contar como é que faz.

CAPÍTULO IV

"Dai a César o que é de César"

O QUE DUAS MOEDAS ROMANAS, A PECUÁRIA E A BOLA DA FIFA TÊM EM COMUM?

Denários de Júlio César e Tibério, que provocaram a frase famosa
A bola da Fifa deixou um gosto amargo na Copa de 2014 no Brasil

PARADA NO MUSEU DO BANCO CENTRAL DA ALEMANHA: UMA LIÇÃO DE HISTÓRIA

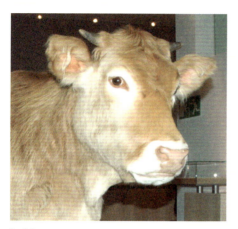

Antes de continuar viajando pela linha do tempo do dinheiro, vale a pena passar pelo museu de numismática do **Bundesbank**, em Frankfurt. Nenhuma estação do século XXI ensina lições tão dramáticas sobre a capacidade humana para repetir os erros da história. Uma vaca recebe os visitantes com um olhar investigativo. Parece real, mas é empalhada e fica num ponto bem visível, quase na entrada. No passado remoto, o gado era um meio de pagamento. Moedas e cédulas do **marco** alemão podem ser vistas na página 102. Milênios depois da invenção da moeda, a hiperinflação abriu as portas para o nazismo e a Segunda Guerra Mundial. Depois da guerra o **marco** virou pó. Controles rigorosos dos gastos públicos acabaram com a inflação. Aos poucos a Alemanha reencontrou seu caminho e se transformou num dos pilares do euro. A taxa de juros é uma das mais baixas do mundo.

Pecúnia

Dois mil e quinhentos anos atrás a vaquinha do Bundesbank era conhecida com outros nomes. Mais longe ainda no tempo, e nas *Ilíada* e *Odisseia* de Homero escritas uns dez séculos antes de Cristo, heróis usavam touros para acertar contas. As moedas espalharam celebridades na linha do tempo, mas deixaram muita coisa nas sombras.

Gado em latim é ***pecus***. Além de moeda de troca, bois e vacas serviam para pagar impostos. Palavras como pecúnia e expressões do tipo **multa pecuniária** nasceram no agronegócio. A contagem dos rebanhos era feita **PER CAPITA (por cabeça)**. O latim continua presente em expressões como **PIB per capita**. Séculos de mistura de significados transformaram a palavra *capita* em **CAPITAL**. O significado é o mesmo em várias línguas.

Moeda com suástica e cédula de 5 bilhões de marcos

DINHEIRO-RODA
DO FIM DO SÉCULO V a.C.

Os heróis das *Ilíada* e *Odisseia* pertencem agora ao passado. O Império Grego desmorona. As legiões romanas conquistam o Mediterrâneo, o norte da África e a Europa. Como era cada vez mais difícil transportar rebanhos como meio de pagamento, novas formas foram inventadas. Primeiro apareceram peças de bronze bruto, o **Aes rude**. Depois o *Aes signatum* **(barras com sinal)**. Moedas mais elaboradas, como o **Æ Aes Grave As** vieram em seguida. O império transformou o **denário** em moeda corrente. Ouro e prata vieram dos tesouros e templos saqueados no Egito e de minas de regiões conquistadas na Magna Grécia.

Æ Aes Grave As romano de 211 a.C. com marca de valor **I**. **Janus**, deus de duas faces, olha para o passado e o futuro. Dele vem o nome do mês de **janeiro**. Proa de galera usada em guerras navais no reverso. Ao lado, tridrachma de Cartago do ano 210 a.C. No fim das Guerras Púnicas (264-146 a.C) Roma destruiu Cartago.

Denário de prata de 134 a.C.: figuras a cavalo são **Dióscuros**, filhos gêmeos de Júpiter e Leda. Diz a mitologia que eles ajudaram legiões a ganhar uma guerra, transfigurados como ROMA. A letra **X** sob o queixo da deusa significa **DEZ**. **Denário** quer dizer **DEZ AS**ses. O **valor declarado** ensinou os romanos a pensarem na moeda como **dinheiro**. A raiz da palavra **dinheiro** em português é **denário**.

DA GLÓRIA DE MONETA À TRAIÇÃO DA MOEDA

Três séculos separam o denário com a **coroa cívica** de Augusto, cunhado no ano 19 a.C., do **follis** de 301 d.C. com o perfil de **Diocleciano**. O follis (à direita) é uma das moedas lançadas depois do denário, quando o Império Romano caminhava para a desintegração. A deusa **Moneta** aparece no reverso. Ela segura com a mão esquerda um **caduceu**, símbolo da prosperidade e fertilidade da terra. A balança na mão direita representa o preço justo. O nome da deusa foi usado em vão: passando de mão em mão e desgastado pelo atrito, o banho de prata sumia. A moeda malvestida revelava a pobreza real da base.

COMO NÃO SER HIPNOTIZADO PELO BRILHO DAS MOEDAS

Quem atravessa a trilha do tempo das moedas gregas e desembarca no mundo romano percebe imediatamente a mudança do cenário. Vamos agora assistir a uma ópera às vezes trágica, às vezes cômica. Cada vez mais e melhor, as moedas refletem o caráter dos estadistas e a vida social da época. César aparece nos denários como filho de Vênus e ditador perpétuo. Augusto é apresentado como Pai da Pátria. Cleópatra carrega um filho nos braços, dizendo que é de César e depois posa como amante de Marco Antônio. Nero desvaloriza a moeda. Diocleciano usa a face dos denários para comemorar a conquista da Judeia.

Se você vivesse quatro séculos depois dos *áureos* de Augusto, e não fosse um insider, poderia se enganar com o brilho do *follis* de Diocleciano. Cedo ou tarde ia descobrir que era falso. Como é tão corriqueira na vida social, a moeda sempre buzina em nossos ouvidos em todos os tempos:

"Nem tudo que reluz é ouro..."

A neurociência financeira descobriu muita coisa sobre como o cérebro humano reage ao brilho do dinheiro. Uma das conclusões que geram menos polêmica entre os pesquisadores é esta: **a troca é a origem do valor**, e não o contrário. Como é que o cérebro descobre o valor? Neurocientistas dizem que o cérebro é um **motor analógico**, **muito mais do que um motor lógico**. **É através de analogias (ou comparações) ao longo da vida social** que ele descobre o significado real das moedas, o que as imagens dizem e qual é o valor real de troca.

Nem sempre sabemos fazer analogias (comparações) para descobrir o **valor cambial real** de uma moeda. **Motores analógicos** exigem **informação, conhecimento histórico e matemática**. Se você vivesse em Roma entre 284 e 305 d.C. e soubesse matemática financeira, não iria encher seu cofrinho com o *follis*. Por quê? Porque por volta do século IV d.C. as legiões romanas começaram a recuar. Muitas minas de prata se esgotaram ou caíram em poder de outros povos. Os estoques baixaram. O banho falso do *follis* foi um truque dos tesoureiros de Diocleciano para vender gato por lebre. A imagem da deusa **Moneta** foi usada para melhorar a credibilidade. Quando a prata da superfície se desgastava, o cobre sem valor aparecia.

Moneta continua emprestando o nome a lugares teoricamente sagrados para o dinheiro. O Brasil batizou a casa de onde saem as cédulas do **real** como **Casa da Moeda**. Moneta é uma herdeira da musa grega chamada Mnemosina, guardiã dos números e da memória. A **memória do valor** é a principal característica das moedas fortes. Lá atrás no passado, os gregos já tinham descoberto a importância da memória do valor das coisas.

O mundo mudou desde os tempos das musas gregas e do **follis**. *Mudou, mas nem tanto, como prova a vaquinha do* **Bundesbank**. *Marx, um dos grandes teóricos do século XIX, demonizou o capital. Marx achava que o trabalho era mais importante que o capital. A tese fascinou muita gente e gerou uma legião de crentes. Ao contrário de Marx, os olhinhos de personagens simbólicos do capitalismo, como Tio Patinhas, se acendem e brilham diante das moedas. Os robôs e a tecnologia desestabilizaram as crenças. Com Marx ou sem Marx, com Tio Patinhas ou sem ele, a moeda continua sendo o que sempre foi: um meio de pagamento. O brilho do dinheiro atrai a atenção do motor analógico de seu cérebro. Saber fazer contas ajuda a não ser hipnotizado.*

DEDUTIVO OU INDUTIVO?

Olhe para a soma dos trites outra vez. Meno, nosso viajante na linha do tempo, descobriu como a cabeça dos vizinhos de Pitágoras funcionava na hora de dar um troco. Seis séculos antes de Cristo o raciocínio deles era **dedutivo**. Sabiam que a soma de três moedas pequenas valia o mesmo que uma moeda grande. Quando você **soma frações** e chega ao mesmo resultado, seu cérebro está usando um raciocínio **indutivo** e abstrato. Poucas são as escolas que ensinam como a lógica matemática viaja entre o pensamento dedutivo e o indutivo. Quem pega o bonde andando tem mais dificuldade para desenvolver o raciocínio lógico e se perde nas contas mais complicadas.

A *mamma* da trattoria que deu o troco a Meno, nosso viajante virtual, nunca soube somar frações. Mas aprendeu desde cedo a **fazer analogias**. Se alguém pagasse pizzas com *trites*, ela dava o troco subtraindo o valor da pizza do valor que imaginava ter o *trite*.

A essa altura da nossa viagem na linha do tempo, é mais fácil perceber como a mente humana evolui quando é exposta ao dinheiro. Já podemos arquivar no passado os tripés de bronze e os touros de raça usados como meio de pagamento pelos heróis da *Odisseia*.

*A moeda é a forma mais fácil de **descobrir o preço** das coisas **quando as trocas são constantes e o meio de pagamento é padronizado**. O sistema de pesos e a contabilidade das moedas romanas consagraram alguns padrões que duraram vários séculos. Os **denários de prata** entraram em circulação por volta do ano 211 a.C. O valor da moeda foi descoberto usando a mesma lógica dos espartanos para fixar a ratio entre um punhado de varetas de ferro e um grama de prata. É preciso estudar o quadro da evolução dos padrões de peso, antes de tentar entender o que aconteceu com as moedas que funcionaram como o dólar do Mediterrâneo ao longo de oito séculos. A contabilidade dos asses e denários não era nada fácil.*

MAMMAS ROMANAS PEDIAM A DUAS DEUSAS PARA ACOMPANHAR AS CRIANÇAS QUE IAM ESTUDAR CONTABILIDADE

Dizem que as *mammas* romanas acendiam uma vela para a deusa **Abeona** e outra para **Adeona** quando os filhos iam aprender a contar denários. Uma protegia na ida e a outra na volta. O patrício que não sabia fazer contas dificilmente subia na vida. O historiador e numismata W.G. Harris dá um bom exemplo de como eram as coisas. Harris cita uma cena do filme *Spartacus*, de Stanley Kubrick, com Kirk Douglas e Peter Ustinov, ganhadores do Oscar. O chefe dos gladiadores recebe uma sacola com um prêmio milionário pago em sestércios. Joga a sacola nas costas e sai com a felicidade estampada na cara. Só que...

> *...se dentro da sacola houvesse mesmo um prêmio milionário pago em sestércios, nenhum gladiador conseguiria levantar a sacola. Ela pesaria mais de uma tonelada.*

A sacola cheia de sestércios do gladiador é um bom exemplo de como a ficção às vezes trai a história e distorce nossa percepção do passado. Precisamos de outras informações para continuar a caminhada ao longo da linha do tempo do dinheiro, de preferência sem ilusões fabricadas em Hollywood.

Dois quadros ajudam a entender os pesos e valores relativos que vamos encontrar. O primeiro resume o sistema de pesos romanos. O segundo mostra a evolução dos meios de pagamento: vão desde os mais primitivos, como pedaços brutos de bronze, até as moedas mais bem-sucedidas, como o denário.

Se você acha que olhar para esse quadro é uma perda de tempo, pense duas vezes. Se algum dia você quiser atravessar a selva financeira do século XXI sem ser devorado pelos predadores, vai ter de entender muito bem de onde vieram e o que significam as onças troy. A origem delas é a uncia (onça) romana.

"Dai a César o que é de César" 109

PESOS ROMANOS (SÉCULOS IV–V a.C.) - GRAMAS USADOS APENAS PARA COMPARAÇÃO

	Gramas	Libras	Onças	Numisma	Drachma	Scripulum
Mina	657,50	2	24	145	193	582
Libra, ou AS *	327,45	1	12	72	96	290
Uncia (Onças) **	27,28	12	1	6	8	24
Numisma ***	4,54	72	6	1	1,3	4
Drachma	3,41	96	8		1	3
Scripulum	1,13	290	24			1
Obol	0,56	585	49			

Como ler o quadro: uma Uncia (onça) de 27,28g equivale a 12 libras. Uma libra de 327g equivale a 12 onças, 96 drachmas etc. Fontes: Mommsen/Hendin e dados calculados pelo autor (arredondados). Planilhas detalhadas no iPad (Numbers)
* Libra = 5.050 grãos ou 327,23g. Mattingly: Roman Pound 5,057 grains troy (327.45). / ** Onça (uncia - plural: unciae. /
*** Numisma - plural = numismata.

OITO SÉCULOS DE TESTES DO VALOR DA MOEDA ROMANA

PERÍODO a.C.	Ano / Período	Metal	Figuras	Peso	Relações
Aes Rude	Antes de 290 a.C.	bronze *		variável	Sem padrões
Aes Signatum barra	Séc III a.C.	bronze bruto fundido (cast)	Signatum (Sinais)	variável	Lingotes 4,5 l
Aes Grave	289 a.C.	idem	figuras		
Aes Grave - AS marca I	280	idem	Janus Sinal I	12 oz - Onças (1 libra)	AS = 1 libra 327.45g / 5,050gr
Semis (1/2 AS)		idem	S	6 oz	

Em 218 a.C., depois das Guerras Púnicas e da invasão da Itália, o peso do AS caiu para 2 onças, perdendo cerca de 80% **

Denarius	211/12	prata	Roma X		10 asses
Sestertius					2,5 asses
Denarius retarifado	140	prata	Roma biga		16 asses
Quinarius					8 asses
Sestertius	140				4 asses
1 Áureo	Augusto (Império - 30 a.C.-14 d.C.) Relação (ratio) ouro/prata = 12:1(***)	Perfil de Augusto	7,95g		25 denários (Mattingly)
1 Denário	Augusto Império	prata	vários	3,9g	16 asses
Sestertius	Augusto-Império	latão (liga)		1 onça	27,28g (4AS)
Dupondius	Augusto-Império	latão (liga)		1/2 oz	13,64g (2AS)

PERÍODO d.C.					
Denarius	Tibério (14–37 d.C.)	prata	Perfil	3,76g	
Aureus	Nero (54–68 d.C.) Desvalorização	ouro		7,31g	
Denarius 64 d.C.		prata		3,18g	
Antoninianus	Caracalla - 215 d.C.	2.65g prata		5,09g	liga metálica
Follis	Diocleciano (294)	liga (0,38g)		10,0g	prata/cobre
Solidus	Constantino (310)	Ouro		4,5g	72 p/libra

* Bronze: liga de cobre-chumbo-estanho. Latão: melhor tradução para "oricalco" ou orichalcum, liga de cobre e zinco interpretada como "cobre de ouro", usada em moedas de maior circulação. Fontes: J.G.Milne (*Journal of R. St.*). Mattingly (Coins of the R. Empire). D.Sears (Roman Coins). ** Howgego, *Ancient History from Coins* (p. 112). *** Harl (*Coinage in the R. Economy*). Hendin (*Ancient Scale Weights*). Sutherland and Carson (*The Roman Imperial Coinage*). As/asses (plural).

Vamos abastecer nossa mochila com mais algumas informações adicionais para facilitar a compreensão do que vem pela frente. Fique tranquilo: a carga será menor que a da sacola do gladiador. Vamos fazer um pit stop muito rápido numa época em que aparecem ideias novas e figuras humanas interessantes. Nessa galeria se encontram Descartes, Spinoza, Galileu, Newton e outros.

"EU EXISTO, LOGO PENSO..."

*Desembarcamos no século XVII. Nessa época aparece mais uma frase famosa: "eu penso, logo existo". O autor é Descartes. Baruch Spinoza corrigiu: o certo é "eu existo, logo penso". Você pode achar que a frase de Spinoza usada no título deste parágrafo está errada. É melhor procurar saber o que os neurocientistas estão dizendo. A **neurociência financeira do século XXI arquivou a frase de Descartes e ficou com a de Spinoza: eu existo, logo penso**.*

Os dois viveram entre 1596 e 1677. Spinoza é dono de uma biografia tão fascinante quanto triste. Ele ganhou a vida filosofando e polindo lentes em Amsterdã. Descartes, além de grande matemático, foi também um cortesão e *bon vivant*. Descartes era francês. Spinoza descendia de judeus-portugueses.

A família de Spinoza fugiu dos tribunais da Inquisição, que os reis católicos da Espanha convenceram alguns reis portugueses a adotar. Pessoas eram queimadas em fogueiras por causa de suas crenças.

Spinoza foi rebelde a vida toda. Além de remar contra a maré dos teólogos católicos, discordou de líderes da comunidade judaica. Portas de sinagogas e igrejas fecharam. Pobre, polia lentes para viver. O pó de vidro respirado talvez tenha provocado tuberculose. Morreu em 1677.

Pensar como um artesão judeu-português que estuda as leis da ótica não significa desprezar a lógica cartesiana. Spinoza não foi um revisor de Descartes. Ele pensava em outro nível. Escreveu um monumental tratado filosófico sobre a identidade de Deus e da Natureza. Comprou uma briga enorme com a Igreja romana. Pitágoras e Platão talvez aplaudissem, mas estavam mortos e não puderam ajudar.

A abstração científica é uma consequência da complexidade dos problemas enfrentados pela humanidade. No tempo de Spinoza e Descartes, a navegação saiu do espaço fechado do Mediterrâneo. Portugal descobriu o caminho marítimo das Índias no fim do século XV, com caravelas atravessando rotas oceânicas e sem terra à vista. Os navegantes ganharam lunetas para se orientar. Só com uma boa base teórica poderiam usar instrumentos para fixar a posição relativa de uma caravela em alto-mar.

Descartes, Spinoza, Galileu, Newton e outros aparecem quando as rotas oceânicas se abrem. Os ecos da cultura medieval sumiam aos poucos na linha do tempo. Todos os desbravadores do pensamento científico, filosófico e teológico tiveram de enfrentar a oposição daqueles que se sentiam mais seguros ancorados no passado.

A complexidade do mundo real é a razão para o desenvolvimento do **pensamento abstrato**. O **"X"** dos denários ficou para trás, mas até hoje falamos no **"X"** da questão – a *incógnita*. Logaritmos facilitaram a descoberta do **"X"** das bactérias em um capítulo anterior. Lembra?

PASSADO E PRESENTE

Podemos agora usar nosso motor analógico para olhar mais de perto o "X" (dez) embaixo do queixo de Roma. O "X" é uma abstração: a **moeda** se transforma definitivamente em valor relativo: **dinheiro**. Esse é um passo importante na evolução do pensamento humano sobre os meios de pagamento.

Há uma discussão enorme entre numismatas sobre quando, como e por que os romanos acordaram do sonho com vacas, lingotes e tripés de bronze e passaram a ouvir o tilintar das moedas. O *AE As* já trazia marcas no verso e reverso (I). Mas a importância das marcas **dependia do peso e metal usados** naqueles tempos. O **valor vinha do metal**. O peso foi influenciado pelas guerras. Quando o denário foi introduzido, depois das Guerras Púnicas, o AS tinha perdido 80% do peso (Howgego, p. 112). Por isso, a conexão do cérebro com o **valor simbólico** da moeda era como o sinal de celular no Brasil: às vezes é tão ruim que não pega.

A maior dificuldade para desvendar os mistérios de um passado tão distante é a falta de dados sobre a **quantidade de moedas emitidas e a velocidade com que elas circulavam**. O tempo apagou quase todas as pistas.

Alguns pesquisadores obstinados, como Crawford e Walker, decidiram imitar Sherlock Holmes e perambular pelos becos mais obscuros das moedas romanas. Os críticos respeitam o suor derramado por Crawford, mas dizem que as descobertas que ele fez não podem ser usadas em fórmulas consagradas, como a de Fisher.

O que é a fórmula de Fisher? Vamos matar a curiosidade: a fórmula é **MV** = **PT** . **PT** neste caso não é um partido político. Os políticos podem arruinar o valor científico de qualquer fórmula. A fórmula de Fisher diz isto em resumo:

*A quantidade do dinheiro **(M)** multiplicada pelo trabalho duro dele enquanto circula com uma certa velocidade **(V)** é igual ao número de transações **(T)** multiplicadas pelo preço **(P)**.*

Deu para entender? Será que estatísticas de 2 mil anos podem ajudar a descobrir o que aconteceu naquela época? Se você quiser mergulhar na **teoria quantitativa** das moedas romanas, recorra a David Hollander. Ele editou uma boa coleção de artigos num livro publicado em Oxford.

Nestas páginas não podemos ir tão longe. Basta entender o que os romanos descobriram aos poucos: **dinheiro é uma coisa, moeda é outra**. O **dinheiro** revela o preço das coisas. Só que... as coisas podem ser pagas com qualquer **moeda**: drachmas, denários, dólar, real, euro... Pergunte a uma criança o que é **dinheiro**: ela sabe. Pergunte o que é **moeda**: só com o tempo ela aprende a diferença entre real e dólar.

A descoberta do preço (*price discovery*) **de qualquer coisa** depende da repetição, constância e velocidade das trocas. O melhor lugar para descobrir preços é uma Bolsa. Não existiam Bolsas no período de maior expansão do Império Romano.

Existiam mercados e banqueiros, mas os intermediários financeiros não faziam parte da elite. A base do poder era a terra, o patrimônio imobiliário e o capital acumulado em metais preciosos, rebanhos, escravos e tributos arrecadados em regiões colonizadas.

Uma parte do "capital" dos *patrícios* era canalizada para armar legiões, pagar mercenários e fazer escravos. Tesouros de outros povos foram saqueados. A revolta dos judeus com a arrecadação de impostos provocou a frase famosa atribuída a Cristo: *"dai a César o que é de César..."* Essa frase política desagradou aos judeus que preferiam resistir às legiões romanas. Parece que Cristo não quis botar mais lenha na fogueira.

O **"X"** do denário é um precursor da moeda citada na Bíblia dos cristãos. Logo veremos essa moeda mais de perto. A popularidade do denário começa num período em que os romanos tinham um pé no poderio militar e outro na agropecuária, imóveis, feiras, portos, marinha mercante. A velocidade de circulação da moeda (**V** da fórmula de Fisher) implantou na cabeça das pessoas a crença na utilidade do denário para os negócios em geral. A base de valor era o teor de prata, ouro ou outro metal considerado nobre. A história mostra como acaba esse ciclo.

"Dai a César o que é de César" 113

Gramas de prata no Denário Romano

O império consolidou a moeda e a moeda consolidou o império. O divórcio ao longo dos séculos explica, pelo menos em parte, a queda do Império Romano. A mesma linha do tempo que mostra o enfraquecimento do denário acompanha, passo a passo, o declínio do poderio militar e o colapso do século V d.C.

Em meados do século III a.C. um denário valia 10 asses. Por volta do ano 146 a.C. o câmbio mudou: um denário valia 16 asses. Os valores relativos dos metais, ligas e moedas ao longo do tempo podem ser vistos no quadro dos oito séculos de evolução do dinheiro romano. O quadro com o sistema de pesos ajuda a compreender a relação **peso/valor**.

Preço do ouro em dólares por onça

2.000 ANOS DEPOIS...
VALOR DA ONÇA DE OURO EM DÓLAR

Em maio de 2014, com 1.300 dólares no bolso você poderia comprar 1 onça (oz) de ouro (28,35g). Em 2004 bastavam 400. Até hoje o comércio de metais preciosos é feito com medidas que herdaram padrões romanos. Você saberia calcular a relação onça/grama, dólar/real e a variação percentual?

O "X" DA QUESTÃO, A BOLA DA FIFA E NÚMEROS IMAGINÁRIOS

A lógica matemática que ajudou a descobrir o **"X"** da questão do **denário, ou seja, o valor dele comparando com o AES**, é a mesma que os espartanos usavam para descobrir a **ratio ferro/prata das drachmas**. Talvez você já saiba como somar frações, e entendeu o **"X" do denário** num piscar de olhos. Mas vai ter de suar um pouco se quiser descobrir o **"X"** dos problemas escondidos na música dos números irracionais, imaginários e outros. É melhor nivelar conhecimentos e rever a lógica da soma das frações dos **trites**.

$$\frac{1}{3}+\frac{1}{3}+\frac{1}{3}=\frac{3}{3} \qquad \frac{a}{c}+\frac{b}{c}+\frac{d}{c}=\frac{a+b+d}{c}$$

Que tipo de ferramentas lógicas você usa quando soma frações pensando só nos números? Se esqueceu ou não sabe, vamos uma vez mais recapitular. Lembra o que significam **denominador comum** e **propriedade distributiva**? Neste caso, 3 é o denominador comum. Você soma somente o numerador (1 + 1 + 1) e obtém o resultado. Na soma algébrica o denominador comum é c.

**REFLEXÃO PARA ADVOGADOS E CIENTISTAS SOCIAIS
QUE NÃO GOSTAM DE NÚMEROS:**

Álgebra é uma palavra com um significado absolutamente lógico. A raiz dela em árabe é **al-jabr**. Isso significa **reunião de partes quebradas**. Os pitagóricos não conheciam a álgebra e ela só se desenvolveu na Europa depois da Idade Média. Quando dois advogados defendem clientes com unhas e dentes, em geral o que está perdendo apela para um raciocínio algébrico: "...então vamos procurar um denominador comum..." Quantos advogados sabem exatamente o que é denominador comum?

A bola da Fifa ajuda a lembrar 7 x 1 e outras coisas...

Compare o círculo com oito pedaços iguais (ao alto) com o círculo fatiado em 4 pedaços e a bola no meio. A soma dá o mesmo resultado nos dois casos: 1 bola. Tanto faz somar oito fatias de 1/8 como somar 1/8 + 1/8 + 1/4 + 1/2. O truque para somar frações com divisores diferentes é o mesmo que o advogado tenta usar para salvar o cliente: procure um **denominador comum para compensar divisores diferentes**.

Quando olhou para os trites **você usou um raciocínio dedutivo**. E foi fácil somar, porque eles já tinham um denominador ou divisor comum: 3. O menor denominador comum para a bola fatiada em 1/8, 1/4, 1/4 e 1/2 é **dezesseis (16)**. Por que 16? Porque esse número é divisível por **2, 4 e 8**. Com 16 na mão você está equipado para usar a **propriedade distributiva**. Como é que se aplica isso? Transformando o **denominador da fração** (embaixo) num número comum (16) e compensando no número de cima, o **numerador**.

Quando a Copa acabou alguns canais de TV mostraram como as escolas de futebol evoluíram na Europa. Um deles lembrou: a Alemanha tem dezenas de Nobel em matemática, e o Brasil, nenhum. Por que será?

NÚMERO NÃO É NÚMERO. NÚMERO É RELAÇÃO.

COMO MEXER COM A CABEÇA DE QUEM ACHA QUE BASTA SABER FAZER CONTAS PARA VENCER NA VIDA

Viajar na linha do tempo do dinheiro mostra os riscos da falta de pontes entre **ciências exatas**, como o cálculo, e **ciências humanas**, como a antropologia, história, sociologia etc. Você verá agora a utilidade de uma boa revisão do que sabemos sobre frações. Quer uma prova?

Vamos sair do Império Romano e dar um pulo em Nova York ou Miami no século XXI. Se você já foi lá, certamente passou por sua mão aquela moeda de troco conhecida como *quarter*. Ela vale a quarta parte (¼) de um dólar.

Você não vê escrito 25 cents na face dessa moeda. O que você vê é **QUARTER DOLLAR, LIBERTY** (Liberdade) e **IN GOD WE TRUST** (Nós confiamos em Deus). George Washington, pai da pátria, aparece debaixo da legenda **UNITED STATES OF AMERICA**.

O que antes era só **moeda** agora é um conjunto de informações e significados adquiridos ao longo da **vida social do dólar**. Seu motor analógico funcionou. Você traduz isso assim: "nunca tinha me ligado no assunto... Mas esse *quarter* é mesmo um espelho da **alma e da forma de pensar do povo norte-americano...**"

Se você acha que já descobriu tudo, espere um pouco. Vamos agora olhar para o mesmo *quarter* com um pé no século XXI e o outro cinco séculos atrás. Lembre-se: naqueles tempos a palavra *trite* significava **TERÇO (1/3). Os lídios falavam no trite de uma forma parecida com a dos norte-americanos quando falam em "quarter".**

Agora vamos procurar a moeda brasileira no espelho. Por que os brasileiros nunca falam na moeda usando números fracionários? Matemáticos precisariam da ajuda de sociólogos, antropólogos e historiadores para responder a essa pergunta.

Talvez você seja bom em ciências exatas. Você tem todo direito de perguntar para que perder tempo com abobrinhas humanistas. Cuidado. Você pode ficar no escuro se for bitolado pelos números. Um cientista social que não sabe fazer contas também pode perder a visibilidade de fenômenos importantes. Quer outra prova? Se você vê canais como a **Bloomberg** em inglês, possivelmente já ouviu repórteres informando sobre a cotação dos títulos do Tesouro dos Estados Unidos (**Treasuries**). Volta e meia alguém fala em *"thirty seconds"*. Em português, *thirty* se traduz como *trinta*. Como é que se traduz *"seconds"*? Posso garantir que a tradução não é *"trinta segundos"*.

Nossos amigos gringos talvez tenham estudado matemática com os lídios para contar dinheiro. *Seconds* são um número fracionário. Você pode dividir um dólar ao meio (*half*), quarter (1/4) ou... 1/32 (*one thirty second*). Lídios, gregos e romanos descobriram muito cedo a utilidade dos **fatores** que ajudam a fatiar números como 32 e 96. Os gringos também.

Os títulos do Tesouro norte-americano (*Treasuries*) negociados em contratos da **Bolsa Mercantil de Chicago** (**CME**) são cotados em **pontos** (**$1.000**) e frações de **1/32 de um ponto** – US$32,15 (*one thirty-second of a point*). É disso que a reportagem está falando. Se você achar que 1/32 avos de um ponto é nada, veja os números:

Em dias de muita negociação o **valor teórico** (*notional*) **de todos os contratos** negociados na CME pode ultrapassar 3 **trilhões** de dólares. *Trilhões*, sim. A cada 3 dias **a soma desses valores teóricos** equivale a 1 PIB da China. Isso mesmo. Qualquer flutuação para cima ou para baixo no valor do contrato mais negociado (*Treasuries*) pesa na balança.

Contratos futuros são muito usados por fundos de pensão para proteger carteiras bilionárias contra a flutuação da taxa de juros. Fundos e outros investidores aplicam nos *Treasuries* porque acham que o governo americano paga o que toma emprestado e não deixa a inflação derreter o valor dos títulos públicos. Se você se formou em direito e não aprendeu a calcular a relação entre a inflação e a renda real de um título, nunca vai conseguir trabalhar num fundo de pensão da CUT, da Força Sindical, Bradesco ou Itaú. Juros e inflação só respeitam dois entes na face da Terra: uma boa calculadora e um usuário bem preparado.

Uma cópia do contrato futuro dos *treasuries* da CME pode ser vista na pasta das **referências** no site iNúMEROS. O autor era Secretário do Conselho de Administração da BM&F e escreveu as atas das reuniões quando a CME comprou uma parte do capital da Bolsa brasileira. Isso aconteceu entre 2007 e 2008. O alinhamento da cultura dos parceiros dos dois lados do Atlântico foi um teste fascinante, conduzido por Manoel Felix Cintra Neto e Edemir Pinto, pela BM&F; Craig Donohue e Charles Carey, pela CME/CBOT.

Eles e outros membros do conselho fizeram alguma coisa parecida como tocar a terceira sinfonia de Beethoven (*Eroica*) no compasso do *Samba de uma nota só*. A BM&F não era uma Bolsa pequena: era uma das quatro maiores do mundo em volume de negócios e a CME liderava esse ranking. Mais tarde a BM&F fundiu com a Bovespa (onde nasceu), gerando a BM&FBovespa. Todos apostavam no controle da inflação no Brasil.

O que aconteceu sete anos depois, quando este livro foi editado? No início de 2015 a inflação voltou às manchetes dos jornais, ameaçando derreter o real. Você se lembra de ter visto alguém falando em 1/32 avos de um real?

Nenhuma moeda brasileira até hoje foi cunhada com a cotação em frações estampada na face porque isso não faz sentido. Brasileiros nunca dizem ½ real nem ¼ de real porque não tiveram tempo para **associar a imagem de dinheiro com a imagem de moeda estável. Essa analogia é impossível**.

"Quarter" é uma fração: é a quarta parte de um **meio de pagamento** da economia norte-americana, que também passou por muitas crises. Mesmo assim, conseguiu consolidar a imagem do dólar como **"moeda forte"**. Os norte-americanos nunca deixaram as crises descambarem para períodos de inflação longa e descontrolada.

O brasileiro fala em centavos da mesma forma que falava em **mil-réis**, **cobres**, **patacas** e patacões no Império e no período colonial, com raros períodos de estabilidade. Séculos de inflação dificultam a evolução do pensamento matemático. A inflação é um bolso furado incapaz de gerar analogias a não ser com a pobreza. Esse é o traço comum que liga todos os países subdesenvolvidos e matematicamente atrofiados.

Como a inflação impede o desenvolvimento da **memória de valor** das coisas, a musa **Mnemosina** se aposenta e volta para o seu canto no Olimpo. **Abeona e Adeona** também desistem de acompanhar as crianças no caminho da escola e voam para outras bandas.

Quer um consolo para não ficar com complexo de inferioridade? Volte a olhar para a vaca chamada Pecúnia. Os comunicadores do **Bundesbank** devem saber o que estão fazendo quando põem uma vaca como sentinela na porta do museu do dinheiro de Frankfurt, o centro financeiro da Europa. **Pecúnia** lembra aos alemães de hoje as asneiras que cometeram com os **valores pecuniários** antes da Segunda Guerra Mundial.

A vaca empalhada foi fotografada para este livro por causa do olhar. Ela não parece querer ir até o fundo bestial da alma humana? Quantas vezes os erros do passado serão repetidos?

Todos os povos erram. E todos podem voltar a acertar o passo, como os mesmos alemães fizeram, liquidando os nazistas. **Mnemosina, Abeona e Adeona** agradecem. Talvez algum dia elas voltem a acompanhar as crianças brasileiras que vão e vêm das escolas.

Vamos continuar atravessando a trilha da linha do tempo do dinheiro pegando alguns atalhos que encurtam o caminho. A história romana é rica, extensa e complexa. Teremos de olhar apenas de relance para figuras que deixaram marcas mais significativas, curiosas, trágicas ou cômicas. Ninguém consegue produzir óperas capazes de fazer rir e chorar melhor que os romanos.

LINHA DO TEMPO DO DINHEIRO

Denário de Brutus (54 a.C.), **Cleópatra com Cesarión no colo** e **denário de Marco Antônio** (40 a.C.)

Spintria, ou quase moeda da vida noturna de Roma: circulou no período de Tibério César e Cristo

Moeda de Pilatos, Vespasiano comemorando captura da Judeia e **zuz de revolta dos judeus**

ATRIZES, ATORES, COMÉDIAS E TRAGÉDIAS NO FACEBOOK DO IMPÉRIO ROMANO

Cleópatra dividiu os sonhos de poder com Marco Antônio no Egito, depois do assassinato de César por Brutus e outros. Ela aparece em moedas de bronze com um perfil de Afrodite guerreira. Num Æ Aes que circulou entre 44 e 30 a.C. ela carrega no colo o filho atribuído a César, Cesarión, que representa o deus do amor, Eros (ou Cupido). Cleópatra e Marco Antônio se suicidaram depois da batalha de Actium (Áccio – 31 a.C.). O vencedor da guerra civil romana, Octávio (Augusto), governou no período mais próspero do Império (24–14 a.C.). O sucessor de Augusto, Tibério César, viveu e reinou no mesmo período de vida de Cristo. A spintria ou tessera que circulou na época de Tibério era uma espécie de quase moeda usada na vida noturna romana. O V que aparece no reverso talvez indique quanto valia como meio de pagamento por serviços prestados. Pilatos também emitiu moedas. Vespasiano comemorou a destruição do templo de Jerusalém (70 d.C.) com um denário. O zuz que aparece ao lado foi emitido pelos judeus para financiar uma revolta contra os romanos (132–135 d.C.) com resultados trágicos. Este zuz pertenceu à coleção do general Moshe Dayan e agora faz parte da coleção deste livro.

MOEDAS DE DOIS CÉSARES E RESPOSTA À PERGUNTA: QUAL DOS DOIS PROVOCOU A FRASE FAMOSA?

1

2

A primeira moeda é um **denário** de Júlio César do ano 44 a.C. Mais de dois milênios ficaram para trás, contados da data de emissão dessa moeda até hoje. Apesar do desgaste, um pedaço da legenda ainda pode ser visto sobre a cabeça velada e coroada com louros. A legenda caprichou para justificar o clichê da ironia do destino: **PERPETVO CAESAR**. No reverso aparece Vênus, com o braço direito estendido e a pequena deusa da Vitória pousada na palma da mão. César queria que os romanos acreditassem que a mãe dele era Vênus. Foi assassinado pouco tempo depois da emissão desse denário, nos Idos de Março do ano 44 a.C. Muito dificilmente moedas de Júlio César teriam sobrevivido ao tempo e circulado na Judeia no período de vida adulta de Cristo, uns 60 anos depois.

A segunda moeda é um denário de prata de Tibério César, cunhado entre os anos 18 e 35 da era de Cristo. Esse denário é classificado pelos numismatas como *Tribute Penny* (Tostão do Imposto). Uma moeda desse tipo pode ter provocado a frase que aparece no Evangelho de Mateus: **"dai a César o que é de César"**.

Com a morte de César e a guerra civil novos personagens entraram na face das moedas romanas. A simbologia é de fazer inveja aos mais criativos marqueteiros políticos de Brasília. Brutus recorre à imagem de um ancestral remoto, o cônsul Lúcio Junius Brutus, para exaltar o espírito republicano: um oficial de justiça abre alas (*accensus*) e o cônsul marcha no meio de dois *lictores* carregando *fascis* (*feixes*). Feixes amarrados e municiados com machadinhas simbolizavam a união política e o poder para impor a lei e a ordem na República romana. Milênios mais tarde, os mesmos *fascis* viraram símbolo do **fascismo** na Itália.

Cleópatra posa em algumas moedas como Afrodite guerreira. Vestida com couraça e elmo na cabeça, ela aparece num Æ Aes carregando o filho que dizia ser de César nos braços. O bebê ganhou no berço o nome de Cesárión e desempenha na moeda o papel de Eros (deus do amor).

A figura em espiral atrás da nuca de Marco Antônio no denário é um *lituus*, símbolo religioso usado pelos pontífices máximos. A Igreja católica produziu uma metamorfose do *lituus*, que foi rebatizado como **báculo**. O báculo virou uma espécie de cetro do poder espiritual e é empunhado pelos cardeais da Igreja em cerimônias religiosas.

A construção da espiral do *lituus* segue as mesmas regras geométricas profanas da **razão de ouro**, descoberta pelos pitagóricos. O significado místico da espiral no *lituus* deriva do giro sem fim, que aponta na direção do infinito. Veja a matemática do *lituus* no iPad.

Todos os Césares romanos tiveram de resistir à tentação da divinização de suas imagens ou figuras. Alguns foram definitivamente divinizados, como Augusto, que nunca envelhece nas moedas. É um jovem eterno. O mito da eternidade contribuiu para fortalecer as dinastias das famílias Júlia e Cláudia. Daí saíram Augusto, Tibério, Calígula, Cláudio e Nero.

A palavra *"divus"* nas moedas ajudou a consagrar a aura. Tibério, tratado na legenda dos denários como *Divus* (divino), governou Roma meio século depois do assassinato de Júlio César. Tibério era filho adotivo de Augusto. Reinou entre os anos 14 e 37 do calendário baseado na data do nascimento de Cristo (d.C.).

O *Tribute Penny* de Tibério que entra na coleção deste livro pode provocar dúvidas parecidas com a que Meno tentou esclarecer na Calábria. Nosso viajante virtual na linha do tempo queria saber se o **nomos** do troco recebido numa pizzaria passou pela mão de Pitágoras.

Você pode achar graça da ingenuidade de Meno. Mas, se quiser fazer uma pergunta parecida, fique à vontade. Que tal essa: *...será que a moeda de Tibério da coleção deste livro passou pela mão de Cristo?*

Para dar uma resposta bem-humorada, temos de pedir ajuda outra vez a Lewis Carroll, o autor de *Alice no País das Maravilhas*: nada é impossível... Mas a única garantia firme que se pode dar sobre essa moeda é a do leilão de onde veio e a classificação que recebeu.

O *Tribute Penny* que aparece nestas páginas saiu de um leilão do grupo **CNG**, ex-coleção *Alain Lagrange* e *ex-Monetarium 50* (outono de 1988), n. 105. **CNG/Nomos** é um dos grupos mais respeitados na numismática especializada em moedas gregas e romanas, com bases na Filadélfia, Londres e Zurique. Em 2012 Victor England, diretor do **CNG**, foi o homenageado no jantar anual de gala da *American Numismatic Society* no Waldorf Astoria. A ANS mantém exposições educacionais periódicas no Banco Central de Nova York (*Federal Reserve*).

Denários classificados como *Tribute Penny* são raridades numismáticas, exatamente porque foram cunhados durante o período de vida de Cristo. Só entram em leilões com essa classificação depois de uma análise rigorosa. Se circularam ou não em Jerusalém e por que mãos passaram, ninguém pode confirmar nem negar.

Muita coisa ficou escondida nas sombras da história dos denários. Se você for cristão e acreditar no *Evangelho de Mateus (22:16 – Parábola dos convidados à Boda)*, Cristo disse mesmo a frase famosa. Mas a moeda que passou pela mão dele **não deve ter sido a de Júlio César**, por uma razão simples: ele foi assassinado meio século antes.

Os sucessores de Júlio César, começando por Augusto, adotaram o mesmo sobrenome: *Caesar*. Em latim, *caesar* significa **"cabeludo"** e talvez fosse uma característica dos primeiros Júlios eleitos para cargos públicos.

O nome e sobrenome dos **Júlios Cabeludos** pegaram entre os políticos, mesmo que alguns Júlios fossem carecas. Daí vem Augusto César, Tibério César e outros. O César a quem Cristo se referiu simbolicamente era o Império Romano. E o que era o Império Romano nos tempos de Cristo? O império era comandado por Tibério, herdeiro da vasta máquina de poder de Augusto, espalhada pelo Mediterrâneo, Europa, África e Ásia.

Tibério é um dos personagens principais na biografia dos **Doze Césares**. A biografia dos doze foi escrita por Suetônio, um secretário do imperador Adriano com viés de historiador. O perfil de Tibério segundo Suetônio é sinistro, para dizer o mínimo.

O apelido de Tibério entre os romanos era *"bibério"*. A tradução mais fiel desse trocadilho fica entre *beberrão e cachaceiro*. Diz Suetônio que Capri foi transformada em palco de horrores quando Tibério resolveu morar lá. Para a ilha eram levados inimigos reais ou imaginários, que ele mandava torturar.

A tortura mais requintada começava com um convite para jantar. O convidado era obrigado a beber até não poder mais. Para arrancar confissões de um suspeito, ele era pendurado de barriga cheia com os órgãos sexuais amarrados. Quando a bexiga estourava, o corpo era jogado ao mar do alto de um despenhadeiro. Se sobrevivesse, era morto por mergulhadores a pauladas.

Em Roma circulou um meio de pagamento chamado *spintria*, ou *tessera* nos tempos de Tibério. Era um tipo de ficha usada em bordéis, quase moeda, cunhada com figuras de atos sexuais explícitos. Alguns textos antigos identificam erroneamente as *spintriae* como moedas de Tibério. Talvez pensem que eram moedas por causa da imagem depravada pintada por Suetônio.

A mãe de Tibério, Lívia, divide com ele o espaço no reverso de denários. Aparece sentada e identificada como PAX (ou paz). O casamento de Lívia com Augusto fez parte de um pacote político fechado para pacificar Roma, depois do assassinato de César e da guerra civil. Vários perdedores saíram de cena, mortos ou sob pressão: desde o pai de Tibério, que entregou a mulher (Lívia) e o filho (Tibério) a Augusto, até os mais famosos, como Pompeu, Marco Antônio e Cleópatra.

Suetônio diz que quando Lívia morreu Tibério deixou o cadáver apodrecer num caixão exposto ao público. Olheiros dele tomavam nota de quem ficava com pena. Foi o meio mais fácil de se livrar dos amigos influentes da mãe e abortar qualquer conspiração.

O clima moral do Império Romano na época de vida de Cristo só perdia, talvez, para a revolta provocada pela cobrança de impostos. Denários e shekels de prata eram usados nas regiões ocupadas para pagamento das contribuições arrancadas pelas legiões romanas. A taxação chegava a 48%. Os impostos eram pagos em denários ou shekels cunhados em Tyre (Tiro). Apesar dos defeitos, Tibério era culto. Falava grego, conseguiu manter o império unificado, e a moeda, estável. Deixou vários problemas e bombas que iriam estourar no colo dos sucessores.

Shekels de Tyre: moedas com perfil do deus Melkart e falcão no reverso

TRINTA DINHEIROS: HISTÓRIAS QUE NÃO FORAM CONTADAS

A Bíblia cristã conta que trinta dinheiros foram pagos a Judas pela traição de Cristo. Por isso, e por causa do câmbio na Judeia, os **shekels de Tyre** ficaram infames. A face escondida nas sombras dessas moedas conta outras histórias. Que histórias?

Tyre era um porto ativo, herdeiro da tradição mercantil dos fenícios e da cultura grega. O nome atual é Tiro e fica no Líbano. Shekels de Tyre passavam de mão em mão em Jerusalém e faziam, naquela época, um papel parecido com o do dólar. Com certeza os shekels competiam com os denários por causa da qualidade da prata. A região era estratégica para a geopolítica do Império Romano e o comércio com o Extremo Oriente.

Mercadorias embarcadas e desembarcadas em Tyre cruzavam a Síria, a cabeceira dos rios Tigres e Eufrates (Mesopotâmia), atravessavam o reino dos pártios e chegavam até as trilhas e caminhos das Índias.

O domínio dessas regiões definia a sorte, o risco e o custo do comércio entre o leste e o oeste. Foi isso que empurrou os portugueses para a empreitada bem-sucedida da descoberta do caminho marítimo das Índias. O descobrimento do Brasil foi um derivativo dessa estratégia.

CAPÍTULO V

Sherlock Holmes investiga o Bolsa Família e a queda do Império Romano

POR QUE O CRIADOR DE SHERLOCK HOLMES COMPROU UMA DESSAS MOEDAS?

1   2

Sherlock é um personagem inventado por **Sir Arthur Conan Doyle**. Criador e criatura circularam no mundo imaginário da velha Londres, entre o fim do século XIX e início do século XX. Dizem que Doyle quis se livrar de Sherlock porque a criatura ficou tão real e tão famosa que passou a atrapalhar a vida do criador. Sherlock estava simplesmente empurrando Doyle para as sombras.

Talvez você só tenha conhecido Sherlock no cinema, graças à publicidade dos filmes de Robert Downey Jr. Tudo bem. Que tal agora fazer justiça ao escritor? Sir Arthur Conan Doyle adorava detalhes.

O romance *Um estudo em escarlate*, mal traduzido para o português como *Um estudo em vermelho*, tem um bom exemplo: Sherlock quer abrir a boca de um investigador que encontrou um cadáver e não diz nada sobre quem foi assassinado. Então tira meio soberano de ouro do bolso e fica com a moedinha rodando na mão. Se o brilho do ouro funcionasse, o investigador abriria a boca.

Funcionou. Os olhinhos do investigador faiscaram e ele entregou as pistas que Sherlock procurava. Doyle colecionava moedas romanas e parece que desistiu de se livrar de Sherlock. Criador e criatura continuam vivos na memória coletiva. Fomos investigar por que Doyle colecionava moedas e o que ele queria viu nos modius dos tempos de Cláudios.

Conan Doyle usava moedas para revelar o caráter dos personagens e valores da Inglaterra vitoriana. A coleção Nomus Brasiliana tem um meio soberano de ouro que foi usado para testar a eficiência dos métodos investigativos de Sherlock. Você verá esse meio soberano mais adiante, quando o balão em que viajamos na linha do tempo atravessar a era Vitoriana. Ele foi comprado numa lojinha de Londres, custou caro e não era exatamente o que o autor deste livro estava procurando.

O que interessava descobrir era o paradeiro da coleção de Doyle. Por que não usar um dos truques de Sherlock? O truque foi usado e funcionou. O meio soberano foi comprado numa lojinha de Londres por um preço acima do valor de mercado. Feliz com a venda, o dono da lojinha abriu a boca e contou tudo que sabia sobre a coleção de Doyle, leiloada depois da morte do escritor. De quebra, deu até uma lista com os nomes de alguns compradores.

As pistas foram rastreadas até a convenção anual da Sociedade Numismática norte-americana no Waldorf Astoria, em Nova York. A moedinha (1) com o modius estava meio escondida na mesa de um vendedor. Custou caro também, mas veio para a coleção deste livro.

Por que tanto interesse na moedinha de bronze sofrida que pertenceu à coleção de Conan Doyle? Porque o simbolismo do modius vale mais do que ouro. Use o faro de Sherlock. Veja quantas histórias intrigantes podem ser descobertas seguindo pistas perdidas na face das moedas.

GIBBON: UM OLHAR CRÍTICO SOBRE O BOLSA FAMÍLIA E A PREGUIÇA NO IMPÉRIO ROMANO

Edward Gibbon escreveu um livro famoso. O título é bem claro sobre o que ele queria contar: *A história do declínio e queda do Império Romano*. São mais de duas mil páginas na edição dos clássicos da *Penguin*. Mesmo que você leia todas, não vai poder botar o dedo num trecho e dizer: *"achei! foi por isso que o império Romano caiu..."*

As causas da queda dos impérios são muitas. Na página 357 do segundo volume do livro de Gibbon você encontra um parágrafo interessante. Talvez seja o que atraiu a atenção do criador de Sherlock. Veja o que está escrito ali:

*A perda ou desolação das províncias, do oceano aos Alpes, desmerecia a glória e grandeza de Roma: a prosperidade interna foi irreparavelmente destruída pela separação da África. Os vândalos rapinantes confiscaram o patrimônio dos senadores **e interceptaram os subsídios regulares, que aliviavam a pobreza e encorajavam a preguiça dos plebeus...***

Assim era, mais ou menos, o cenário do império quatro séculos depois de Cristo. Políticos decadentes e cidadãos preguiçosos afundaram Roma. Os mais pobres ficaram numa situação pior ainda do que os políticos: no ano 455 Roma foi saqueada por vândalos. Esse era o nome genérico de tribos que surgiram na Alemanha e Polônia e se espalharam pela Europa.

Além da Itália, os vândalos invadiram partes da Espanha e norte da África. Ressuscitaram Cartago, que virou base naval para assaltos às ilhas e cidades do Mediterrâneo. Roma teria de esperar pelo fortalecimento do Império Bizantino e a chegada do imperador Justiniano ao trono (527-565 d.C.) para se livrar do vandalismo. A má fama do nome veio das conquistas sangrentas e estragos que os vândalos fizeram por onde passaram.

É possível que Sir Arthur Conan Doyle tenha escolhido uma moeda como o **modius** para pesquisar intrigas e crimes dos Césares e suas mulheres. Roma cresceu, se fortaleceu, armou legiões, dominou e saqueou outras terras. Depois estagnou, empobreceu e virou presa fácil.

Dinastias que antes eram empreendedoras e guerreiras se trancaram em castelos medievais. Grandes e ricos empreendedores no passado, os senadores passaram a apoiar líderes populistas. Quem ganhava subsídios públicos e vivia na periferia ficou preguiçoso, segundo diz Gibbon. Trabalhar pra que, se recebiam modius cheios de cereais e outros benefícios sem fazer nada?

A moeda que você vê no início deste capítulo com as letras **S C** no reverso **(2)** é um **Æ Quadrans** (17mm, 3,49g, 6h). Foi cunhada em Roma no reino do imperador Cláudios (41-54d.C.). Saiu de um leilão da Coleção RW feito pelo CNG. Foi arrematada porque permite ver detalhes apagados na moeda que pertencem à coleção de Conan Doyle.

A boca, a forma e até o tripé do ***modius*** aparecem claramente no verso. O SC do reverso significa ***Senatus Consultum***, marca das emissões autorizadas pelo Senado. O ***modius*** equivalia a 8,8l e era usado como medida de grãos. Tecnicamente se diz que servia para medir granéis secos. O que mais parece com o modius em nossa época é o **bushel**.

Cesto típico usado nas fazendas do Meio-Oeste norte-americano, conhecido como **bushel**.
A palavra vem do francês **"boissel"** e talvez de **boisse**, medida gaulesa com raízes romanas.

Usos e costumes consagraram o bushel nas fazendas europeias e na região dos Grandes Lagos dos Estados Unidos, celeiro de soja e outros grãos. Antigamente existiu no interior do Brasil uma medida parecida, chamada **quarta**, feita de madeira. Servia para pesar uma **arroba** (15kg), o mesmo que a quarta parte (¼) de uma saca com 60kg de café. Se algum dia você tiver de trabalhar com medidas, lembre que existem critérios diferentes para **líquidos** e **sólidas**. Um bushel seco de soja pesa 60 libras, ou 27,21kg.

O padrão do contrato de soja para entrega futura na bolsa de Chicago (CME) é 5 mil bushels. O padrão brasileiro é 450 sacas de 60kg. Usei essas medidas quando dirigi a área agrícola da BM&FBovespa.

Pesquisando na internet você pode ficar confuso. Existe um bushel com 36,3l (inglês) e outro de 35,2l (americano). Os dois equivalem a cerca de 4 **pecks** de 8,81l cada. O **modius** continha 1 **peck**. Deu para entender?

Foi com essas medidas que o tempo e o vento organizaram o comércio de grãos. O sistema métrico começou na França em 1789. A confusão dos padrões de peso e medidas diminuiu com o sistema métrico lançado na França em 1789 e regulamentado em 1875. Medidas antigas em uso nos Estados Unidos parecem difíceis, mas muita gente acha que são mais lógicas.

De volta ao passado: o **modius** fez parte do Bolsa Família do Império Romano. Era um dos símbolos da preguiça de que Gibbon fala. Talvez por isso atraiu a atenção de Conan Doyle. Os bandidos de Doyle sempre parecem reais, mesmo quando são fantasiados em Hollywood, com Sherlock na pele de Robert Downey Jr. Doyle pesquisou lições e modelos do passado que ajudam a entender o caráter dos bandidos da nossa época. Talvez estivesse planejando escrever sobre o assassinato de Cláudio por Agripina, mãe de Nero. Ou sobre Messalina, que também foi casada com Cláudio. O nome dela virou sinônimo de cortesã devassa. Messalina era a mãe de Octávia, que casou com Nero.

Gibbon escreveu duas mil páginas e não definiu uma causa específica para a queda do Império Romano, é verdade. Por isso não deve culpar só a *"preguiça dos plebeus"*. O dinheiro pode ser visto como um espelho cheio de caricaturas maravilhosas e facilita a compreensão da história. Olhando para ele encontramos as cenas mais trágicas e cômicas do império que desmoronava.

Já vimos o gráfico da redução do teor de prata no **denário**. Antes de pesquisar um dos seus sucessores, os *antoniniani*, é preciso fazer justiça aos romanos. O denário é um dos padrões com vida mais longa, desde que as moedas foram inventadas há mais de 2.600 anos. Com certeza contribuiu para desenvolver o comércio europeu antes da Idade Média.

O denário se firmou depois das Guerras Púnicas (218-201 a.C.) e circulou durante três séculos depois de Cristo. Você pode ver o que aconteceu com uma das moedas sucessoras dele, os *antoniniani*, no gráfico que acompanha este capítulo. O império nessa época descambava ladeira abaixo. Roma começava a perder espaços para outros povos e religiões orientais. Na Pérsia um rei chamado **Adashir** foi consagrado como *Rei dos Reis do Irã* e transformou o *zoroastrismo* em religião oficial. O filho dele, **Adashir I**, derrotou legiões romanas num combate em Edessa. No ano 260 d.C. capturou o imperador **Valeriano**, que foi exibido como trofeu até morrer. O pêndulo da história começava a mudar de lado outra vez.

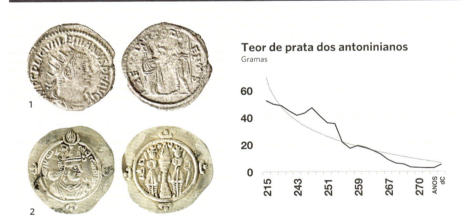

(1) Antoniniano emitido pelo imperador romano *Valeriano* (253-260 d.C.). No reverso ele aparece recebendo uma coroa de louros do deus *Orientis*. Valeriano pretendia manter o poder das legiões com a ajuda dos deuses. No ano 260 foi derrotado em guerra e capturado pelos *sassânidas*. Zoroastro venceu *Orientis* e Valeriano foi exibido pelo rei do Irã como trofeu até morrer.

(2) Drachma emitida por *Adashir III* (628-630 d.C.). No reverso aparece o altar de fogo do *zoroastrismo*. Depois de um período de glórias, as lideranças sassânidas também desapareceram. O zoroastrismo que eles praticavam foi sufocado no Irã pelo islamismo.

Este livro não tem nem de longe o espaço das duas mil páginas de Gibbon. Por isso os fatos mais importantes na linha do tempo do Império Romano foram resumidos no quadro do Capítulo IV. Você encontra detalhes e informações complementares no iPad, ou visitando a exposição **Nomus Brasiliana**. Vamos agora entregar a Meno, o repórter da linha virtual do tempo, a missão de entrevistar Nero.

A imaginação pode não ser uma boa companheira para quem estuda o passado respeitando rigorosamente a história, a sociologia, a antropologia, a numismática ou a lógica matemática. Mas a imaginação facilita a compreensão do que foi perdido, relegado às sombras, distorcido ou simplesmente caricaturado. Caricaturas não conversam com nossas cabeças através da lógica tradicional. Caricaturas apelam para uma região do cérebro onde a lógica gentilmente cede o espaço para as analogias. Meno tentou se inspirar em Sherlock e nas caricaturas da história para organizar sua entrevista imaginária com Nero.

NERO (nascimento 37 d.C., império 54-68 d.C.). **Æ Dupondius cunhado na Casa** da Moeda de Lugdunum (Lyon) por volta de 65 d.C. Cabeça laureada virada para a esquerda. Vitória caminha com laurel e palma. **S C (Senatus Consultum)**. Letras eram usadas em moedas autorizadas pelo Senado. Legenda do reverso: **Victoria Augustus**.

QUEM TOCOU FOGO EM ROMA?

Nunca tinha passado pela cabeça de Meno, o repórter deste livro, que algum dia ia desembarcar de um balão virtual numa estação da linha do tempo e ficar cara a cara com Nero. *"Nada é impossível..."*, disse ele, lembrando do criador de *Alice*. A aventura ia começar. Respirou fundo e continuou escalando uma trilha morro acima.

Nero andava distraído de um lado para outro no alto do morro, de toga e grinalda, tocando lira e cantando. Meno conferiu duas vezes o perfil cunhado na moeda e comparou com a figura em frente. Parecia jovem ainda e bem menor do que a lenda deixada na história. Nero foi coroado imperador aos 17 anos e morreu aos 31. O olhar passeava indiferente sobre as ruínas da cidade. Rolos de fumaça ainda subiam aqui e ali. Roma foi destruída por um incêndio no ano 64 d.C., atribuído a ele. Nero se suicidou quatro anos depois.

Nero (*percebe alguém chegando, para de cantar e diz sem cerimônia*)**:** "já sei..., Sêneca me avisou. Você é o garotão tocador de guitarra que viaja no tempo. Como foi que conseguiu permissão da burocracia do purgatório pra me entrevistar?"

Nero arruma os cabelos e ajeita a coroa de louros que um sopro de vento quase arranca. Antes que Meno responda, admira a própria imagem num espelho majestoso e volta a falar:

Nero: Qualis opifex pereo... mereço posar pra posteridade, não mereço?

Meno fez força para não sorrir. O significado aproximado de "**Qualis opifex pereo**" em latim é **"Que artista morreu junto comigo..."** Foram as últimas palavras dele.

Nero: além das mentiras espalhadas pelos cristãos, o que é que vocês do futuro ainda não sabem a meu respeito?
Meno: bem... eu trabalho num site de viagens virtuais ao passado e...
Nero (*dispensando as explicações com um gesto impaciente*)**:** me poupe. Já conheço a história. Você viaja numa nuvem virtual e cai na porta do purgatório tatati tatatá. Vamos lá, pergunte.
Meno: quem tocou fogo em Roma?
Nero (*soltando uma gargalhada*)**:** bom garoto. Direto ao ponto. Quem tocou fogo em Roma? Os cristãos, ué!!!
Meno: os cristãos?...
Nero: claro. Tentaram amolecer a alma do Império. Não conseguiram e aí me sabotaram.... já vi que não acredita. Quer que eu jure dizer a verdade, toda a verdade, *so help me God*... hahaha. Isso só existe em tribunal de seriado da TV americana tipo *Law and Order*.
Meno '*tenta argumentar timidamente*'**:** hum... a verdade tarda, mas...
Nero: ...tarda mas não falha. Certo? Outro clichê. Pelo visto você não é político. Mas já que estou morto mesmo, juro falar a verdade. Ligue o gravador.

Nero põe a lira de lado e começa a falar pausadamente, como se fosse um profeta entediado, convencido da inutilidade do sermão que ia fazer.

Nero: a verdade pegou fogo lá embaixo. Roma virou um favelão cheio de barracos etruscos de madeira. Inchou. Cristãos cavando catacumbas, rezando por milagres. Mendigos sem teto perambulando nos becos. Escravas sonhando com lobas no meio da noite amamentando novos Rômulos e Remos...

De repente ele para de falar e volta a tocar a lira. Montes de carvão em brasa ainda exalam o cheiro de carne humana queimada. Algum tempo passa. Meno tosse, pigarreia, tenta de qualquer jeito interromper o silêncio:

Meno: hum hum... no que é que o senhor está pensando?
Nero (*olha para trás e vê as labaredas saindo da boca enorme do purgatório. Demora um minuto ou dois e volta a falar*)**:** estou pensando em ficar aqui fora um tempinho mais, mesmo que seja pra essa entrevista inútil. Já ouviu falar no **número nupcial** de Platão? Sabe o que é o **número fatal** de Platão?
Meno: sinceramente não... fatal ou nupcial?
Nero: **nupcial**. Leigos dizem "**fatal**". Veio do Brasil, não é? Por que diabos vou falar sobre os números nupciais de Platão pra leitores brasileiros? Não sabem nada.

Nero volta a pegar a lira e cantar. Boceja. Tenta deixar bem claro o ar de um tédio mortal.

Meno: bela música. Sei que o senhor ganhou medalhas de ouro em muitos festivais de canto... também ouvi dizer que estudou cultura grega com Sêneca... talvez possa me explicar o que é esse número... **nupcial**.

Nero volta a sorrir com a vaidade incensada. Põe a lira de lado e aponta para Mariana, que acompanha a entrevista a distância.

Nero: a mocinha ali me contou coisas fantásticas sobre as "***Romas***" de vocês.

Meno não se surpreende quando vê Mariana sentada à sombra de uma oliveira, comendo uma fruta parecida com maçã e se divertindo com a conversa dele com Nero.

Meno: é; viemos das mesmas "***Romas***". A mocinha sempre dá um jeito de me passar a perna. Volta pra redação dizendo que chegou antes de mim nas entrevistas e dá um furo.
Nero: repórteres do futuro. Adão e Eva com celulares de última geração. Quem come a maçã primeiro? Não mudou nada na espécie humana. Onde é mesmo que fica essa **Roma** de vocês?
Meno: do outro lado do oceano, abaixo do equador.
Nero: ...pegam fogo num canto, ressuscitam em outro piores ainda. Detroit... Sampa... Rio-Bahia... Mibuenosairesquerido... Todos esses cenários vistos

daqui do purgatório cansam. Tudo se repete. Ninguém mais inventa pecados novos nessas Romas que apareceram abaixo e acima do Equador. Quem sofre com isso tudo são os anjos. Não os deixam em paz, coitados: 60% dos norte-americanos acreditam em anjos.

Meno percebe que o entrevistado estava tentando manipular o entrevistador. Resolve incensar a vaidade e fazer o jogo dele. Talvez desse certo.

Meno: desculpe – de quem é a estatística dos 60% de americanos que acreditam em anjos?
Nero: anjos só usam fontes confiáveis: **Harold Bloom**, **Paul Boyer**, **Mary Douglas**... sabe quem mais invoca santos e anjos nas Romas espalhadas lá embaixo? Políticos, mafiosos e traficantes de cocaína, hahaha. Basta olhar as tatuagens e as cruzes de ouro no pescoço. **Boyer** diz que muita gente boa também acredita no fim dos tempos, bestas da revelação, abismos de fogo, nova revolta de Satã, Gog, Magog, Anticristo etc. Até **Metatron** invocam. Não mudou nada na face da Terra. Vinte séculos depois de Nero, o mundo continua acendendo uma vela pra Deus e outra pro diabo e querendo *panis et circenses*. Sabe o que é?
Meno: é uma frase famosa que lembra o coliseu: *pão e circo.*
Nero: tome nota aí: a tradução certa é *"pão e jogos circenses"*. Quem queria ver leões comendo cristãos no circo? Povão. E gladiadores se matando? O povão. E pra onde os Gaviões da Fiel querem ir? Pro Itaquerão. *Panis et circenses*. É tudo que o povão quer.
Meno: será que é tudo?
Nero: você acha que a turma da Mancha Verde quer ler entrevistas de Nero falando do **modius** em livros de matemática? Acredita nisso? Diga lá: quem quer saber qual é a tradução certa de *panem et circenses*? Por que não ficou na história *pão e livros*?
Meno: hum...
Nero: hum... hum é só isso que você sabe dizer? Anote aí: a **história privilegia a face cruel da verdade**. *Nero dixit*. Em vez de *panem et libres,* a história prefere *panem et circenses*. Quer fazer um teste? Pare no meio da estação do metrô do Itaquerão e grite: *quem não quer futebol e Bolsa Família levante a mão*. Vai sair o quê no Datena, Data Folha, IBOPE, *Jornal Nacional*, Record etc.?
Meno: estatísticas podem não refletir o que o povo do bem está pensando.
Nero: cara! Assim vou achar que você é político, e além disso incompetente. Por que é que esse povo bonzinho perde eleição? Hum... vocês inventaram um tipo ótimo: aquele juiz do Supremo fantasiado de Darth

Vader do bem. Teve de se aposentar às pressas, hahaha. Me divirto muito com a cara do Bonner e Boechat falando, falando sem poder dizer tudo o que pensam.

Meno: com todo respeito, democracia é assim mesmo.

Nero: claro, é a democracia que patrocina seu giro nas nuvens virtuais, hahaha. E os democratas querem o quê? Querem liberdade pra pilotar a realidade com a fantasia do roteiro das novelas. Sabe quem me disse isso? Nelson Rodrigues. Passou uns tempos no purgatório comigo. A corte celeste perdoou os pecados dele depois de assistir a *Ai de ti Copacabana*. Lástima. Perdi a companhia. Mas você quer a verdade, não é? Sabe calcular?

Meno *(apontando para a calculadora na telinha do iPhone):* pode começar...

Nero: bom moço. Só que antes de usar uma calculadora, você precisa entender a cara do denário romano. Pense: por que será que Sherlock se interessou tanto pela moedinha de Cláudios com o *modius*? Sabe o que é o *modius*? O *modius* é como um biquíni. O que você quer ver mesmo é o que ele esconde. O *modius* era o símbolo da cesta básica cheia de cereais distribuída aos cidadãos romanos. Pura propaganda.

Meno: hum...

Nero: hum... chega de hum... **bum**!!! Romas dão pão de graça, banho público de graça, pizza de graça etc. Então pra que é que eu vou plantar trigo na roça e viver na periferia? Romas incham. Entendeu agora o que é que Gibbon disse no livro dele? Ai, que preguiça. A lógica sexual do biquíni das moedas é a mesma que acelera o **número nupcial e ...bum**!!!

Nero parece se divertir com a perplexidade de Meno.

Nero: bum, bum, bum... Sampas, velhos Chicos descendo quase secos lá de Minas, Pernambucos, Rio-Bahias, Cancuns, Berlins, Londres, Moscous, Pequins... Romas e Romas e Romas e mais Romas com bigas e quadrigas de quinhentos cavalos e moedas com biquínis de todos os tipos. Motoqueiros assaltam condomínios de luxo. Traficantes ficam milionários, fiéis financiam igrejas com cúpulas de ouro... Quer tirar o biquíni da verdade? O nome do biquíni é *panem et circenses*. Cedo ou tarde, bum!!!

Nero continua se divertindo com a cara de Meno. Cantarola tocando a lira e ensaia passos de pagodeiro. Arruma a toga em torno da barriga obesa e parece feliz com a imitação grotesca dele mesmo em seu espelho monumental.

Meno: voltando ao motivo dessa entrevista, por que é que o senhor desvalorizou o denário?

Nero: hum... o garotão quer mesmo tirar o biquíni. Não vai conseguir se não souber fazer a pergunta certa.

Meno: com todo respeito, qual seria a pergunta certa?

Nero (*falando pausadamente*)**:** a pergunta certa não é *por que Nero desvalorizou o denário*. A pergunta certa é: *por que é impossível manter o modelo nupcial de acúmulo de riqueza dos Júlios e Cláudios, fundadores da dinastia de Nero, e de todos os outros Júlios e Cláudios fundadores de outras dinastias?* Está vendo aquela ânfora perdida ali na estrada? Pegue.

Meno: é um mealheiro?

Nero: isso mesmo. Quando os arqueólogos acham um mealheiro desses, os numismatas soltam foguetes, fazem a festa. Muitos gregos e romanos enterravam mealheiros fugindo de incêndios, guerras, assaltos.

Olhe os perfis cunhados no verso dessas moedas: **Galba**, **Otho** e **Vitellius**. No reverso você vê as deusas que eles achavam que eram suas protetoras: **Concórdia**, **Pax** e **Vesta**. Ingratas... largaram os pobres-diabos na mão. Esses três queriam meu trono. Dois foram assassinados e um se suicidou; hahaha.

Galba com a deusa Concórdia   Otho com a deusa Pax   Vitellius com a deusa Vesta

Nero: vamos ver o que essas moedas ensinam: eu me suicidei no ano 68 d.C., você sabe. Roma teve quatro imperadores entre 68 e 69. Galba, Otho, Vitellius e depois Diocleciano. Os três primeiros brincaram de troca-troca de cadeira. Galba ficou até janeiro de 69. Foi assassinado por Otho, governador da Lusitânia. Otho durou pouco: se suicidou em abril, depois de perder uma batalha pra Vitellius. Esse teve a pior sorte, coitado. Foi derrubado pelo filho de um coletor de impostos, que fez carreira como legionário: **Diocleciano**. O povão arrastou Vitellius pelas ruas, o esquartejou e jogou no Tibre. Diocleciano fundou a dinastia dos flavianos. **Tito**, o filho dele, saqueou Jerusalém e destruiu o templo dos judeus no ano 70 d.C.

Meno: se entendi bem, Galba, Otho e Vitellius acabaram de quebrar Roma.

Nero: menino... Romas não quebram da noite pro dia. Romas apodrecem. O número nupcial cozinha repúblicas do mesmo jeito que feijão em panela de pressão: se não abaixar o fogo, estoura. A história é comprida. Tem fôlego pra ouvir?

Meno: vim aqui pra isso.

Nero: então anote: Júlios e Cláudios criaram a dinastia que ganhou a guerra civil depois da morte de César, e eu fui o último da dinastia. Augusto, justiça seja feita, foi um grande estrategista. Animal. Marco Antônio dizia que César adotou ele porque usava o menino como amante. Pode ser intriga da oposição, mas a fonte é boa: Suetônio. O fato é que Júlios e Cláudios uniram os patrícios e consolidaram as conquistas no Mediterrâneo. A Itália nunca teve minas de ouro nem de prata. Augusto armou legiões e ganhou a guerra contra Marco Antônio e Cleópatra. Os dois se suicidaram, você sabe. Depois disso, Augusto confiscou o tesouro dela, dos ptolomeus e de todos os faraós e dominou a Grécia, Espanha, Lusitânia, Germânia.

Roma monopolizou a mineração de ouro e prata na Europa e na África, abriu estradas pra rotas de cereais, fomentou o comércio. Virou o centro do mundo. Já leu o livro de **Alex del Mar** sobre metais preciosos? Como já estou morto mesmo, não preciso esconder mais nada.

O livro de Alex tem um título interessante na página 84: **Saque da Europa pelos Romanos**. Diocleciano copiou o modelo. Foi assim que manteve o poder nas mãos dos *flavianos*, a dinastia fundada por ele. Tem até um arco em Roma comemorando a conquista de Jerusalém por Tito e o saque do templo dos judeus pelos legionários.

Nero: os flavianos voltaram a encher os cofres públicos com o dinheiro roubado do Templo de Jerusalém e de outros povos. Foi assim que eles conseguiram recuperar o fôlego do áureo e do denário.

Nero faz uma pausa, ensaia o ar de tédio habitual, confere a qualidade da própria imagem encenada no espelho e volta a apontar para o mealheiro:

Nero: quer entender melhor essa história? Então olhe as outras moedinhas do mealheiro... a face cruel do dinheiro não engana ninguém. Essas moedas contam como era o caldeirão que fervia em redor de Jerusalém antes e depois de... depois de mim, claro....

A primeira **(1)** é um *Æ* **Aes** de **Antíoco Epifânio**, rei selêucida da Síria (175-164 a.C.). O império selêucida foi criado depois da morte de Alexandre. A base era a Síria. Implodiu com as guerras e a megalomania de ditadores loucos. Olhando aqui de cima vejo que não mudou nada. *Epifânio* significa **deus reencarnado**. Os judeus hasmoneus/macabeus ganharam uma batalha famosa contra esse Epifânio. Restauraram o Templo de Jerusalém, emitiram moedas e consagraram a figura da *menorá*, símbolo judaico que todo mundo conhece. Anote aí no seu caderninho: a menorá geométrica é mais fiel à matemática das entrelinhas da Torá, segundo Maimônides. A moeda do potinho que você achou **(2)** é um *Æ* **Aes Prutah** de **Alexandre Jannaeus** (103-76 a.C.) com estrela raiada e âncora. A moeda **(3)** é de **Herodes I**, o Idumeu que aceitou governar a judeia como rei vassalo de Roma. No reino dele e do sucessor, durante a vida de Cristo, o Templo de Jerusalém ficou de pé. A **(4)** é de Pilatos. Calígula abusou um pouco, mas mesmo assim não destruiu o templo. As coisas só pioraram com a dinastia dos flavianos **Diocleciano e Tito**, que devastaram Jerusalém. Na moeda de **Tito (5)**, ele olha pra um lado e a deusa da Vitória pro outro. Morreu cedo.

Nero, portanto, não foi tão mau assim. Foi? De que me acusam? De gostar de cantar, achar o teatro grego melhor do que o circo romano, mandar matar a mãe e a mulher... crimes aceitáveis para reis. Reconheço que errei um pouco. Romas e Brasílias não querem tragédias gregas. Querem panem et circenses. Só a minoria pergunta quanto custa um circo olímpico.

Mandei cunhar uns belos *dupôndios* de *orichalcum* (latão) com as portas do templo de Janus fechadas. Galba e outros generais ficaram alucinados quando viram essas moedas, claro. Galba foi amante de minha mãe. Sabe por que os generais ficaram furiosos com as portas fechadas?

Meno: porque as portas do templo de Janus só fechavam quando as legiões estavam aquarteladas em Roma.

Nero: é isso aí, o garotão estudou numismática. Pax romana. A quem interessa a paz? Mercenário só leva *Æ* **Asses**, **dupôndios** e **denários** pra casa quando as portas do templo estão abertas. Lembra de onde vem o nome **"dinheiro"** em português? Vem do **denário**. Os reis do período de glória de Portugal eram bons guerreiros e sabiam o que é isso. Custa caro armar galeras, manter legiões, pagar o soldo de generais. Veja com seus próprios olhos:

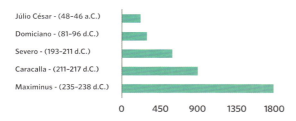

Nero: a biblioteca do purgatório torra a gente na brasa mas diminui o fogo debaixo do... da cadeira de quem quiser estudar. Pode até usar planilhas como o *Excel* da Microsoft e os *Números* da Apple. Eu mesmo fiz o gráfico do salário dos soldados. Encontrei os dados num livro de **Cecília Meir**, do museu de Tel-Aviv. Se um anjo se interessar por suas pesquisas e publicar nas nuvens, você ganha milhas e pode trocar por redução da pena no purgatório. Vamos ver agora se você é bom observador. O que é que o gráfico diz?
Meno: ... o óbvio: ficou cada vez mais caro manter legionários.
Nero: o óbvio... só viu da missa a metade. Sabe quantas legiões eu tinha de manter pra controlar as tribos germânicas do norte da Itália? Sete no Reno, duas na Germânia inferior, três na Germânia superior...
Meno: e qual é a metade da missa que eu não vi?
Nero: a metade da missa que você não viu é a inflação que engole as Romas quando elas começam a gastar mais do que podem. Tentei pesquisar isso com a ajuda de uma anja, uma estatística boazinha que fez um estágio aqui no purgatório, chamada Rachel. Pagou os pecados e foi pro céu com um tal Arthur. Nem assim consegui ver a cara do dragão. É esperto. Engana todo mundo. Só consegui ver um pedacinho da cauda.

   Sabe quanto me custou impedir que os bárbaros da Pártia (Pérsia) tomassem a Armênia? Uma fortuna. Mas voltando à Rio-Bahia de vocês... como é que vai a vida em Sampa? Inchou, não inchou? Bum!!! Cadeiões abarrotados. Seca. Bum!!! Que coisa... Teve mesmo greve de carcereiro?
Meno: teve...
Nero: onde já se viu? Sua coleguinha me disse que vocês prendem e depois dão roupa lavada, cama e comida a traficantes de cocaína que se abastecem no Paraguai, Bolívia, Colômbia, assassinos de todos os tipos. Tratamento humanitário; hahaha. Posso plagiar Nelson Rodrigues?

Meno sorri. Nero volta a tocar a lira e começa a improvisar um sambinha:

Nero: ai de ti, corinthianos... ai de ti... ai das tontas Messalinas e Agripinas que terás... Bum!!! Neros como eu jamais verás... ***Qualis opifex pereo...***
Meno: hum... O senhor é um compositor inspirado, mas ainda não explicou a desvalorização do denário... Roma não gastava dinheiro com cadeiões.
Nero: Roma não construía cadeiões porque matava, ou então escravizava os inimigos. Mesmo assim teve de enfrentar aquelas rebeliões de gladiadores. Quer saber por que desvalorizei o denário? Não viu o gráfico? Mesma coisa que o Iraque e o Afeganistão. Faltou dólar em Washington, bum! Olhe os soviéticos na Ucrânia: bum!!! Faltou ouro e prata em Roma: bum!
Meno: ...e aí o senhor resolveu botar água no feijão.
Nero: hahaha. Gostei. O garotão insiste em tirar o biquíni da moeda. Plínio, o Velho tirou antes de você. Pena que Plínio não tivesse uma maquininha como a sua pra refinar os cálculos dele...
Meno: podemos tentar...

O GOLPE CAMBIAL DE NERO

Nero (*olhando para a calculadora do iPhone*)**:** mostre como é que isso funciona. Matemática não é meu forte. Me deixa exausto. Sêneca lutou pra me ensinar a calcular a **raiz do número nupcial 1728**. Desistiu. Prefiro música, teatro... Mas vamos lá. Calcule aí: Augusto pegava uma barrinha de ouro de uma libra (**327,45g, segundo Mattingly**) derretia e fazia **40, áureos**. Tibério, Calígula e Cláudios também. Resolvi inovar. **Em vez de 40, resolvi fazer 45 áureos com a mesma barrinha.** Alguns patrícios *insiders* estocaram áureos velhos. Achavam que aquela era a **moeda boa** só porque tinha um pouquinho mais de ouro e era mais pesada. Foi um escândalo. Nunca imaginei que os áureos novos iam expulsar os áureos velhos do mercado. Aconteceu o contrário: a moeda nova, que era a mais fraca, expulsou a moeda velha mais forte. Achei que se o império beliscasse só um bocadinho do ouro e da prata dos áureos e denários, resolvia a crise. Mexer no câmbio era mais fácil do que despachar legiões pra conquistar novas minas e saquear outros tesouros. Pior ainda seria aumentar impostos. Galba e os outros generais ficaram furiosos e começaram a conspirar.
Meno: com todo respeito, o que o senhor fez foi botar água no feijão, como se diz no Brasil. Calculando com a maquininha dá pra ver que o senhor garfou 11% no valor da moeda...

Nero (*muito sério*): tive a melhor das intenções, meu. Os Césares de vocês fazem a mesma coisa, só que é mais difícil perceber porque o dinheiro é de papel. Roma tinha uma espécie de dengue. Inchou. Alguém tinha de pagar o pato. Paguei eu, a cara do império: rico. Jovem. Bonitão. Gostosão. *Bon vivant...* Fui obrigado a me suicidar, e o que sobrou de mim foi aquela estátua colossal de onde tiraram o nome do coliseu. Assim são as Romas. Crucificam e adoram os Neros. Sua coleguinha me disse que apareceu na Itália um tal de Berlusconi, que copiou minha fórmula: *panem et circenses*. Foi até primeiro-ministro; hahaha. É o dono do circo de Milão.

Meno: não é circo. Berlusconi é um milionário da mídia, dono do **Milano**. Time de futebol.

Nero: aqui de cima a gente vê tudo, meu: o Pato jogou lá. Dizem que até levou a filha do dono desse circo pro *locus eroticus...* Por que não pergunta logo o que está entalado na garganta? Quer saber se é verdade que mandei matar minha mãe, Agripina, e minha meia-irmã e mulher, Octávia?

Meno (*tentando ser prudente*): bem... bem...

Nero: bem o quê? Anote aí: o inventor de Sherlock tem toda razão suspeitando de Agripina. Quem matou Cláudio com cogumelos venenosos foi mamãe. Com o imperador morto, abriu caminho pro filhinho: eu, Nero. Fui coroado com 17 anos. Quem queria o poder era ela, e mandou durante muito tempo. Supermãe. Agripina foi condenada ao fogo do inferno; hahahaha.

Desta vez a risada de Nero sai contorcida, amargurada, como se o sarcasmo rolasse travado na garganta, tentando passar ao largo do fantasma da mãe e de si mesmo.

Nero: registre minhas lágrimas amargas no seu caderninho, e não esqueça de contar minha história ao criador de Sherlock também. Cláudio casou com Messalina, mãe de Octávia, e depois se livrou dela por causa das bacanais escandalosas que promovia. Depois casou com Agripina, minha mãe, e eu entrei no pacote palaciano. Cláudio era guloso. Agripina envenenou ele, articulou meu casamento com minha irmã adotiva Octávia e amarrou as dinastias. Agripina era uma guerreira que conseguiu sobreviver a Calígula, o irmão louco. Calígula transformou minha mãe e as outras duas irmãs, Drusila e Iulia, em vestais, só pra camuflar o amor incestuoso dele. Vá num leilão da CNG e tente comprar um sestércio com o perfil de Calígula e das vestais no reverso. Duvido que consiga. Além de articuladora política, Agripina era supermãe e quis me enquadrar a vida toda. Mandei matar as duas: ela e Octávia. Parece que também fazem assim em Brasília, não é? Quem matou o prefeito de Santo André?

Meno: hum... até hoje ninguém sabe...

Nero: bum! é só esperar, meu. *Ultima Cumaei venit iam carminis ætas – Aí vem a era da última canção das sibilas...*, assim disse Virgílio. Eu prefiro dizer outra coisa: **a história é um filtro cruel que privilegia a verdade**. Mandei matar Agripina porque, além de supermãe, ela se desgastou com Sêneca e minhas amantes escravas. Sêneca era um estoico, um gênio. Me ajudou muito. Só pedi a ele pra se suicidar quando ficou velho e reacionário. Agripina e Octávia são outra história. Achavam que Romas podem ser perenes e a perenidade depende das dinastias. Mulheres... Dinastias são fábricas de números nupciais que sempre acabam em **bum!!!** Nisso Platão e Camões têm razão. As dinastias portuguesas também acabam em bum...

Meno: por que o senhor fala tanto nesse **número nupcial**, e... **bum!!!**?

Nero: brasileiro, não é? Analfabetos voluntários querendo saber se o *locus eroticus* dos reis portugueses de Camões tem algum significado cabalístico; hahaha...

Meno: que livros o senhor sugeriria a esses... *analfabetos voluntários*?

Nero: hum... duvido que entendam Platão lendo originais. Ele escreveu, na porta da academia, que quem não soubesse geometria não devia ir lá encher o saco. A sua amiguinha descobriu na nuvem um tal **Michael Allen**, que escreveu sobre **Marsílio Ficino** e o **número nupcial**. Muita gente fala em números fatais sem entender nada. Já lhe disse que Sêneca perdeu tempo querendo me ensinar.

Nero suspira com um ar de tédio, olhando para os rolos de fumaça que continuam subindo da cidade destruída.

Nero: números... elites incham e depois a pólis, **bum**!!! Um tal de **Vitor Silva** pesquisou Camões e o *locus eroticus* na realeza portuguesa. Por falar nisso, é verdade que as dinastias estão na moda na América do Sul? Havana inventou uns Castros; Mibuenosairesquerido, uma tal de Kirchner... Soube que cópias de Nero, Cláudio, Agripina e Messalina estão proliferando. Moscou tem um czar novo. Alguma dessas Romas já pegou fogo? Bum?

Meno: hum...

Nero: que hum que nada... bum! É só esperar. Romas morrem de sede antes de pegar fogo. Adeus.

Meno: pra onde o senhor vai agora?

Nero: Volto pro purgatório. Os carcereiros aqui são mais rigorosos do que em Bangu. Consegui uma advogada boazinha, tipo anja vegetariana. Contei que fui vítima do abuso de menores: tinha só 17 anos quando minha mãe me forçou a assumir o trono. A anja ficou sensibilizada com a história e me livrou do inferno. A corte celeste se sensibiliza muito com carinhas e bumbuns de querubins. Juro. A anja está tentando me transferir pra ala branda do purgatório, tipo Febem. A corte acatou a tese do abuso de menores, mas fez uma falseta matemática: tenho de queimar, por um tempo fixado, com um número imaginário: **eternidade dividida por 2**. A anja está tentando transformar o infinito em número fixo. Pedi pra consultar Riemann e Gödel, que estão no céu. Um deles disse que um número imaginário no eixo x/y pode ter como contraparte um divisor real, e aí eu não continuaria no purgatório pelo resto da eternidade.

Complicaram demais, e o tribunal pediu tempo pra estudar o caso. Até hoje discutem o ponto imaginário. Nelson Rodrigues ficou encantado com a anja advogada. Continua malandro. Sugeriu a ela consultar os juristas de uns políticos presos em Brasília na tal Papuda. Ouviu falar? Parece que dão nó em pingo d'água. Será que conseguem definir um número imaginário?

Nero entrega um bilhete a Meno e desaparece pulando sobre brasas na trilha do purgatório.

O bilhete de Nero:

*"Boa viagem de volta à Rio-Bahia, garotão. Leve o sambinha que fiz em homenagem a Nelson Rodrigues. Copiei a última profecia das **sibilas cumaeas**. Use o samba e crie um **Bloco do Purgatório** no próximo carnaval. O refrão mais popular no fogaréu daqui de cima é '**ai ai ai...**' A **corte celeste deu permissão a Steve Jobs pra fazer** uma adaptação pra mim, usando a guitarra elétrica da GarageBand. Faz o maior sucesso entre as anjas do purgatório:*

Ai ai ai
ai de ti corinthianos ai ai ai
ai dos Neros, Messalinas e Agripinas que verás
***Ultima Cumaei venit iam carminis ætas**,*
a última profecia das sibilas chegará.

EXTERMINADORES DO PASSADO

Imagine a cabeça de um legionário romano quando descobriu o golpe de Nero reduzindo o teor de prata no denário. Vimos que o destino dos exterminadores do soldo dos legionários foi cruel. Mesmo assim, a história se repete, mudando somente a escala.

O século XXI tem mais Romas, gente, soldados, moedas, Neros, Cláudios, Messalinas e mercenários. É preciso suar para descer do balão que viaja na linha do tempo e entender as flutuações do câmbio e juros.

Lembra o baralho de Pitágoras? Sem ir mais a fundo no estudo de frações e números primos, é impossível descobrir o que as cartas escondem nas sombras do passado e do presente. Já visitamos frações e logaritmos. Vamos agora recorrer a uma calculadora – a **HP12C**. Ela facilita o cálculo de percentagens e mudanças cambiais em qualquer época. Pode crer: a época de Nero deixou lições que valem para sempre.

A **12C** apareceu bem antes da revolução dos iPhones e iPads. Ela vai nos ajudar a fazer mais um exercício de epistemologia. Esqueceu o significado? Epistemologia é uma forma de estudar a evolução do pensamento humano. Se você nunca usou uma **12C**, não faz mal. Olhe a foto. Se já usou, espere para se surpreender com o que ela pode fazer, projetando a própria imagem no espelho do passado.

Talvez não exista diferença entre a forma de pensar nos números usando esta máquina, ou usando os gnomos de Pitágoras.

A lógica da **12C** levou os usuários a alguns passos à frente na forma de pensar e processar números. A popularidade vem da **Notação Polonesa Reversa** (**RPN**, em inglês). O nome é uma homenagem a **Jan Łukasiewicz**. Por volta de 1920, esse lógico polonês propôs uma forma inovadora de lidar com números. A HP trabalha com base na **RPN**. Vamos ver se existe alguma semelhança entre a forma de pensar com a **RPN** e pensar usando gnomos.

Volte aos capítulos anteriores e converse com os gnomos. Você pode não ter pensado nisso: mas, olhando para as bolas, seu cérebro fez analogias. Através de deduções você descobriu os números que estava procurando. Mesmo que já saiba como funciona uma **HP 12C** ou máquinas virtuais parecidas, vale a pena rever a lógica dos gnomos.

*As formas geométricas dos gnomos se associam no cérebro, e o cérebro aperta uma tecla invisível. Ela é igual à tecla de **ENTRADA** inventada pelas máquinas do futuro: **ENTER**. Os cálculos acontecem automaticamente. Os gnomos desapareceram no **Império Romano**. Os números passaram a ser contados de acordo com as notações usadas na cultura emergente, que também ignorava o zero. Você de vez em quando pensa como os romanos: esquece o zero quando olha para mostradores antigos de alguns relógios e datas: traduz **X** como 10, **IX** como 9, **M** como 1.000 etc. Cadê o zero?*

Alguns historiadores acham que Roma freou a revolução matemática e geométrica iniciada pelos babilônios e alavancada na Grécia Antiga. Afinal de contas, Eratóstenes calculou a circunferência da Terra dois séculos antes de Cristo. Geometria e astronomia só voltaram a dar grandes saltos no século XVII, com Galileu (1564-1642) e outros. O pensamento pitagórico, euclidiano, platônico ficou um tempão na geladeira.

*Ninguém defende a tese de que a Idade Média, ou **Idade das Trevas**, é uma consequência direta (e trágica) do Império Romano. A paralisia cultural e científica desse período pode ser atribuída a muitas causas: explosão urbana, desintegração política, insegurança, fechamento da elite capitalizada em castelos, clausuras medievais, choque de religiões (católicos, muçulmanos, judeus, protestantes), epidemias etc. Barbara Tuchman escreveu um bom livro sobre o tema: **Um espelho distante** (A distant Mirror). Qualquer que seja o motivo da paralisia (ou preguiça) cultural, o fato é que a matemática, geometria e outras ciências exatas ficaram congeladas. Mais de dez séculos se passaram até o Renascimento e a descoberta das Américas. Nada menos de 2 mil anos foram gastos até aparecer um **link** eletrônico entre os gnomos de Pitágoras e a lógica de Łukasiewicz.*

Boa parte da herança dos pensadores babilônios, gregos e egípcios, preservada na biblioteca de Alexandria, foi destruída por incêndios. O primeiro possivelmente aconteceu durante a guerra civil romana. Júlio César queimou navios no porto de Alexandria e o incêndio se alastrou. Por volta do ano 391, cristãos declararam guerra aos deuses de Alexandria e incendiaram templos. O que restou da biblioteca foi junto.

Vamos agora voltar à lógica polonesa usada pela HP12C. Se você é um músico e nunca usou uma calculadora financeira, olhe outra vez para a foto e não se assuste. Alguns símbolos parecem ameaçadores. Logo você vai perceber que são simples **operadores lógicos**: pressionando **ENTER**, você manda a máquina empilhar números na memória e cumprir ordens. Procure outra tecla um pouco acima, do lado esquerdo, com a figura do delta grego (Δ) e % ao lado.

A combinação dessa tecla Δ% com **ENTER** pode facilitar a compreensão da matemática de Nero e dos governantes que tentaram e ainda tentam manipular o câmbio. A melhor maneira de entender tudo isso é com exemplos práticos. Para começar, é bom conhecer a diferença entre máquinas com **RPN** e máquinas comuns. Tente fazer uma conta simples como essa usando uma calculadora comum...

$$(3 \times 4) + (5 \times 6)$$

...máquinas comuns não usam parênteses. Você teria de fazer cada operação, separadamente.

Veja agora como é feita a entrada de números e funções na calculadora usando a **RPN**. Nessa conta simples você digita **3 [ENTER]** depois digita **4** e **x** e logo **12** aparece no visor. Em seguida aperta **5 [ENTER]**, digita **6**, digita **x** e **30** aparece no visor. Apertando **+**, aparece a soma: **42**. A máquina tira da memória o primeiro produto **[12]**, soma com o segundo **[30]** e dá o resultado: **42**.

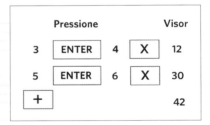

Quando a inflação corria solta no Brasil, os gerentes de bancos e operadores mais espertos nunca saíam de casa sem levar sua **HP12C**. Não era só por causa dos juros. Eles tinham também de navegar numa floresta inflacionária. A moeda usada no manual da HP de 1981 era o **cruzeiro**. Você talvez não tivesse nascido ainda quando ela circulava. O **cruzeiro** apareceu entre 1941 e 1967. O tamanho dos números no exemplo que vamos ver mostra a cara do exterminador dessa moeda: inflação, crises políticas e militares. Em 1967, o **cruzeiro** foi esbarrar na UTI e foi rebatizado como **cruzeiro novo**.

O **cruzeiro novo** resistiu até 1970 e virou pó também. O governo ressuscitou o velho **cruzeiro**, mas em 1986 ele foi nocauteado de novo pela inflação. No lugar do **cruzeiro** apareceu o **cruzado**, que virou pó em 1989, ressuscitou como **cruzado novo** e teve vida curtíssima: 1 ano. O **cruzeiro** foi mais uma vez tirado da UTI e reanimado à força. Não aguentou. Em 1994 foi sepultado pelo **real**. Os otimistas apostam na sobrevivência do **real**.

As lições da história facilitam um exercício de imaginação: qual será o destino do real depois de completar 20 anos? Neros ou exterminadores do passado voltarão? Você acha que essa é uma pergunta boba? Volte ao passado e veja o cálculo de compra de um carro à vista, com desconto.

A inflação obrigou o cruzeiro a trabalhar com números tão grandes, que se fossem dólares dariam para comprar um helicóptero.

"Você está comprando um carro novo, cujo preço de tabela é C$ 1.325.000,00 (isso mesmo: 1 milhão, 325 mil cruzeiros). O vendedor deu um desconto de 8% e o imposto sobre a venda é de 6%. Calcule quanto vai pagar..." Veja no quadro como é feita a entrada dos números, o cálculo de percentagens e o resultado completo da operação.

FONTE: MANUAL DA HP DE 1981

Digite	Pressione	Visor	
1325000	ENTER	1.325.000.00	Introduz base e separa da percentagem
8	%	106.000.00	Valor do desconto
	−	1.219.000.00	Valor da base menos o desconto
6	%	73.140.00	Valor do imposto s/ Cr$1.219.000,00
	+	Cr$ 1.292.140.00	Custo total: a base subtraindo o desconto + imposto

---

LÓGICA FINANCEIRA DE NERO VISTA COM A LÓGICA POLONESA

Vamos transportar a lógica financeira de Nero para calculadoras que usam a **RPN** e ver como fica. Nero disse que os fundadores da dinastia dele derretiam uma barrinha de ouro de uma **libra-peso** e faziam 40 **áureos**. Até hoje existem herdeiros dos pesos e medidas romanos, como os **grãos** (*grains*, em inglês) e **libras (*ounces*)** ou **onças troy (*troy OZ*)**.

Numismatas ainda discutem quantos **grãos (gr)** tinha a barra de uma **libra** nos tempos de Nero. Vamos fugir da discussão. **Mattingly**, autor de um famoso catálogo de moedas do **British Museum**, diz que a libra equivalia a **5.057 grãos troy (gr) ou 327,45g (g)**. **Na média**, o áureo romano de Augusto pesava 122,67g (7,95g). Com todo respeito por Mattingly, podemos encontrar números mais exatos. Dividindo 5.057 por 40, você tem o **áureo de Augusto** com 126,425 **grãos**. Dividindo 5.057 por 45, tem o **áureo de Nero** com 112,37 grãos. A **12C** poderia ter ajudado Nero a entender melhor como o cérebro humano calcula percentuais.

Recorremos a percentuais para descobrir quanto deve ser acrescentado (+) ou tirado (-) de **qualquer base convertida em 100**. A tecla com o *delta* grego (Δ) e o **sinal %** ao lado é uma simples **operadora**.

Ela transforma **qualquer número** em 100 e calcula a diferença com exatidão. Quem quisesse trocar **moedas novas (más)** de 112 grãos por moedas antigas **(boas)** de 126 grãos teria de pagar um **ágio**. Quanto?

O *delta* calcula o **ágio**, ou diferença para mais: 12,500% (**o sinal + não aparece**). Você pode pensar de outra forma, **tomando como ponto de partida a moeda antiga**: a diferença no peso entre a velha e a nova é de -11,11375% (**o sinal menos aparece**).

Não entendeu? Então conte grãos: quem tem uma moeda velha de ouro (boa) só troca pela nova (má) se receber a diferença de 14,05 grãos. Certo? Isso significa 12,500% de 112,37. No fim deste capítulo você verá uma explicação gráfica de como seu cérebro funciona com percentagens.

VISOR		
112.37	ENTER	112.37
126.42	Δ%	12.500
126.42	ENTER	126.42
112.37	Δ%	-11.11375

QUEM DESCOBRIU A LEI DE GRESHAM?

*Descubra agora outra lição no passado: não é preciso ter vivido no tempo de Nero para desconfiar de que os romanos espertos passavam a **moeda má (nova)** para a frente e guardavam a **moeda boa (velha)**. Em resumo, a **moeda má expulsa a moeda boa de circulação**. Muitos séculos depois de Nero, esse aparente contrassenso foi explicado por um operador da Coroa britânica. Foi batizado por corretores que fundaram a Bolsa de Londres como **Lei de Gresham**.*

As decimais adicionais nas contas que acabamos de fazer (do tipo 11,11375) são importantes para cálculos de grande precisão. Um contador não fecha um balanço se achar desvios de 0,0001% entre **débito** e **crédito**.

Quando você avançar na linha do tempo e chegar ao Império Britânico, vai ficar fascinado com a figura de **Gresham**. Nero iria soltar boas gargalhadas no purgatório conversando com ele sobre conservação de leite com formol e tantos outros tipos de trapaças e trapaceiros. Vamos ver agora as lições ensinadas pelo **As de Augusto**. Para facilitar a compreensão, vamos fazer antes uma parada técnica. Vamos colocar a inflação e o câmbio num espelho capaz de refletir presente e passado.

LENTE DE SHERLOCK DESCOBRE PAPIROS MOSTRANDO COMO ESPECULADORES ATUAVAM ANTES E DEPOIS DE NERO

Sir Arthur Conan Doyle talvez tenha ouvido falar em **Oxyrhynchus**. Esse sítio arqueológico de nome estranho fica no Egito, perto do rio Nilo. Dois pesquisadores ingleses, chamados Grenfell e Hunt, atiraram no que viram e acertaram no que não viram. Em vez das obras literárias preciosas que procuravam, acharam milhares de registros da vida no dia a dia, séculos antes e depois de Cristo. O interesse pelos papiros de Oxyrhynchus cresceu depois da Segunda Guerra Mundial. As descobertas começaram a ficar cada vez mais interessantes. É uma pena que Doyle não tenha visto isso. Pedimos a lente de Sherlock emprestada. É preciso paciência para ler papiros, pois a linguagem é complicada. Na Parte XIV da tradução integral de Grenfell e Hunt, um ponto fica bem claro: como funcionavam as cabeças de gregos, romanos e egípcios na hora de contabilizar ou assinar contratos.

O papiro **1628** do ano **73 a.C.** é um **contrato demótico de leasing de terra catoecica**. Deu para entender? A lente de Sherlock traduz: é um contrato de aluguel de terra para uso privado, escrito em linguagem greco-egípcia corrente. A redação nada deve ao que um bom advogado faria hoje. Fala em juro, cobertura de risco e define o câmbio através da moeda usada:

> ...e Apolônio reconhece que recebeu de Serapião para semeadura e outras despesas de plantio, sem juros, 7½ artabae (230 litros) de cevada e 7 artabae (214 litros) de lentilhas, e pela limpeza de pragas da terra, 1.500 drachmas de cobre, não recompráveis, tudo livre de risco e não sujeito a nenhum tipo de risco (...) Se for cobrado algum imposto a Apolônio, o valor será deduzido do aluguel.

Outros pesquisadores que usaram a lente de Sherlock encontraram papiros mais divertidos ainda. Alguns são cartas de *insiders* avisando a familiares sobre desvalorizações e mandando entesourar moedas.

Augusto – Æ As cunhado na Espanha no ano 6 a.C. Cabeça laureada voltada para a esquerda.
Reverso: pontífice conduzindo parelha de bois, semeando Pomerium.

O A DOS LEGIONÁRIOS E O DRAGÃO ADORMECIDO

Moedas de ouro, prata, bronze e cobre só foram substituídas por dinheiro de papel a partir do século XIX. Novos meios de pagamento, como os cartões de crédito, apareceram por volta de 1955. A troca foi possível por causa da velocidade e qualidade da informação.

Cara e coroa deixaram de pesar na balança. O que importa agora é a capacidade do meio de pagamento para manter o valor divulgado em redes eletrônicas. Afora isso, as lições do denário de Nero continuam valendo para dólares, euros, iuans, ienes, rublos, reais e outras moedas.

Precisamos agradecer a Nero as lições que deixou. A mais importante é a do Æ **As** usado para pagar os legionários de Augusto. Se Nero tivesse estudado melhor a contabilidade dos fundadores da dinastia dele, talvez não precisasse se suicidar.

Os bastidores dessa história despertaram a curiosidade de Conan Doyle. Não é fácil entender o quebra-cabeça montado pelos moedeiros no período mais próspero do Império Romano. Eles queriam garantir o valor do **As** pago aos soldados. No primeiro século depois de Cristo historiadores como Suetônio, Plínio e Tácito mergulharam a fundo nesse trecho da história.

Os registros de Plínio e Tácito foram revistos por historiadores do início do século XX, como Theodor Mommsen e Heinrich Willers (*História das moedas romanas de cobre*). Willers decifrou um pedaço do quebra-cabeça. Novos mealheiros e descobertas arqueológicas aconteceram ao longo do século XX. Mattingly e outros numismatas conseguiram reconstituir o cenário completo da estratégia envolvendo o **As** de Augusto. Vale a pena ver.

É uma pena que grandes teóricos do século passado, como Keynes, tivessem ignorado esse trecho da história do dinheiro. Keynes foi influenciado por numismatas da escola antiga de Finley. Eram descrentes do papel das moedas primitivas no varejo. Talvez não soubessem sorrir. E aí perderam as melhores caricaturas da natureza humana, pois elas só aparecem no varejo.

Spinoza preferia dizer *"eu existo, logo penso..."* pensando de uma forma bem diferente de Descartes e dos cartesianos. Quando você olha para uma caricatura entende mais rápido como é o ser humano que ***existe, e logo pensa*** sobre dinheiro. A frase de Spinoza poderia ser completada assim: *"eu existo, respondo a impulsos emocionais, penso e muitas vezes reajo de uma forma que parece lógica e constante ao longo de séculos e milênios."*

O cérebro humano reage rápido e com uma uniformidade surpreendente diante de qualquer coisa que brilhe ou cheire a dinheiro. Não importa onde, nem quando. Cada vez mais os institutos de pesquisa vão buscar

subsídios na neurociência financeira para tentar antecipar tendências. É no varejo que os institutos de pesquisa trabalham. Aqui chegamos ao coração da questão que Keynes, Marx, Hume, Conan Doyle, Sherlock, eu, você e todo mundo tenta esclarecer:
será que existem reações lógicas e constantes dos seres humanos quando navegam no ambiente financeiro?

Um pouco do caráter investigativo e das conclusões destas páginas foi estimulado pela leitura de Sir Arthur Conan Doyle e as aventuras de Sherlock. Não sabemos exatamente se Doyle pensou em mandar seu personagem investigar os crimes passionais dos romanos. Ou se ele queria escrever um romance histórico mandando Sherlock investigar somente os crimes financeiros de Nero, Agripina e Messalina.

Talvez Doyle tenha se inspirado em personagens como os que aparecem no *Mercador de Veneza* de Shakespeare, ou no *Zaratustra* de Nietzsche. Ou, quem sabe, também leu Spinoza. Se não leu, agiu por puro instinto quando começou a colecionar moedas. O instinto dele com certeza foi melhor que o de Keynes, Marx e muitos outros inventores de molduras para enquadrar o comportamento humano.

O instinto de Doyle arrebenta qualquer moldura estática. Basta encontrar o significado real da cena em que Sherlock seduz o investigador com o ouro de uma moeda vitoriana:

– Simples, meu caro Watson: eu existo. Logo... sou sensível ao brilho do ouro

Conan Doyle viveu muito tempo antes do impulso tomado pela neuroeconomia e da perda de prestígio da frase *"je pense, donc je suis"* que ficou mais conhecida em latim: *'cogito, ergo sum' (penso, logo existo)*. Se você quiser saber mais sobre **neurobiologia**, leia o **O erro de Descartes**, escrito por Antônio Damásio. Em **Decision making and the Brain**, há uma boa coleção de ensaios sobre como o cérebro humano toma decisões financeiras. É uma porta de entrada razoável para a **neuroeconomia**.

Delfim Netto fez uma boa análise sobre a fragilidade da fronteira entre decisões individuais e decisões influenciadas pelo Estado. Você encontra isso num artigo publicado na página 2 da edição de 10/6/14 de **Valor**.

A **neurobiologia** e a **neuroeconomia** só tomaram impulso no fim do século XX. Conan Doyle, portanto, não leu nada do que foi escrito sobre o assunto. Se ele estava tentando construir um cenário para Sherlock passear nos tempos de Nero, as fontes de inspiração e consulta foram outras – é claro, meu caro Watson.

Vamos admitir que Doyle tenha lido clássicos como os **Anais de Tácito**. No **Livro I** Tácito conta a história de uma revolta de legionários pouco depois da morte de Augusto. Isso aconteceu numa antiga província romana chamada **Pannonia**.

Aposto que você sabe onde fica a **Pannonia**. Com o passar dos séculos essa região mudou de nome várias vezes ao longo de guerras e invasões. Antes da segunda Guerra Mundial, fez parte da antiga Iugoslávia. Hoje em dia o que existe por lá é a **Sérvia** e a **Croácia**. Times de futebol desses países jogaram no Brasil antes e durante a Copa do Mundo. São descendentes de gregos, romanos e invasores de várias etnias e religiões. Vamos ver agora o que disse o legionário agitador da **Pannonia**, num discurso reivindicando benefícios para a tropa:

> *Dez asses por dia é quanto vale a vida, ou o membro que perdemos do nosso corpo (...) Se um soldado sobreviver a todos os riscos, é levado para regiões remotas. Ali recebe em compensação áreas estéreis ao pé das montanhas e lotes alagados que chamam de terra (...) Nosso único alívio vem das condições fixadas para a vida militar, com pagamentos em denários e um prazo de serviço que acaba no décimo sexto ano...*
>
> Tácitos – Anais. Livro I. Tradução para o inglês de A. Church e W.Jackson.

Lembra o que Nero fez? Nero desequilibrou a confiança da tropa no denário, única compensação material em que eles acreditavam. Augusto tinha feito justo o oposto: fortaleceu a confiança dos legionários na moeda. Como? Augusto determinou que o As fosse cunhado com um padrão capaz de manter a confiança do soldado na moeda.

Por que Augusto fez isso? Ele fez isso porque era um grande estrategista militar e político. Augusto sabia como funcionava a cabeça do legionário e como era importante respeitar os usos e costumes. Willers e Mattingly ajudam a decifrar o quebra-cabeça das relações financeiras de Roma com seus legionários. Vamos ver o resto desse quebra-cabeça.

Æs grave que circulou por volta do ano 211 a.C. **(1)** e denário de Marco Antônio **(2)** do ano 40 a.C. A proa de uma galera antiga virou símbolo de vitórias navais no Mediterrâneo e entrou durante séculos no verso ou reverso das moedas romanas.

1 2

MOEDAS DE GANHADORES E PERDEDORES

Veja novamente o que o legionário da Pannonia disse no discurso de agitação da tropa:

"Dez asses por dia é quanto vale a vida de um soldado..."

O legionário da Pannonia estava traduzindo, com tremenda objetividade, o que os usos e costumes consagraram: o valor da vida e da morte em moeda corrente. A moeda que simbolizava o padrão do soldado naqueles tempos era o Æs. A proa da galera imitava a cabeça de um carneiro (Áries – ram ou rostra) com um aríete embaixo. A marca I que aparece em cima, combinada com a palavra ROMA embaixo, funcionava na cabeça de um legionário como a marca de um sabonete que já foi muito popular no Brasil. O nome ia direto ao ponto que interessava ao consumidor: "Vale quanto pesa."

O perfil da proa da galera é mais visível no denário de Marco Antônio (2). O desenho primitivo colocado entre as duas moedas mostra como era, aproximadamente, o corpo inteiro dessas embarcações. Elas podiam alternar entre vela e remo. O denário que surgiu depois das Guerras Púnicas (211-12 d.C.) valia 10 asses. O As emitido por Augusto para pagar a tropa manteve os usos e costumes na relação de peso e valor. Augusto ganhou as guerras de sucessão de César.

Veja agora o que disse Plínio o Velho sobre o denário de Marco Antônio:
O triúnviro Antonio fundiu denários de prata com ferro e falsários misturaram prata com cobre.

Talvez Marco Antônio tenha perdido a guerra porque a estratégia naval de Augusto era melhor. Pode ter perdido, também, porque a tropa perdeu a confiança na moeda que recebia dele.*

A explicação para o que aconteceu nos tempos de Nero pode ser religiosa, ideológica, militar, direitista, esquerdista etc. O que ninguém pode ignorar é a lógica e a matemática financeira. E essas duas só registram fatos: **áureos** e **denários** do império de Augusto eram moedas fortes. Além disso, sabiam dialogar com o coração e o bolso dos soldados e dos patrícios.

Augusto morreu de velho, com um império consolidado. Nero e Marco Antônio desvalorizaram as moedas, perderam guerras e se suicidaram. Escolha agora um modelo matemático: Augusto, Marco Antônio ou Nero? Todos usaram deuses no reverso de suas moedas.

---

* Referências: Crawford 56/2; Sydenham, Mattingly e Plínio o Velho.

Mommsen, Willey, Mattingly e outros decifraram a estratégia matemática dos moedeiros de Augusto para manter a tropa feliz na hora de receber os **asses** do soldo:

O As era cunhado na base de 2/5 de uma onça e não de 1/4 de onça. Por isso 10 asses de Augusto pesavam o mesmo que 16 asses teóricos de 1/4 de onça.

PARA COMPREENDER AS CONTAS DOS MOEDEIROS DE AUGUSTO							
	Libra de 327,45g*	Onças Troy**	Uncia (onça) em gramas	2/5 de uncia em gramas	2/5 de onça em grãos	1/4 de uncia grãos	1/4 de onça gramas
			27,28 (12 por libra)	10,91	192	120	6,82
10 asses de 2/5				109 gramas	1.920 grãos		
16 asses de 1/4						1920 grãos	109 gramas
Grãos Troy	5.057*	480**	*** Facilitador de compreensão matemática: 327,45 (libras em gramas) ÷ 12 onças = 27,28g.				

* Fontes: Mommseen, Hendin, Mattingly
** Conversão métrica contemporânea, usada para exemplo. A base de cálculo da uncia (onça romana) é ligeiramente diferente do cálculo atual da onça (OZ).
*** Facilitador de compreensão: 327,45 ÷ 12 = 27,28 (libra em grama ÷ 12 onças)

Temos de chegar a uma conclusão simples: os moedeiros daquela época sabiam fazer contas tão bem quanto os dirigentes atuais do Federal Reserve e Bancos Centrais. Legionários podiam não saber converter grãos em uncias e libras. Mas sabiam perfeitamente qual era a relação entre o valor dos asses recebidos e o custo da feira da família. Troque a feira romana por "supermercado". Depois troque as moedas de Augusto por reais, euros ou dólares. Você vai ter de admitir que pouca coisa mudou na face da Terra na hora da feira.

As contas no quadro das moedas de Augusto foram feitas em grãos porque não existiam gramas naqueles tempos. Até hoje o grão é usado no mercado de metais preciosos, valendo entre 1/5.760 da onça troy e 1/7.000 do avoirdupois (0,0648g). O significado de grão vem de longe. São mais de 5 mil anos, contados desde a Babilônia. O nome vem dos grãos negociados. Pegue um grão de trigo, ponha numa balança de precisão e compare com os padrões atuais.

Qualquer que seja a medida que você use para os metais preciosos, eles continuam desempenhando o mesmo papel na vida social, não importa a época. São o último refúgio do poupador em tempos de crise, ou quando a confiança na moeda local derrete. Se duvidar, consulte os papiros e mealheiros descobertos nas ruínas gregas, romanas, egípcias, chinesas, babilônias, sumerianas etc.

DESCUBRA A DIFERENÇA ENTRE O PENSAMENTO LÓGICO E O ANALÓGICO CALCULANDO PERCENTAGENS COM A AJUDA DE GNOMOS E DA BOLA DA FIFA

Quadrado = 25 bolas
100   = 25

Quadrado = 16
100   = 16

20% do quadrado de 25
20% de 25 = 5
25 ÷ 100 x 20 = 5

20% do quadrado de 16
20% de 16 = 3,2
16 ÷ 100 x 20 = 3,2

Você não pensa nisso, mas seu cérebro usa analogias o tempo todo, sempre que precisa calcular percentagens. Veja:

Os quadrados **A** e **B** são iguais, mas... **A** tem **25 bolas** e **B** tem **16**. A analogia geométrica explica o que parece não ter lógica matemática:

Você afirma que **25 = 100** e da mesma forma afirma que **16 = 100**.

Saiba mais sobre analogias nos complementos deste livro para o iPad.

CAPÍTULO VI

Convento de Tomar, ouro dos piratas do Caribe e emblemas de seleções

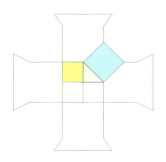  

 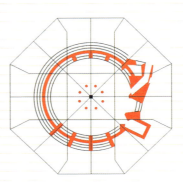

Projeção geométrica sobre a planta-baixa da charola

As raízes geométricas do convento dos templários em Portugal atravessam séculos e milênios. As mesmas formas que inspiraram a planta da capela central (charola) governam também os traços deixados pelos moedeiros na cruz do **dobrão** de 1727 que aparece na abertura deste capítulo. Essas moedas coloniais nasceram no ciclo do ouro no Brasil. Os quatro **M** indicam a origem: **Minas**. Os dobrões coloniais portugueses competiam com os **"doblónes"** espanhóis. Essas eram, na época, as moedas de maior valor no mundo. Por isso mesmo, eram também as favoritas dos piratas do Caribe. Até hoje os galeões que naufragaram carregados com ouro e prata alimentam a imaginação dos roteiristas de Hollywood e caçadores de tesouros. A legenda *"IN HOC SIGNO VINCES"* no dobrão mineiro significa "com este sinal vencerás". A tradição cristã atribui essa frase a um sonho de Constantino, o Grande, durante as guerras que precederam a fundação de Constantinopla. A lógica geométrica desses símbolos viajantes desembarcou em lugares que nem as mentes mais criativas podiam prever: emblemas de seleções de futebol. Nas sombras da cruz é possível imaginar o triângulo pitagórico e a origem da fórmula $a^2 + b^2 = c^2$.

Patacão colonial português de 960 réis, recunhado em 1816 sobre sol argentino. Moedas de prata das colônias espanholas que circulavam no Brasil foram derretidas e recunhadas. Às vezes as marcas da moeda original sobreviviam. Os recunhos mais raros são disputados por colecionadores. As raízes da geometria sagrada continuaram na cruz que aparece no reverso.

A **origem da esfera armilar é diferente**: é uma homenagem ao avanço científico que permitiu a navegação oceânica das caravelas, a descoberta do caminho marítimo das Índias e Américas. A legenda em latim *SUBQ SIGN NATA STAB* significa "Sob este signo nasceu e continuará".

O DESAFIO DO MAR ABERTO E A GUERRA DOS SÍMBOLOS

Nada menos de mil e quinhentos anos separam as **patacas** do Brasil colonial das moedas cunhadas no início do **Império Bizantino**. Vamos atravessar esse trecho da linha do tempo sem desembarcar em algumas estações, por mais fascinantes que sejam. Sozinhas elas poderiam encher capítulos inteiros.

Oscar Wilde disse que resistia a tudo, menos à tentação. Se você também não resiste, o avô deste livro: *Dinheiro, deuses & poder* talvez possa satisfazer sua curiosidade ao longo de 815 páginas. Aqui vamos nos limitar aos fatos mais importantes para a evolução do pensamento financeiro entre o fim do Império Romano e os descobrimentos marítimos.

Leve em conta que é difícil entender a reviravolta na mente humana nesse período sem estudar um pouco de **cálculo**. O pensamento lógico nascido na Grécia Antiga, ancorado por Aristóteles e outros filósofos, freou o desenvolvimento das **ciências exatas**, como a astronomia e outras. Vasco da Gama, Colombo e Pedro Álvares Cabral não iriam a lugar nenhum no mar aberto se olhassem para o céu estrelado com a lógica medieval.

As Américas só foram descobertas quando caíram as barreiras místicas e filosóficas que impediam o avanço do cálculo. Só então os reis, suas cortes e seus banqueiros perderam também o medo de investir no desconhecido: **o mar aberto e o desafio do infinito**.

Se você entendeu como é que o cérebro transforma o *Samba de uma nota só* em escala logarítmica, então está pronto para viajar na caravela de Cabral. Não pense que caravelas são saveiros antigos.

É bom voltar a lembrar que quando se procura alguma coisa no passado e não encontra, talvez seja **porque ela nunca existiu, ou nunca funcionou como se imagina**. Essa é uma das explicações para o insucesso da réplica da caravela construída para comemorar os 500 anos do descobrimento do Brasil. Nunca navegou como devia. Se você quiser saber mais sobre a evolução da tecnologia naval, vários ensaios foram reunidos no livro *Atlântico*. **Armando Bittencourt**, um dos autores, resume como a ciência e tecnologia naval e oceânica evoluíram nos séculos XIX e XX (p. 293). O livro ganhou o prêmio Jabuti.

Antes de tentar entender a **esfera armilar**, é preciso entender os números e cálculos em que ela se baseia. Isso vai facilitar também a compreensão do que mudou ou **não muda nunca** no pensamento humano sobre dinheiro. Marx, Keynes, Schumpeter e outros grandes economistas do passado nem sequer imaginaram o que era nem como iria evoluir o cartão de crédito como meio de pagamento. O cartão apareceu em meados do século XX, atropelou o maoismo e invadiu a China no século XXI. Isso explica por que muitas profecias ou previsões do futuro baseadas apenas em ideologias nunca foram cumpridas.

Lendo este capítulo você pode rever ou aprender a usar algumas ferramentas fundamentais do cálculo como **limites**, **funções**, **derivadas de funções e integrais**. Muita gente acha que cálculo é um privilégio de engenheiros, astrônomos ou fabricantes de satélites e bombas atômicas. Cálculo só poderia ser ensinado a quem domina a álgebra avançada.

Professores que pensam assim estão na contramão da **neurociência financeira**. O cérebro sabe desde o berço como calcular **tempo**, **limite e várias funções**. Você viu como foi fácil entender o significado da função (fℤ12) quando descobriu como ela se aplica ao *Samba de uma nota só*. O motor analógico do cérebro calcula de uma forma muito parecida com o músico que afina um violão. Quando você quer atravessar uma rua e vê um carro vindo à esquerda ou à direita, automaticamente o cérebro calcula a velocidade, a distância e diz: *vá*, ou *não vá*. O mecanismo é igual ao usado pelo ouvido que **percebe a oitava ou um acorde com notas tocadas ao mesmo tempo. A música foi a primeira grande mestra da lógica matemática.**

Várias **notações lógicas** elegantes foram adotadas para definir **funções** como **velocidade**, **tempo**, **espaço**. As letras dessas notações refletem mais o grego, inglês e alemão que as línguas de origem latina. *Time* (tempo, em inglês) fica com o "t". Mas **velocidade** fica com o "s" de *Speed*, que também serve para *Space* (espaço), **Série**, **soma**. Quando você olha para o velocímetro de um carro, vê o ponteiro oscilando porque a velocidade (**s**) varia. Por instinto seu cérebro calcula a velocidade média. Como? Observando a **relação ou ratio velocidade/espaço/tempo.**

Δs/Δт

Essa notação é usada no cálculo de uma relação linear qualquer, envolvendo **movimento**, **espaço e tempo**. A matemática descobriu desde a infância como fazer cálculos numéricos exatos. Mas não sabia resolver paradoxos. Acredite ou não, foi nesse ponto que a mente humana empacou durante mais de mil anos.

O cálculo só começou a ser desenvolvido uns trezes séculos depois de Pitágoras. **Todo músico é um calculista instintivo.** Meno, nosso repórter virtual que viaja na linha do tempo, é um dos bons. Infelizmente pensou que não precisava estudar cálculo. Por isso Pitágoras achou que Mariana era mais esperta. Ficou com pena do garotão da guitarra e mandou estudar as frações e os limites escondidos nas cartas do baralho.

*O **cálculo** apareceu justamente para ajudar a mente humana a trabalhar com **funções e limites**. A homenagem das moedas à esfera armilar é uma prova especial da capacidade de cálculo dos navegadores portugueses dos séculos XV e XVI. Mais adiante vamos ver como e por que, eles foram além dos ingleses, espanhóis, alemães e outros povos nesse trecho espetacular da história naval.*

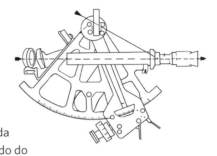

A esfera armilar entrou nas patacas para comemorar os **astrolábios**, **quadrantes** e outros avôs ou bisavôs do sextante. O avanço científico facilitou o **cálculo angular** e a navegação das caravelas em alto-mar, sem terra à vista e no barlavento, com velas quadradas e bolinas. O povo português passou a vida toda olhando para o mar sem fim. Perdeu o medo do infinito antes dos espanhóis dominados pela inquisição religiosa e de outros navegantes do Mediterrâneo e mar do Norte. Uma nova cosmogonia (forma de ver o universo) apareceu. O pensamento **analógico** foi mais forte do que a **lógica pura**.

Todos os autores de **livros de cálculo** citam Zeno para falar nos paradoxos que atrapalharam a evolução da lógica e da filosofia. **James Stewart** escreveu um dos melhores que existem. Ele também cita Zeno, que chama de **Zenão**. O livro passa longe da história financeira, mas explica um pouco como o pensamento humano evoluiu. A tradução portuguesa é cuidadosa e bem-feita.

O exemplo do homem que caminha para a parede facilita a compreensão do paradoxo da corrida de Aquiles com a tartaruga e do conceito de **limite**. Se alguém estiver num lado de uma sala e andar na direção da parede do lado oposto, poderá não chegar lá nunca. Basta cair na armadilha dos paradoxos de Zeno e calcular os passos somando frações:

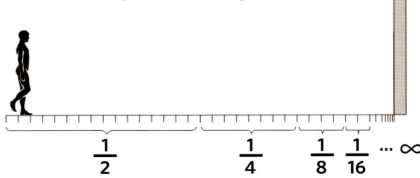

Quer tentar? **Divida o espaço entre 0 (começo) e 1 (parede) 1 e ø**. Vá até a metade da distância (1/2). Depois até a metade da metade (1/4). Depois até a metade da metade da metade etc. Você vai ficar perto da parede. Ela é o **limite. O limite é 1 ou zero e existe**. Mas... matematicamente, você nunca chegará lá. Coitados dos antigos. O infinito bagunçou um bocado a cabeça deles.

*A história tem fome de dramas, tragédias e comédias. Isso explica a popularidade da história de Galileu fugindo da fogueira porque disse que o Sol não girava em redor da Terra. A brava legião dos construtores das fundações do cálculo nunca teve tanta fama. **A história do cálculo é também a história da superação dos limites e da incapacidade humana para lidar com o infinitamente pequeno.** É preciso lembrar Fibonacci (1170-1250), Nicolau de Cusa (1440), Kepler (1571-1630), Newton (1642-1727), Leibniz (1646-1716), Gauss, Dirichlet e Riemann (1826-66) e muita gente mais. Uma linguagem simbólica surgiu para definir **funções** (**f**), lidar com limites de **somas** etc. Em meados do século XIX, Boole inventou a linguagem lógica (booliana) mais tarde usada nos computadores.*

Velocidade, **espaço** e **tempo** invadiram um território onde só existiam somas, multiplicações, divisões. Os filósofos aprenderam a separar ***noumenon*** (coisa em si) de ***phenomenon*** (fenômenos interpretados de várias formas). Lembra o caso das bactérias? Uma coisa é o estudo do comportamento que provoca a morte do rio Tietê (**cultura poluidora**). Outra coisa é o **cálculo logarítmico** do efeito da poluição no **tempo** (**ciência**). **Paulo Freire** gostava muito de lembrar a diferença entre **civilização** e **cultura**. Existem **civilizações científicas** avançadas, mas com culturas trágicas que provocam guerras e matam o planeta aos poucos.

*Não é difícil entender alguns princípios que Pitágoras adoraria ter descoberto, mas não teve chance. Por que ele entregou as cartas do baralho a Meno? Porque queria dar um recado: **vá em frente, garotão. Descubra o que não pude decifrar no tempo em que vivi na face da Terra. Se entender, vai tocar melhor sua guitarra. Mozart, Bach, Madona e muitos outros seguiram esse conselho... Imagine como o mundo seria melhor se meus conhecimentos e minha cultura tivessem avançado só um pouquinho mais.***

Vamos seguir o conselho de Pitágoras. Só que, em vez de usar o baralho e empurrar cartas para fora, vamos criar um exemplo contido num limite. Pegue um pão e divida por três caras famintos. O motor analógico do seu cérebro olha para ele e fatia em três pedaços certos. Agora pare e pense: o que é 1 no caso desse pão dividido em três pedaços? O pão é 1, mas é também a soma das três fatias, cada uma delas representando 1/3. Descobrimos com a bola da Fifa que seu cérebro calcula, divide ou soma frações (fatias) sem dizer como faz as contas. Você pode achar tudo isso muito elementar. Mas não é bem assim. Continue pensando: o que é a fração de um terço (1/3)? É 1 dividido por 3, não é verdade?

Use agora sua calculadora, divida 1 por 3 e veja o resultado: 1 ÷ 3 = 0,33333333...

O **motor analógico** do **cérebro divide o pão racionalmente. O motor lógico da máquina** também divide certo. **Os dois são logicamente iguais mas... matematicamente diferentes.** Lembra o que o Faustão diz no programa dele na Globo quando vê coisas assim? "Ô loco..." É melhor não pensar na plateia. Tente ver o paradoxo de outra forma: o que é 3 ÷ 10? É o mesmo que 0,3 ou 0,33333, não é? Será só isso? Veja as frações e continue pensando:

$$\frac{3}{10} = 0{,}3 \qquad \frac{3}{100} = 0{,}03 \qquad \frac{3}{1.000} = 0{,}003$$

De que outra forma você pode pensar em **0,333333**? Que tal pensar nesse número como a soma de 0,3 + 0,03 + 0,003 + 0,0003... etc.? Isso leva ao mesmo pão (**1**) dividido por **3**.

$$\frac{3}{10} + \frac{3}{100} + \frac{3}{1.000} + \frac{3}{10.000} + \quad + \ldots + = \frac{1}{3}$$

Vamos ter de concluir que aquele número aparentemente sem fim (**0,333333...**) converge para um limite. Que limite é esse? **O limite é 1 pão** que será comido por três caras famintos. Você pode reduzir o pão a frações mínimas ou migalhas para os pombos. O resultado da soma de todas as frações ou migalhas é o mesmo: 1 pão inteiro. A calculadora não trapaceou. Ela faz as contas de outra forma. A diferença entre seu cérebro e a calculadora é a **capacidade analógica de seu motor**. Ele percebe que a soma de frações **tende (≈) para 1 pão**. Volte a olhar para a figura do homem prisioneiro do paradoxo, aquele que nunca consegue chegar à parede do outro lado da sala.

Veja as frações debaixo da figura. A primeira é a metade (1/2) do caminho que ele andou. A segunda é 1/4, e assim por diante. Transforme as frações que aparecem debaixo da figura em números **decimais**, em vez de **fracionários**, e vá até onde quiser.

$$\frac{1}{2} = 0,5 \qquad \frac{1}{4} = 0,25$$

Imagine agora uma série muito maior. Depois some e empilhe. Veja como fica se você der a essa **série** o nome de S_1, S_2 etc. Esse exemplo é parecido com o do pão reduzido a migalhas. No lugar do pão coloque o espaço da sala. O resultado é o mesmo. O limite que você procura está entre o começo da sala e a parede do lado oposto, ou seja: entre 1 e zero ou zero e 1..

$$S_1 = \frac{1}{2} = 0,5$$

$$S_2 = \frac{1}{2} + \frac{1}{4} = 0,75$$

$$S_{...} = \frac{1}{2} \quad \frac{1}{4} + \cdots \doteq 0,9999$$

Vários sinais foram adotados com o passar do tempo para simplificar a linguagem lógica:
$\doteq$ indica aproximação.
$\approx$ é parecido, mas tem uma diferença sutil.

Se em lugar de **0,9999** estivesse escrito **"1"** no quadro da série S_1, S_2 etc., o sinal que deveria ser usado é o til ($\approx$) duplo. Se você pesquisar a palavra **"assintótico"** no site INÚMEROS, vai entender por que, e talvez queira discutir qual dos dois sinais deveria ser usado.

Você já sabe que pode dividir o caminho até a parede (de **0** a **1**) em tantas frações quantas quiser. O **divisor 2 elevado a n** significa que 2 pode ser qualquer número. O limite da soma será sempre 1.

$$\frac{1}{2} + \frac{1}{4} + \frac{1}{8} + \ldots + \quad = \frac{1}{2^n} + \ldots = 1$$

- É nesse ponto que Aquiles empata com a tartaruga e o homem alcança a parede. Pessoas morreram na fogueira porque sabiam dividir um pão em pedaços certos, **mas não acreditavam que o cérebro podia encontrar limites dentro de séries infinitas**.

- Não é difícil entender a fórmula que traduziu esse problema em termos lógicos: ***lim*** significa o limite de uma soma ***(S)*** com ***"n"*** números, em que ***"n"*** tende para o infinito ∞ e o limite de S_n é ***1***.

$$\lim_{n \to \infty} \left(1 + \frac{1}{n}\right)^n$$

As contas e a fórmula do limite deste capítulo são tão familiares para quem estuda cálculo quanto relógio de ponto em porta de fábrica. O melhor caminho para não se perder em lições sobre séries infinitas na internet é **ler um *eBook* ou livro impresso, com caneta na mão**. Não aposente sua mão e valorize um bloquinho de notas com uma boa lapiseira e borracha.

Os livros de **cálculo** de **Stewart** e **Tom Apostol** são didáticos e bem traduzidos. Poderíamos caminhar um pouco mais na linha do tempo e ver como muitos autores e personagens fascinantes desafiaram as séries infinitas, os números imaginários etc. Essa trilha leva a outros conceitos básicos, como o de **limite de somas** e a **integral** representada pela letra **S** estilizada por Leibniz ($\int$).

Entrar nesse terreno seria como se desviar do roteiro de um passeio na Chapada Diamantina para ir atrás do canto de uma sereia que lembra Beatriz. Sabe quem é? Beatriz é a musa de Dante Alighieri, na *Divina comédia*, que começa assim: *"no meio do caminho de nossa vida eu me encontrei numa selva escura, onde a trilha certa foi perdida..."* A Beatriz da Chapada quis seduzir Meno, o repórter viajante da linha do tempo deste livro. Se ele fosse atrás, a história seria outra. Cálculo é como a floresta da Amazônia: fascinante. Siga Beatriz e adeus.

Mantendo o foco nas moedas a trilha fica mais curta. Os faunos da floresta não vão aparecer, mas outros atores e atrizes vão entrar em cena e todos têm uma coisa em comum: todos cobram pelos serviços prestados. O meio de pagamento dos heróis da *Odisseia*, de Homero era o touro de raça. A moeda do cachê dos heróis, fadas e bruxas de Hollywood e da Disneylândia é o dólar.

Vamos então voltar ao balão dos mercadores e tentar entender o que dizem os meios de pagamento dos heróis e heroínas que deixaram rastros no chão de cada época. As moedas sinalizam mudanças, desvios, retornos, curvas em **S**, rotas seguras e estradas cheias de abismos. Vamos voltar a observar a simbologia, cronologia e o papel desempenhado pelas mais significativas. Tamanho, peso e valor variam. Detalhes numismáticos podem ser encontrados nos complementos do iPad. O mapa dessa viagem é a linha do tempo de um período que se estende desde a queda do Império Romano até o Renascimento.

Convento de Tomar, ouro dos piratas do Caribe e emblemas de Seleções   167

    Entre os anos 300 e 1453 o Império Romano cai e o **Império Bizantino** transforma **Constantinopla** em fortaleza na Ásia Menor, onde outrora existiu a Lídia. Desaparecem os altares de Júpiter, Netuno, Vênus, Marte, Sol e outros deuses. Sobem Cristo e Alá com seus profetas e exércitos rivais. Muitos historiadores descrevem esse período lembrando reis, heróis e conflitos religiosos. Esquecem o que levou ao Renascimento e às descobertas marítimas: **a revolução no cálculo entre 1400 e 1600 e a popularização da moeda**. O denário se transforma em **dinar**, **denier**, **penny**. Nasce o **taller**, avô do dólar. Templários inventam cartas de crédito, precursoras das **letras de câmbio**, usadas pelos cruzados no caminho de Jerusalém. A história mapeada através dos meios de pagamento rola numa estrada cheia de curvas, desvios e buracos deixados por guerras e breves períodos de paz. Tudo ancorado no mundo real.

Três moedas contam a história de um símbolo que nasce por volta dos anos 325-26 d.C. A primeira é um **Æ Follis** em que o fundador de Constantinopla, Constantino, o Grande, parece piedoso. A legenda no reverso (**VOT** XXX) registra os votos que ele fez aos deuses romanos. Segundo a tradição cristã, Constantino se converteu depois de um sonho. Abandonou os velhos deuses, trocou as insígnias das armas por símbolos de Cristo e venceu batalhas. O **Chi-Rho (XP)** que apareceu no sonho de Constantino é a abreviação do nome de Cristo em grego. Da noite para o dia o símbolo entrou nos **Æ centenionalis** de Magnentius. Howgego, um numismata famoso, diz que este era um usurpador. Foi morto pelos sucessores de Constantino e só então o **Chi-Rho** entrou no lado politicamente correto. O **XP** pode ser visto na insígnia carregada por **Constantino**, na face do **Æ centenionalis** cunhado por ele. Ironia da História.

As crises do século XXI envolvendo a Síria, Israel e o islamismo parecem reflexos no espelho do trecho remoto da linha do tempo que estamos visitando. Lanças, flechas e espadas substituem tanques e foguetes. Vimos que os romanos colonizaram Jerusalém no ano 70 d.C. e destruíram o templo. As ruínas da cidade sagrada dos judeus foram renomeadas como **Aelia Capitolina** *pelo imperador Adriano (117-38 d.C.). Dois séculos depois de Adriano, Roma desmoronou.*

Em meados do ano 300 d.C. **a Cruz e o Chi-Rho** entraram definitivamente no imaginário da população do **Império Bizantino**, que abraçou o cristianismo. Jerusalém passou a ser vista como berço sagrado da fé dos cristãos.

O *solidus* de ouro cunhado por **Justiniano I (moeda 1)** traz um anjo num dos lados. Com a mão direita ele segura uma espada. Com a mão esquerda o anjo exibe um globo com uma cruz no topo. A mensagem do solidus é clara: estes são os símbolos que governam as almas e os mercados do império.

1. Solidus

Justiniano (527-565 d.C.) conseguiu reconquistar espaços perdidos e a cultura jurídica ocidental deve a ele uma de suas bases – o **Código de Justiniano**, mas as guerras continuaram. A moeda **(2)** é uma boa amostra do que acontece em períodos de crise: **Jerusalém e partes da Síria foram invadidas por sassânidas persas em períodos de guerra com o Império Bizantino.** O *Follis* de 610-29 foi cunhado em algum lugar da Síria por moedeiros do rei sassânida Khosrau II e é um clone de um *Æ Follis* bizantino.

2. Æ Follis

A dinastia dos **sassânidas** governou a Pérsia entre **224 e 651 d.C.** Nesse ano o país foi conquistado pelo islamismo árabe. **Zoroastro e os altares de fogo do zoroastrismo desapareceram do reverso das drachmas (3)**. Alá e os símbolos do **islamismo** ocuparam os espaços, e a Pérsia (atual Irã) ficou conhecida como pátria de alguns dos **aiatolás** mais famosos. A palavra **āyatu-llāh** em árabe significa alguém ou alguma coisa (signo, sinal, símbolo) **representante de Alá**.

3. Sassânida

Com o passar do tempo, Roma recuperou uma parte do velho esplendor. O poder passou para as mãos dos papas e da Igreja, mas partes da Península Ibérica foram invadidas por califas que atravessaram Gibraltar. Moedas islâmicas dominaram os mercados na Espanha e em Portugal. A matemática financeira árabe-indiana assimilada por **Fibonacci** se espalhou pela Europa. No século XII, Portugal e Espanha partiram para a reconquista de suas terras.

4. Dinar

A moeda **(4)** é um **dinar** de ouro **abássida** (islâmico) dos anos 932-34. **O nome se inspira no denário**. A moeda **(5)** é um **Denier dos CRUZADOS**. Foi emitido no reino latino de Jerusalém por Balduíno III (1143-163). **O símbolo central é a cruz pátea** usada (com variações) pelos templários. O modelo inspirou a cruz que entrou no escudo do Vasco da Gama, no emblema da seleção de Portugal e da **CBF**.

5. Denier

Quem quiser usar a linguagem de um dos pais da sociologia poderia dizer que as Cruzadas dos anos 1100-1300 tinham dois motivos básicos: **um sagrado e outro profano**. Retomar Jerusalém mexia com as almas. Retomar o controle do comércio leste-oeste mexia com o comércio e os bolsos. Nomes lendários surgiram, como **Ricardo Coração de Leão** (Richard I da Inglaterra – 1157-99) **Saladino** (Salah-ad-Din – 1137-93) e outros. Os dois se enfrentaram na III Cruzada (1189-92). Ricardo derrotou Saladino em 1119, mas ele manteve Jerusalém.

O fim do Império Romano e as guerras do Império Bizantino deixaram espaços vazios. Sem Estados ou governos centrais fortes, lideranças feudais se consolidaram. A população se espalhava em redor dos castelos em busca de proteção. De vez em quando a peste devastava regiões inteiras. Alguns castelos medievais com muralhas, fossos e pontes levadiças continuam de pé até hoje. O livro *Um espelho distante*, de Barbara Tuchman, retrata bem o que foi essa época.

Nem o cristianismo europeu nem o islamismo dos árabes e persas conseguiram manter os fiéis unidos. Os cristãos fizeram vários **Concílios** (reuniões para interpretar a fé, ou a teologia) sem acordo. As divergências cresceram depois do ano 425 e do **Concílio de Chalcedônia**. Quem aceitou a autoridade dos papas ficou de um lado. Do outro ficaram as Igrejas da Grécia, Rússia e herdeiras ortodoxas do Império Bizantino. A concorrência comercial e cultural entre Veneza e Constantinopla gerou no ano 1204 uma das maiores tragédias medievais: **o saque de Constantinopla (cristã) pelos soldados e mercenários cristãos da IV Cruzada**.

O Islã nascido com Maomé também se dividiu depois da morte dele (632 d.C.). Quatro califas surgiram e os **sunitas** reconheceram todos. Os **xiitas** só reconheceram **Ali**. Teologia, método de escolha de líderes e organização democrática ou autoritária da sociedade dividiram as dinastias **omíadas, abássidas, fatimidas, otomanas e outras. O califado omíada de Damasco invadiu a Espanha no ano 711 d.C.** Uma vez mais os meios de pagamento ajudam a entender a origem de ciclos movidos pela fé ou por interesses mundanos.

DIRHEMS OMÍADAS circularam por volta do ano 951 na Península Ibérica. Legendas árabes aparecem depois de um período de clonagem das moedas locais. O **dirhem** da coleção deste livro foi cunhado por um califa do **Al-Andalus**, nome dado à Espanha pelos omíadas (atual Andaluzia). **A dinastia omíada de Damasco perdeu o poder para os abássidas de Bagdá no ano 751. Os califas da Espanha se declararam independentes. Durante algum tempo a convivência pacífica de cristãos, judeus e muçulmanos gerou prosperidade.** A época foi marcada por uma revolução na matemática, desenvolvimento da astronomia e navegação.

NOMISMAS de ouro emitidos em Constantinopla por volta de 1028-34 trazem a figura de Cristo sentado num trono. Com a mão direita, ele abençoa os fiéis. Com a esquerda, segura o Evangelho. Em algumas moedas bizantinas Cristo é chamado de **Pantokrator** (todo-poderoso). Três dedos fechados na mão com dois outros apontando para o céu indicam a natureza humana e divina de Cristo. A teoria da **Trindade** gerou crises teológicas. Nessa época o **Império Bizantino** começou a enfrentar o fogo hostil da expansão muçulmana e o fogo amigo dos papas em Roma.

O DIA EM QUE OS MOEDEIROS VIRAM O FOGO DO INFERNO

O mundo medieval fica para trás, a economia rural aos poucos se transforma em economia urbana. Legiões de mascates aparecem, falta troco, surgem os cambistas. As moedas refletem o período em que o dinheiro vai além das bolsas dos negociantes e do soldo de legionários: começam a circular na mão do povo. A cunhagem muda. Os discos ficam finos e leves para fundição em larga escala.

Veja como os braços da cruz crescem entre **o *penny* de CNUT de 1016 e o de Henry III (1251-72)**. A ideia era usar a cruz para frear a ganância de quem roubava prata raspando as bordas. A pena era a morte ou degredo para o fim do mundo. O fim do mundo era a África, Austrália, Brasil...Cada moeda conta uma história. As inglesas copiaram as merovíngias, que por sua vez copiaram **tremissis** de Constantino.

Cnut – penny

William I ficou conhecido como **Conquistador (1066-87)** porque saiu da Normandia, cruzou o mar e conquistou a Inglaterra. **Henrique I (1100-45)** o herdeiro do trono de **William I**, foi cruel com os moedeiros que falsificavam o *penny*. Convidou todos para visitar o castelo na véspera de Natal e em vez de Papai Noel fez o papel do diabo. **Castrou e decepou a mão direita dos moedeiros.** A crueldade dessa história deve ter entrado na memória coletiva, ajudando a transformar a libra em moeda forte.

Henry III

Os reis ganhavam dinheiro controlando a cunhagem. Arcebispos eram moedeiros e ganhavam também. Aos poucos o número de moedeiros foi reduzido. No pico do poder da Igreja, reis que se desentenderam com papas foram excomungados.

A moeda de **Felipe o Belo da França** conta outro pedaço sangrento dessa história. Circulou por volta de **1285-90**, quando os **templários** funcionavam como banqueiros da Coroa. A dívida pública inchou e Felipe deu um calote. O papa e a Igreja nessa época eram fiéis ao rei. Templários foram queimados em fogueiras ou fugiram. Muitos foram para Portugal, onde a Inquisição ainda não tinha chegado.

William I

Felipe o Belo

Morabetinos de ouro foram emitidos pelo **rei Afonso de Portugal (1211)** com a cruz de Cristo e legendas em árabe. Esta é uma das joias da coleção **Nomus Brasiliana**. Circulou durante a chamada **Reconquista** de terras ocupadas por muçulmanos na Península Ibérica, com o apoio da tropa de elite dos templários que viviam em Portugal.

**EDUARDO III
DA INGLATERRA (1327-77)**

HERÓIS QUE SHAKESPEARE IGNOROU

A cultura matemática avançou rápido no Oriente e em países árabes na Idade Média. A Europa se atrasou nessa época. Astrônomos de Bagdá estudaram a herança grega, babilônia e egípcia. Depois aprenderam com os indianos a usar **números e o zero**, tal como são conhecidos hoje **(1, 2, 3... zero)**. Partes da Espanha e Portugal foram dominadas por califados muçulmanos entre os séculos VIII e XII. Um matemático de Bagdá chamado **Al Khwārizmi** transferiu o know-how indiano para espanhóis e portugueses. Dele vêm os nomes **algarismo** e **algoritmo**.

O **Museu Judeu de Nova York** publicou um livro de 262 páginas sobre o fenômeno da **convivência** de muçulmanos, cristãos e judeus na Península Ibérica medieval. Resumindo:

> Às vezes brigavam na hora de ganhar dinheiro, mas terminavam se acertando. Um astrolábio com inscrições em hebraico revela os avanços científicos da época. A convivência pacífica foi mais vantajosa que as guerras. Isso explica em parte a liderança dos portugueses e espanhóis na era dos descobrimentos.

O **morabetino Alfonsi de 1211** conta como esse fenômeno acaba: guerra e expulsão dos árabes de Portugal e Espanha. Por que a **convivência** acabou em guerra? Porque a Europa e a Ásia Menor se perderam na Idade Média disputando matérias-primas, fronteiras e poder espiritual. Povos de origem celta, romana e visigoda que colonizaram Portugal e Espanha antes dos árabes tiveram de lutar para **reconquistar** suas terras.

O **nobre de ouro de Eduardo III** e as tragédias de Shakespeare contam como essa história continua. Shakespeare usa o tripé **dinheiro, deuses e poder** em quase tudo que escreveu. O *Mercador de Veneza* é um ensaio sobre os limites morais de uma cobrança de dívida. **Ricardo II** discute o direito divino dos reis.

Vamos olhar mais de perto a figura de um coadjuvante nas tragédias shakespearianas: **John of Gaunt**. Quem foi esse John ou João que Shakespeare tratou como figura menor? **John of Gaunt** ou **Gante era filho do rei Eduardo III**. O irmão mais velho dele morreu e a coroa foi esbarrar na cabeça do herdeiro, ainda criança, **Ricardo II**. **Gaunt** ficou como tutor do sobrinho e articulou o **Tratado de Windsor**, ligando as Coroas inglesa e portuguesa. **Filipa de Lencastre (neta de Eduardo III e filha de Gaunt)** casou com o rei **D. João I de Portugal** (1385-1443). **Windsor** puxou o gatilho das descobertas marítimas. **D. João I** é também o criador da **dinastia de Avis** e da chamada **"ínclita geração"**. **D. Henrique, o Navegador** era um dos filhos dele e de **Filipa**. Portugal ganhou guerras com ajuda dos templários expulsos da França e Espanha pela Inquisição. A **convivência** de portugueses com ingleses, judeus e a tropa da elite cristã dos templários deu seus frutos. Gerou um **império naval que veio antes do espanhol e britânico**. Shakespeare (1564-1616) ignorou isso tudo. Melhor para Camões (1524-80). Ele ficou sozinho como narrador da odisseia portuguesa e escreveu *Os lusíadas*.

TORDESILHAS: UM TRATADO AMBICIOSO

Vamos ver agora o que dizem as moedas cunhadas pelo **papa Alexandre VI**. O nome de família do **papa** era **Roderic Llançol de Borja i Borja**. Os **Borjas** eram a nata da aristocracia espanhola. As chaves de São Pedro que aparecem na face do **grosso de prata do papa** simbolizam o poder de ligar o céu e a terra. A Igreja afirma que esse poder vem de Deus. O lado reverso significa **lei e ordem**: São Pedro aparece com uma espada, e São Paulo, com o Evangelho. Alguns papas tiveram seu próprio exército e usaram armaduras em guerras.

As **bulas papais** funcionavam como leis da Igreja. **Alexandre VI** é o autor da bula *Inter Coetera*. Segundo essa **bula**, Portugal e Espanha recebiam em *"dotação perpétua"* todas as terras descobertas quando cruzavam o Atlântico. Se o resto do mundo concordasse, a Espanha seria até hoje dona dos Estados Unidos, Canadá, e quase toda a América Central e do Sul. Portugal ficava com uma faixa na costa do Brasil. O **Tratado de Tordesilhas** empurrou a faixa brasileira um pouco mais para o oeste, correndo na direção norte-sul entre o Maranhão e o Rio de Janeiro. O que hoje é Goiás, Mato Grosso, Amazônia etc. seria colônia espanhola. As coordenadas exatas da bula e do tratado podem ser vistas no mapa e no site iNÚMEROS.

Grosso do papa Alexandre VI e mapa do **Tratado de Tordesilhas**. As chaves de São Pedro na face da moeda simbolizam o poder da Igreja para abrir e fechar portas entre o céu e a terra.

A Europa saiu da Idade Média e do Renascimento com alguns rumos claros, e outros, nem tanto. Superstições deixaram de impedir o avanço da ciência. A Igreja reconquistou parte do brilho antigo de Roma. Papas podiam revogar o direito divino dos reis e excomungar inimigos. A Igreja não conquistou tanto poder sozinha. Alianças foram feitas. Uma das mais importantes foi costurada entre o papa **Leo III** e o imperador **Carlos Magno (Charlemagne – 742-814)**, fundador da dinastia **Carolíngia**. Charlemagne reacendeu a chama do Império Romano, transformado em **Sacro Império Romano-Germânico**. Numa comparação aproximada, a área de influência seria como a da **União Europeia** no século XXI. A principal diferença era a centralização do poder nas mãos de um rei ou imperador. O ouro descoberto nas Américas pagou as contas do império que surgiu nessa época: a Espanha. A Revolução Industrial criou outro império: o Britânico. **Fibonacci (1170-1240) revolucionou a contabilidade dos meios de pagamento no período que precede e acompanha o Renascimento.**

DO MEDO DO ZERO À RAZÃO DE OURO E REINVENÇÃO DA CONTABILIDADE

Como será que os tesoureiros faziam a contabilidade do **real**, do **dobrão** da Espanha, do **taller** da **Áustria** que inspirou o nome do **dólar** e outras moedas? Uma coisa é certa: não foi fácil convencer cambistas medievais a trocarem letras romanas por números. A calculadora eletrônica deles era o ábaco, uma tábua com peças móveis. O ábaco até hoje é usado em alguns países. Textos e figuras antigas mostram como eram.

Portugueses e espanhóis aprenderam a usar números com **Al Khwārizmi**. Italianos estudaram num livro de **Leonardo Pisano**, ou **Fibonacci (1170-1240)**, chamado **Liber Abaci** que significa **Livro dos ábacos**. Mas ficou famoso e virou best-seller como **Livro dos cálculos** e fonte de números da **Razão de Ouro** (Golden Ratio).

Começa explicando a vantagem de escrever, por exemplo, **5.600** em vez de **MMMMMDC**. Ou **3.022** em vez de **MMMXXII** etc. **A numeração romana não tinha zero.** Fibonacci mostrou que quem calculava com um **ábaco não associava a imagem ao texto escrito**. As 633 páginas do livro são quase todas cheias de exemplos práticos. *Traders* adoraram. Mas a popularidade de **Fibonacci** não veio só daí. Veio dos números que geram espirais, como a dos caracóis. A natureza está cheia de formas parecidas. A Via Láctea onde vivemos é assim. Arqueólogos dizem que astrônomos dos faraós e gregos conheciam a sequência descoberta ou popularizada por Fibonacci: **1, 1, 2, 3, 5, 8, 13** etc. Essa sequência é gerada somando o número que vem depois com o número que vem antes. Começando com 1, você encontra o próximo número (1 + 1 = 2) e o próximo (2 + 1 = 3) e o próximo... e... boa viagem para o infinito. A divisão de um número pelo outro gera mais uma relação importante. Agrupando quadrados, é possível gerar uma espiral.

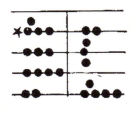

Ábaco medieval, a calculadora dos *reales* espanhóis de 1497, dos *doblónes* de ouro (1598) e dos *tallers* do Sacro Império Romano cunhados na **Áustria** (1558) que inspiraram o *dólar*.

Isso pode não parecer fantástico. Mas o físico **Herbert Hauptman** calculou a estrutura de cristais e ganhou um prêmio Nobel partindo desses números. **Detalhe importante:** a realidade às vezes se desvia da exatidão geométrica e matemática, evoluindo sem pressa. Basta comparar as espirais.

MARIANA ENTREVISTA FIBONACCI

Quando Meno desembarcou da nuvem onde viajava e chegou perto da torre de Pisa, viu que Mariana já estava lá entrevistando Fibonacci. Os dois pareciam se entender muito bem. A conversa rolava tão animada que nem perceberam o "ping" do iPad, avisando sobre o desembarque de alguém no outro lado da torre. Mariana folheava as páginas do *Liber Abaci* e Fibonacci ouvia encantado. Parecia achar que valeu a pena deixar a paz eterna para ressuscitar no mundo cruel, viajando numa nuvem virtual da internet.

Meno achou a cena engraçada. Estava acostumado com os furos de reportagem da coleguinha de viagens ao passado. Desta vez tratou de se equipar bem para enfrentar a concorrência: leu com atenção o livro de Fibonacci antes de Mariana monopolizar o único exemplar da redação.

Escolheu um lugar sombreado a alguns metros de distância da torre de Pisa e armou sua surpresa: um teclado eletrônico com boa caixa acústica embutida, um iPad e outros instrumentos da GarageBand da Apple. E lá ficou, esperando a hora certa para entrar em cena.

Vamos acompanhar a entrevista de Mariana e ver como essa história acaba em...

....música e pizza.

Mariana: de que nuvem o senhor desembarcou para essa entrevista?

Fibonacci: depende... matematicamente é impossível definir onde eu, Pitágoras, Sócrates e outros estamos hoje. Alguns acham que estamos no céu. Se o céu for definido como o limite da compreensão humana da eternidade, esse limite depende de uma $f$unção que é a fé. Cristãos acreditam na corte celeste. Muçulmanos dizem que doze virgens recebem os mártires no céu. Budistas discordam. Alguns políticos prometem o Céu a todo mundo. Os bobos acreditam.

Mariana: de onde então o senhor acha que veio mesmo?

Fibonacci: hum... vamos dizer que vim da espiral das nuvens e memórias virtuais dos matemáticos medievais. Moro lá desde que a Mãe Natureza me levou. Viajantes simpáticas das nuvens como você sonham comigo e dentro desses sonhos conseguem me entrevistar...

Mariana sorri. Estava diante de uma celebridade morta que resolvia brincar de sedutor. Não podia bobear. Reagiu rápido. Tinha de manter o foco se quisesse arrancar um furo de reportagem. Apontou para a p. 15 do *Liber Abaci* e voltou ao ataque:

Mariana: o senhor contou aqui que nasceu em Pisa e morou com seu pai em Bugia, na **Berbéria**. Diz também que ele trabalhava na alfândega. Mas a **Berbéria** não é a terra dos **bárbaros** que invadiram a Europa? O que é que os bárbaros tinham pra ensinar?

Fibonacci: esse é um bom exemplo das confusões linguísticas que atrapalham a compreensão da história e evolução do pensamento humano. Bugia foi uma colônia romana, depois cristã. Mais tarde foi dominada pelos **bérberes** do norte da África. Meu pai me levou pra estudar com os comerciantes de lá porque naquela época a matemática deles era melhor que a de Pisa. Eles misturaram a herança da cultura ptolomaica grega e egípcia, babilônia e indiana e ganharam dinheiro e poder. Invadiram a Espanha e Portugal. Os europeus transformaram **bérbere** em sinônimo de **bárbaro** por causa das invasões dos **bérberes** e guerras no Mediterrâneo. Talvez por preconceito preferiram trocar a palavra *zephir* do meu livro por **zero**.

Mariana: por que é tão importante assim dizer *zephir* em vez de **zero**?

Fibonaci: quer saber? Responda rápido: quanto é 1 somado com nada?

Mariana: 1 somado com nada é 1. Claro.

Fibonacci: qual é o significado de **zero**?

Mariana: **zero** é um número.

Fibonacci: boa menina. Ainda bem que você não disse uma bobagem do tipo **"zero não significa nada..."** Quem trabalha com números tem de usar palavras certas. A maneira mais fácil de embaralhar números na cabeça é usando palavras erradas. Os matemáticos da Bugia nunca diziam zero quando faziam contas. Diziam *zephirum*, uma mistura de latim com árabe. **Zero** em latim é *nihil*, **nada**. *Zephir* **significa um número.** Quem acrescenta *zephir* depois de **1** transforma **1** em **10**. O homem medieval não entendia que **zero** *(zephir)* é um número.

Mariana: entendi... acho que eu também já saí da Idade Média.

Fibonacci: hahaha É uma pena que tenham feito essa confusão bem no começo da renovação do aprendizado de matemática. A palavra cifra vem de zephirum. Espanhóis e portugueses aprenderam isso antes de mim com **Al Khwārizmi**. Mesmo assim também traduziram errado. Cabeças-duras. **A língua falada por reacionários é a algema da sabedoria.**

Mariana: o que mais entristece o senhor além das cabeças-duras, algemas e o *zephirum*?

Fibonacci: meu *Liber Abaci* está cheio de exemplos práticos de compra e venda, câmbio etc. Dediquei o *Liber* aos comerciantes. Os comerciantes entenderam. Foi por isso que virou *best seller*. Muita coisa se perdeu porque virou *game* na mão de intelectuais que querem se divertir.

Mariana: como assim?

Fibonacci: vá para a página 404 do *Liber*: qual é o exemplo que dou ali?

Mariana: o dos coelhos. Um homem tinha um casal de coelhos num lugar fechado. Alguém quis saber quantas crias teriam em um ano, levando em conta que no primeiro mês eles geram um casal... etc. Vi um bom filme francês com **Gerard Depardieu** contando essa história.

Fibonacci: pois é. Gastaram uns 400 anos para começar a explorar o lado prático da espiral que pode ser desenhada com esse número do acasalamento dos coelhos: 1, 2, 3, 5, 8, 13, 21 etc. Gastaram muito tempo também pra entender o significado de **relações e proporções**, **ciclos de expansão e decadência** que os números traduzem para quem sabe mergulhar neles. Poetas burros odeiam números. Em compensação, artistas brilhantes que entenderam a **razão de ouro** fizeram coisas lindas, como Da Vinci, Mozart e muitos arquitetos e pintores.

Mariana: o que o senhor acha que travou a cabeça dos poetas?

Fibonacci: muita coisa. Subir pra eternidade tem lá suas vantagens: dá pra ver melhor a história lá debaixo. Veja o caso de **Dante Alighieri**. Ele nasceu uns vinte anos depois de mim (1265-1321). Fez versos bonitos, mas escreveu burrices também. Jogou **Frederico II** no fogo do inferno no **Canto X** do sexto círculo. **Michael Scott** queima no fogo no **Canto XX**.

Mariana: Frederico II não é aquele imperador que foi excomungado?

Fibonaci: hahaha... pior ainda. Foi excomungado duas vezes, em 1227 e 1245. O papa **Gregório IX** o apelidou de anticristo. **Pois foi justamente ao imperador Frederico II e a Michael Scott que dediquei meu *Liber Abaci*.**

Mariana: jura?...

Fibonacci: é só ler o que escrevi na página 15. Está escrito lá com todas as letras: "Você, meu mestre Michael Scott..." O pobre do Dante não sabia nada de matemática e achou que Michael era bruxo. Vale a pena conhecer um pouquinho mais essa história. **Frederico II (1194-1250)** foi coroado em 1220 como **Sacro Imperador Romano**. Michael era um dos principais intelectuais da corte. Naqueles tempos os empresários de Pisa, Veneza, Gênova, Constantinopla e os califados muçulmanos viviam brigando entre si pelo controle dos portos do Mediterrâneo, acesso a Jerusalém e caminhos terrestres das Índias. Alguns papas mandavam mais do que os reis. Frederico teve brigas enormes com eles. Mesmo assim armou uma Cruzada e negociou com os árabes o controle de Jerusalém. Lá ele foi coroado como imperador na Igreja do Santo Sepulcro. Michael era amigo do imperador. Os dois foram grandes patronos do desenvolvimento científico, matemático e da cultura popular. **Dante** se beneficiou com a revolução cultural e linguística. Eu gosto de Dante porque ele jogou fora o latim e escreveu a *Divina comédia* na língua que estava nascendo, o italiano. Ainda bem que Dante era ignorante em matemática e não leu meu livro. Se tivesse lido, poderia me jogar no fogo do inferno também, assim como fez com **Michael**, que aparece queimando no sexto círculo entre os praticantes de feitiçarias *(Quell' altro... Michele Scotto fu, che veramente de le magiche fro- de seppe 'l gioco... - Aquele outro... foi Miguel Escoto, que verdadeiramente sabia fazer o jogo mágico da fraude...)* Mas vamos deixar a política de lado e voltar a falar no **Liber Abaci**. Soube que você entrevistou Pitágoras.

Mariana: é, entrevistei Pitágoras. O senhor se encontra com ele nessa sua espiral de nuvens eternas, céu ou que nome tenha? Ele mandou algum recado?

Fibonacci: hum... Já vi que você quer mesmo um furo de reportagem... Encontrei com Pitágoras, sim, passeando nas nossas espirais. Infelizmente quem entra na eternidade tem de seguir algumas regras que não pode quebrar. Quando Pitágoras soube que eu vinha conversar com você sugeriu somente que falasse na linha **ABC**.

Mariana: imagino por quê. Dei um baralho a ele de presente e ele me deu uma lembrancinha: a miniatura de um monocórdio que uso como brinco na orelha. O baralho é um espaço aberto. A corda do monocórdio é um espaço fechado, mas o infinito existe nos dois...

Fibonacci: suspeito que Pitágoras queria que eu lhe ensinasse a pensar menos no infinito e mais nas proporções. Lembra do monocórdio de Pitágoras? A corda solitária **define uma oitava de DÓ a DÓ** e outras relações entre notas. Na página 500 do meu *Liber* você encontra uma linha do tipo **A B C**. Tem uma boa discussão sobre ela e alguns erros dos pitagóricos.

Olhe de novo para a linha **ABC**. **Ela ensina a enxergar proporções. Todo *trader* e todo artista precisa aprender a descobrir proporções.**

Fibonacci: dependendo do ponto onde você coloque a letra B, a linha que acabamos de ver pode revelar algumas proporções interessantes. Antes de tentar descobrir o melhor que ela esconde, vamos tentar entender o mais fácil dentro dela.

AC : AB :: AB : BC

Isso se lê assim: **AC** está para **AB** assim como **AB** está para **BC**. Você pode dividir o espaço como quiser. Os números são simples tradutores de proporções. Dentro dos números do meu exemplo dos coelhos, você pode fazer muitas combinações e descobrir muitas proporções diferentes. **Foi isso, em resumo, que Hauptman fez com os cristais e ganhou o Nobel.** Vamos tentar entender alguns números inteiros mais fáceis e ver o que eles mostram. Veja esses:

4 : 8 :: 5 : 10

Quatro está para 8 assim como 5 está para 10. Você descobre com facilidade a **relação**, ou *ratio* que existe dentro desses números. Veja:

(4 X 2 = 8) e (5 X 2 = 10)

A *ratio* aqui é a mesma: 2:1 (dois para 1). Na página 545 do **Liber**, você encontra um exemplo de uso de relações, ou *ratio*, muito comum no mundo onde está vivendo. Esse problema se chama **arbitragem**. Ali tem um exemplo que é fácil de adaptar para o Brasil:

- um homem que tem 100 libras investe esse dinheiro num mercado a certa taxa. Ao mesmo tempo investe uma soma parecida em outro mercado. A campainha que toca na cabeça de um operador não é muito diferente da que toca na cabeça de um bom pianista combinando notas num teclado. O músico produz harmonia. O operador produz lucro. O bom operador toma dinheiro onde a taxa de juro é menor, como na Alemanha, por exemplo. E aplica onde o juro pago por governos que desorganizam a economia é maior, como no Brasil. A lógica que funciona para a música é a mesma que funciona para produzir uma espiral inflacionária e aumentar a dívida pública.

Vamos fazer agora uma experiência um pouquinho mais complicada com os números dos coelhos. Pegue alguns desses números e veja o que acontece dividindo o menor pelo maior que vem logo depois:

1, 1, 2, 3, 5, 8, 13, 21, 34... 144, 233... 610, 987...

$$\frac{5}{8} = 0,62500 \qquad \frac{34}{21} = 0,61904 \qquad \frac{610}{987} = 0,61803$$

Com o passar do tempo, os matemáticos calcularam essa relação com números cada vez maiores, até encontrar alguma coisa perto da exatidão. O número que tiram daí para calcular a **relação de ouro**, ou *golden ratio*, é ≈**0,6180339887...** O duplo til (≈) indica que o número se aproxima de um limite.

Fibonacci: conversando com Pitágoras lá em cima, ele me disse que fundaram uma associação com meu nome. Tem até um site na internet: http://www. mscs.dal.ca/fibonacci

Mariana: o pessoal do mercado usa seus números para descobrir tendências. Vi um livro de **Constance Brown** na mesa do meu pai. Foi publicado pela *Bloomberg (Fibonacci Analysis)* e traz um monte de exemplos.

Fibonacci: é o que mais tem por aí. O problema é que às vezes a Mãe Natureza vai para um lado e a lógica do mercado vai pra outro...

Mariana: muitos artistas estão voltando a se inspirar com a Mãe Natureza. Políticos também. A líderança mais badalada nas eleições brasileiras de 2014 foi uma mulher que fez carreira como natureba.

Fibonacci: Melhor assim. O que eu gostei mesmo de saber foi que meus números cada vez mais aparecem em aplicativos para a educação. Algumas pessoas torcem o nariz. Eu nunca disse que os números são a alma da arte. O que sei é que existem números na música e existe música na geometria. O cérebro humano consegue descobrir a existência de harmonia ou falta de harmonia na arquitetura, pintura, música ou qualquer outra forma de arte.

Mariana: como assim?

Fibonacci: um psicólogo pediu a várias pessoas para escolherem um retângulo no meio de dez figuras diferentes. Um deles foi o preferido pela maioria. Qual? Faça você mesma o teste. Desenhe figuras com proporções de **1 por 1** (para simplificar, escreva **1:1**) **5:6, 4:5, 3:4, 20:29, 2:3, 21:34, 13:23, 1:2 e 2:5**. Se quiser saber qual foi a figura que agradou mais, veja a resposta na página 116 do livro de **Posamentier** e **Lehman** (*The fabulous Fibonacci numbers*). Eles também pesquisaram Mozart e outros compositores e descobriram meus números no meio do *Prelúdio em C maior n. 1 de Chopin*. Claro que fiquei feliz. Mas espere... tem alguém tocando exatamente isso aqui perto. E esse cara toca bem... toca com alma... vamos lá. Vamos ver quem é.

Mariana não se surpreende com a entrada triunfal de Meno em cena. Sabia que ele estava aprontando alguma coisa para se recuperar dos furos de reportagem dela. Só não imaginava o quê. Agora sabia. Era música. E som a todo vapor. Nisso o garotão provava que era bom, muito bom mesmo. O *Prelúdio em C maior n. 1 de Chopin* é uma peça curta. Mas exige aquilo que um artista só entrega se, além do passeio rápido dos dedos no teclado, souber descobrir também a alma das notas na partitura.

Meno para de tocar quando Fibonacci chega.

Fibonacci: olá, garotão. Você é Meno, não é?

Meno: em pessoa... sim, senhor. Pitágoras sugeriu que viesse entrevistá-lo.

Fibonacci: é agora lembrei. Vi sua foto no e-mail. Pitágoras disse que você toca guitarra muito bem... mas tem medo de fazer contas. Sua colega chegou um pouco antes. Me distraí.

Meno (*sorrindo*)**:** ela sempre dá um jeito de chegar antes de mim e dar furos de reportagem. Pra ser sincero, ela é mais corajosa com os números do que eu...

Fibonacci: hahaha. Você tem medo dos números? A música dos números está na alma dos bons artistas. Você tocou Chopin com alma. Meus números estão nesse prelúdio. Cadê o medo?

Mariana: eu disse isso a ele... falei da música dos números... mas acho que é malandro demais pra ficar sentado, disciplinado, estudando pra melhorar as notas que tira em cálculo no cursinho do vestibular. Acha que basta a intuição pura... e diz que a biblioteca do pai é internato. Chama a biblioteca do pai dele de quartel...

Fibonacci se diverte com a artilharia pesada na troca de olhares entre os dois.

Meno: hum... além da música, trouxe uns desenhos pro senhor. O autor se chama **Jill Britton**. Encontrei nos arquivos da **Associação Fibonacci**. É o corte de uma árvore. Se observar como os galhos crescem e contar de baixo pra cima, vai ver seus números lá: 1, 2, 3, 5, 8 e 13.

ESCADAS DE ESCHER E
PRELÚDIO EM C MAIOR OPUS 28, N.1 DE CHOPIN

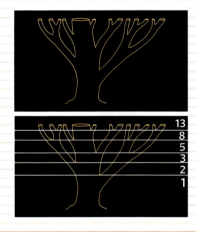

Fibonacci: gostei do desenho de Britton. Você encontra formas parecidas num girassol, nos búzios do mar, nas colmeias de abelhas e muitas outras coisas. Até na casca de um abacaxi... (*uma lufada de vento trouxe o cheiro bem temperado de pizza assando em algum forno por perto. Fibonacci fareja e*

sorri) ... espíritos que vagam pela eternidade não têm fome. Mas vocês têm...
Vou acompanhar os dois até a pizzaria e continuamos conversando lá.
Meno (*abre uma pasta e mostra a Fibonacci uma página da partitura do Prelúdio de Chopin*)**:** minha professora de música mandou ouvir vários artistas tocando esse Prelúdio. Variam muito. Ela me pediu para perguntar o que é que o senhor acha de um gráfico que aparece na página 274 do livro de **Posamentier** e **Lehman**.

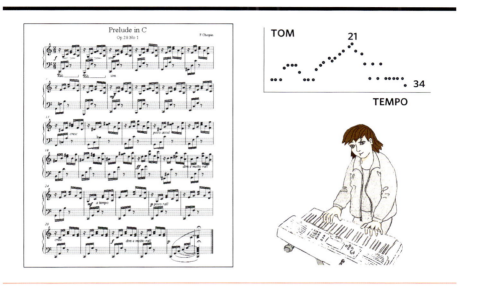

Fibonacci: acho que tanto os músicos como os não músicos vão entender o gráfico. Ele transforma as notas do Prelúdio em C maior de Chopin em pontos. **Posamentier** e **Lehman** fizeram isso pra ajudar os não músicos a perceberem os altos e baixos das notas. Elas atingem *o clímax num ponto (21) e caem no final em outro ponto (34)*. Esses pontos coincidem com a **razão de ouro**. A matemática dos sons pode encantar o ouvido, mas isso não funciona como camisa de força na música. Chopin escreveu peças maravilhosas sem recorrer nem uma única vez à razão de ouro.
Meno: entendi... a professora também sugeriu que eu olhasse os desenhos de Escher, como o da escada famosa. Olhando para o desenho, o cérebro resolve **subir e descer escadas impossíveis como se fossem lógicas...**
Fibonacci: você já sabe que o cérebro compara e tira conclusões lógicas, mas reage também com instintos animais. E às vezes você é só emoção. Por isso você gosta de ouvir Nelson Freire tocando Chopin e detesta a performance de alguns outros pianistas...

Mariana: antes de viajar pra essa entrevista, nosso editor sugeriu algumas perguntas. Uma delas é se nos seus passeios nas nuvens o senhor já se encontrou com Pitágoras. E se e ele contou como é que foi mesmo que descobriu a relação matemática dos tons da escala pitagórica.

Fibonacci: hahaha. Você quer mesmo um furo. Pitágoras contou, sim, mas não posso mudar o passado e demitir os historiadores, antropólogos e pesquisadores que até hoje pesquisam isso. Leia o que **Constance Brown** diz no livro dela sobre os sinos de Pitágoras: falar sobre eles é mais ou menos como tentar descrever a maçã do Paraíso. Um professor de Oxford acha que não foi sino coisa nenhuma. Esse professor acha que Pitágoras pegou um tonel e fez variar a quantidade de água dentro dele. Se batesse com um martelo quando estava mais cheio, produzia um som. Se batesse quando estava mais vazio, produzia outro. Pitágoras não deixou nada escrito. E eu nasci mil e setecentos anos depois dele...

Mariana: e os tetracórdios?

Fibonacci: aí a conversa fica mais fácil. **John Chalmers** tem um bom livro sobre tetracórdios e a origem das escalas musicais. Precisa ter tempo e um saco de paciência pra entender. O pensamento matemático dos gregos era diferente do nosso. Vocês já sabem que eles não usavam zero nem números e frações como vocês usam no seu tempo. Meu livro foi escrito justamente pra ensinar os comerciantes de Pisa a usarem números; calcularem regras de três e outras coisas práticas. Não vá me citar dizendo que falei sobre Pitágoras. Se fizer uma tese de mestrado citando Fibonacci, é melhor falar só no que está no **Liber**. Se disser que tirou dúvidas sobre Pitágoras viajando comigo nas nuvens, vão mandar você pra um hospício...

Meno: hahaha... eu bem que disse a Mariana pra não ficar só nos números. Steve Jobs era um gênio e entendeu isso. Revolucionou a música com o ***iTunes*** e está revolucionando a educação com o ***iTunes U***. Li o livro de Chalmers numa edição eBook e depois o de Brown. Liras gregas tinham quatro cordas. Olhando pra um monocórdio, é mais fácil entender como e por que os pitagóricos promoveram o namoro dos números com a música. Desenhei uma figura parecida com a do livro de Brown. O teclado ao lado da figura facilita a compreensão do significado do que seja um tetracorde e uma oitava. Queria ouvir sua opinião.

TETRACORDE

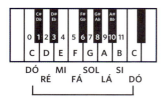
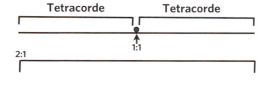

Fibonacci: O nome da oitava (**DÓ, RÉ, MI, FÁ, SOL, LÁ, SI, DÓ**) em grego era *diplasios*. A palavra é formada por **di (*dois*)** e por outra que significa **plasmar** ou combinar. *Tetra* quer dizer **quatro** e duas vezes quatro são oito. Os **tetracordes** no teclado de um piano ajudam a entender o que significa a relação (**2:1**). Agora é mais fácil explicar tudo isso.

A matemática evoluiu amarrada aos sons porque dizem que Pitágoras inventou o monocórdio e descobriu a relação dos tons gerados pela corda. Seu desenho deixa isso claro. Hoje você mede em *hertzs* o som que sai de um instrumento e tudo fica mais claro ainda. Pitágoras não sabia disso. Platão deixou umas pistas em *Timaeus*.

Outros teóricos apareceram, como Aristoxeno (335 a.C.), Archytas (428), Ptolomeu, Boethius... O estudo da teoria musical requer um bocado de cálculo... Nisso ***Mariana tem razão. Vocês precisam se entender...*** Boa sorte. Está na hora de voltar pra minha espiral nas nuvens da eternidade. E, ah! ***Não se esqueçam de fotografar a torre de Pisa.*** Passem adiante a lição que ela ensina. Só mesmo a Itália é capaz de produzir um erro monumental capaz de desafiar os séculos.

TORRE DE PISA: UMA LIÇÃO SOBRE OS ERROS HUMANOS

Quando os dois viajantes no tempo se despediram de Fibonacci, deram adeus também à velha torre de Pisa. Ela continua toda inclinada, cercada de turistas que não se cansam de registrar seu eterno desafio às leis terrestres de equilíbrio e gravidade. Mas não é só isso que faz.

A torre também demonstra em silêncio a capacidade dos homens para cometer e repetir velhos erros. Por uma ironia difícil de explicar, a torre contraria exatamente o equilíbrio das espirais descobertas por um dos seus mais ilustres cidadãos. Justo aquele que ganhou como sobrenome o seu próprio nome: Leonardo Pisano, ou Leonardo de Pisa.

CAPÍTULO VII

Américas:
tempo é dinheiro?

8 REALES DE PRATA (PILLAR DOLLAR) DE CARLOS III DE ESPANHA (1767) com marca de Potosí ao lado e **FÚGIO** de cobre de Benjamin Franklin (1787) – primeiro centavo da América.

O ano é 1776. Norte-americanos conquistam a Independência, comemorada no 4 de Julho. Colônias se transformam em confederação depois de guerras com o Império Britânico e negociações difíceis. Nascem os **Estados Unidos da América**. Moedas falsas de cobre invadem os mercados. O peso do metal é ainda a medida de valor da moeda e o prejuízo dos assalariados e comerciantes podia ser enorme. Em 1787 o Congresso autoriza a cunhagem de um centavo novo: o **FÚGIO**. Uma vez mais o palco da história é ocupado pela top-star das viradas políticas e culturais: **a moeda**. Veja o que os símbolos do verso e reverso significam:

No centro do primeiro centavo norte-americano, um relógio solar é iluminado pelos raios do sol que brilha em cima. Ao lado ainda é possível ler a palavra **FÚGIO**, gasta pelo tempo, traduzida no *Red Book* como *"o tempo voa"*. Nome e desenho foram inspirados por Benjamin Franklin. Maçons como ele têm uma visão do mundo (**cosmogonia**) parecida com a pitagórica: seguem uma tradição oral e cultivam a harmonia geométrica e matemática. Acreditam na existência de um ser supremo (**Grande Arquiteto do Universo**), mas convivem com várias religiões. Franklin pode ter se inspirado nos versos de Virgílio – *"tempus fugit"*. Isso pode ser traduzido como "time is money" – tempo é dinheiro. Embaixo do relógio solar, aparece uma frase *pop*: **MIND YOUR BUSINESS** – ou seja: **cuide do seu negócio**. Os treze círculos no reverso simbolizam as colônias. A frase central prega a união: **"WE ARE ONE"** (*nós somos um*). Essa moeda resume o simbolismo e o pragmatismo do dinheiro norte-americano, desde os peregrinos. Não foi por acaso que a **relação entre o tempo e o dinheiro** escolheu Chicago para dar outro pulo dramático. Lá **surgiram em 1851 os primeiros contratos para a entrega futura de *commodities*** (produtos agrícolas e outros) do mundo ocidental. Lá também surgiram os **contratos futuros financeiros** em meados do século XX. Isso provocou uma revolução no cálculo **do valor presente e valor futuro** dos títulos públicos e privados.

- A simbologia dos *8 reales* de prata de **Carlos III da Espanha (1767)** é bem diferente do **FÚGIO**. O globo terrestre é dominado por COROAS

COM CRUZES que lembram um **REI, ou reino, e sua RELIGIÃO**. As duas **Colunas de Hércules** inspiraram o **$ do dólar**. Esses **reales** ou **dólares pilares** circularam durante algum tempo como o dólar das Américas. **O lastro era a prata das colônias espanholas.** A figura ao lado do **dólar pilar** é a marca da mina de origem: **Potosí/Bolívia**. Quando o brilho do Império Espanhol se apagou, subiram a **Holanda**, o **Império Britânico e seus símbolos**.

FLORIM HOLANDÊS DE 1646 (ex-col. Angelini), **PENNY** norte-americano de 1785 com **OLHO DA PROVIDÊNCIA** e **4.000 RÉIS** de ouro de **1697** de **D. Pedro II (de Portugal).**

O DIA EM QUE OS HOLANDESES CONQUISTARAM UM PEDAÇO DO BRASIL

Muita coisa mudou na simbologia dos meios de pagamento entre os tempos de Fibonacci, no século XII, e as moedas que aparecem depois da independência dos Estados Unidos.

- Os símbolos e legendas do **fúgio** vão direto ao ponto, valorizando a federação, a jovem democracia norte-americana, negócios e poupança: *time is money* (tempo é dinheiro), *mind your Business* (cuide do seu negócio).

- Os símbolos das moedas europeias continuaram ancorados no passado, valorizando **COROAS e CRUZES**, refletindo o poder centralizador dos reis e suas religiões.

Todo resumo pode conter algum exagero. Defina *"bahiana"* como *"mulher sensual que desfila em escola de samba com saia rendada e turbante"*. Maria Bethânia, mães de santo e até Ivete Sangalo poderiam protestar. Pelo mesmo motivo, é bom lembrar que nem tudo muda por completo em moedas novas. Até as mais revolucionárias se apoiam um pouco nas fundações do passado. Assim é com o **florim holandês**, que circulou no Brasil em 1646, os

4.000 RÉIS de ouro de **D. Pedro II** e o *penny* com o **Olho da Providência**. Vimos que o **olho** reaparece no século XX nas cédulas do dólar, em cima de uma pirâmide.

A Holanda e Inglaterra cresceram no século XVII disputando espaços com a França, Espanha e Portugal. A importância da declaração de domínio territorial fez o nome **BRASIL** aparecer pela primeira vez num **florim holandês obsidional** (de guerra) de ouro. Foi cunhado em 1646 para custear as batalhas pelo domínio da colônia de Pernambuco. É outra das joias deste livro. As verdadeiras são raras. A cápsula da **PCGS** foi mantida porque é uma garantia de origem. Na face aparece **ANNO BRASIL 1645**. As letras **GWC** (*Geoctroyeerde Westindische Compagnie*) são iniciais da **Companhia Global das Índias Ocidentais**.

- A simbologia holandesa reflete a **mentalidade comercial aberta e militarizada dos** *traders*.

- A simbologia portuguesa reflete uma **monarquia centralizada e militarizada sob forte influência religiosa**. Escrita em latim, a legenda dos **4.000 RÉIS de ouro de D. Pedro II diz: 1697 E ANO DO SENHOR DO BRASIL**. Quem era o **Senhor do Brasil**?

Vamos investigar a dança dos símbolos e a competição global um pouco antes e depois dos descobrimentos. A primeira parada será na corte de **Henrique VIII (1491-1547)**. Vamos descobrir por que esse rei dos ingleses ganhou o apelido de **nariz de latão**. Depois dele veio a era Elisabetana. Mais tarde a Inglaterra renasce como **Império Britânico**.

ANGEL de ouro de **Henrique VIII** de 1513-26

PENNY DE EDUARDO VI
de 1547-51 em nome de **Henrique VIII**

ANJOS DE OURO, NARIZ DE LATÃO E ORIGEM DO TOSTÃO

Nosso balão se afasta da linha do tempo do descobrimento das Américas e flutua agora sobre uma estação do passado cheia de comédias e tragédias: a **dinastia dos Tudors** na Inglaterra. Começa em 1485, depois da Guerra das Rosas entre herdeiros. **Henrique VIII** (1509-47) e Elisabete I (1558-1603) são as estrelas. Rainhas foram decapitadas. Shakespeare (1564-1616) escreveu as rimas e sonetos **elisabetanos** nessa época. A fama não veio só dos poetas. Veio também de piratas como Sir Francis Drake, que em 1588 ajudaram a derrotar a armada espanhola.

- **Desta vez os reis de Portugal fizeram acordos nupciais errados e afundaram casados com princesas espanholas. Perderam a maré de alta da Holanda e Império Britânico.**

Duas moedas de Henrique VIII refletem esses tempos. Na face de um **ANGEL** de ouro (1513-26) o **arcanjo Miguel** mata um dragão. No reverso há uma galera com uma cruz. Henrique VIII confiscou mosteiros (1536-41), rompeu com Roma, foi excomungado e lançou as bases da **Igreja Anglicana**. Um **ANGEL** pesava cerca de 5,18g. Valia *7s (shillings)* e *6d* (*d* vem de **denário**, mas significava *pence*). Um *shilling tudor* tinha *12 pence (12d)*. Não havia mercado de trabalho como hoje, mas um empregado podia ganhar 7d por dia. Em 1553 um fuzileiro bem pago ganhava **300d** por mês, o mesmo que **3 ANGELS** e uns trocados, ou 16 gramas de ouro. Se tudo tivesse ficado igual, considerando o valor médio de 40 dólares por grama de ouro em 2014, o fuzileiro ganhava 640 dólares (40 x 16). Fuzileiros norte-americanos começam agora com 1.500. O mundo mudou, mas Roma deixou muita coisa enraizada na Inglaterra além da **muralha de Adriano**. O British Museum diz que a **Britannia** que aparece num *penny* de 1877 surgiu em **asses** de cobre de Adriano. Ele pode ser visto numa *hemidrachma* com outra deusa: **Vitória**. Em grego ela se chamava **Nike**. Nada é completamente novo.

BRITANNIA EM PENNNY
de cobre cunhado no ano 1877

ADRIANO E VICTÓRIA
em hemidrachma de prata de 122 d.C.

O dinheiro inglês registra poucos casos de estupro por parte dos reis. Henrique VIII é a exceção: manipulou padrões e mandou banhar moedas para fingir que eram de prata. O desgaste do **penny** usado no dia a dia começava pela ponta do nariz e a base de cobre aparecia logo. Daí veio o apelido de **nariz de latão (*old copper nose* – ou velho nariz de cobre)**. Moedas inglesas maiores cunhadas por Eduardo VI (1547-53) e outras europeias ganharam o apelido de ***testoon*** **(testões)** por causa da testa grande dos reis. Essa é a origem do **TOSTÃO** de Portugal.

ENTRE A GLÓRIA DA HOLANDA E O IMPÉRIO BRITÂNICO

THREEPENCE (3 pence) **de Elisabete I de 1578**, com rosa atrás da cabeça coroada. Elisabete I teve de reformar a moeda desestabilizada no reino de Henrique VIII. A população urbana cresceu, a circulação do dinheiro aumentou, faltou troco. Um moedeiro francês quis ajudar a mecanizar a cunhagem inglesa. Foi demitido em 1572 e terminou enforcado. A Revolução Industrial ainda estava longe no horizonte.

Em 1565 Sir Thomas Gresham fundou a Bolsa de Londres, inspirado pelo que aprendeu em Antuérpia com traders holandeses. Parlamentaristas e monarquistas ingleses entraram em guerra em 1649. O rei Charles I foi executado. **Cromwell (1599-1658)** atribuiu as vitórias dos reformistas ao **calvinismo**. Em 1664 a marinha inglesa dominou o porto de **Nova Amsterdã**. A cidade fundada por imigrantes judeus e holandeses vindos de Pernambuco foi rebatizada como **Nova York**. O Império Britânico cresceu. Mas...

...Depois da glória de Portugal e Espanha, houve um período pouco lembrado de **Império Holandês**. Em 1688 **William III e Mary II da Holanda** destronaram **James II da Inglaterra. O trono foi subordinado à casa de Orange**.

Mary era filha de James II e William era sobrinho. A glória da Holanda foi uma espécie de **revolução nupcial entre dinastias** e durou pouco. O Império Britânico deu seu novo e grande salto com a **Revolução Industrial (1760-1850)**. As marcas mais visíveis entre os séculos XVI e XVIII foram deixadas pelas guerras entre os tronos inglês, holandês, francês, espanhol, alemão, austríaco e o Sacro Império Romano. Dinastias e novas lideranças financeiras disputavam o poder. Guerras, febres e doenças sem cura de tempos em tempos devastavam regiões inteiras. Entre 1629 e 1640 **puritanos** emigraram em massa para a América. A turbulência desses tempos ofuscou o papel dos **Merchant Adventurers** (comerciantes aventureiros) que surgiram no comércio holandês e inglês. São precursores das **Trading Companies** (companhias globais de comércio). A **GWC** (Companhia Global das Índias Ocidentais) é um bom exemplo.

Crises políticas e religiosas entre os séculos XVI e XVIII provocaram a fuga de comerciantes, cientistas e banqueiros de Portugal, Espanha e França para a Holanda. O personagem mais sinistro da época é o inquisidor mor espanhol Torquemada (1420-98). A família de Spinoza é uma das muitas que trocaram Portugal por Amsterdã. As imagens de um **taler** alemão de 1773 refletem esses tempos. No reverso uma boca de vento sopra e faz reclinar um salgueiro. Raios caem de nuvens à esquerda. Casas simples aparecem embaixo. O Sol que brilha na posição de 13 horas é representado por uma inscrição em Hebraico: "Jeová". A legenda diz:

HUMILIS LEVABOR IEHOVA VOLENTE
OS HUMILDES SOBEM PELA VONTADE DE JEOVÁ

Carimbos transformaram **macuquinas** espanholas em **patacas** quando Portugal reconquistou a independência.

    Liderança científica e tecnológica, domínio da construção naval, abertura religiosa, alianças nupciais e financeiras com a Inglaterra. Assim foi Portugal na época dos descobrimentos. **D. Manuel I (1495-1521)** herdou a prosperidade desses tempos. Tentando conquistar a Espanha, fez alianças nupciais e abriu as portas do país para as fogueiras da Inquisição. Cérebros e capitais fugiram. Portugal aos poucos virou reino vassalo da Espanha. **Macuquinas (COBs)** das colônias espanholas invadiram o Brasil.
    Lembra dos **números nupciais** de Platão? Muitos historiadores acham graça dessa teoria. Se você não quiser deixar Platão sozinho, um ditado espanhol ajuda: "eu não acredito em bruxarias, mas que elas existem, existem..."

Alberto Gomes, autor de *Moedas portuguesas*, resumiu num parágrafo curto e enxuto os **desastres nupciais de D. Manuel** e seus sucessores:

> *D. Manuel I casou em Toledo com D. Isabel, filha dos reis católicos, com a promessa de sucessão da Coroa de Castela (Espanha), desde que expulsasse os mouros e os judeus que não quisessem receber o batismo. Em 24 de agosto enviuvou, tendo contraído novo casamento (1500) com D. Maria, irmã de sua primeira mulher. D. Manuel tornou-se um rei poderoso e tantos foram no seu tempo os acontecimentos felizes e gloriosos para Portugal, que ficou sendo chamado o Felicíssimo, ou o Venturoso. Em 1514 deslumbra a Europa com a oferta ao papa de um grande presente e imensas riquezas. A 7 de março de 1517 morreu a rainha D. Maria e a 24 de março do ano seguinte recebeu, em terceiro matrimônio, D. Leonor, filha de Filipe I de Castela. Toda a prosperidade deste reinado em nada beneficiou o povo, que continuou pobre e onerado de tributos, tendo-se seguido rápida decadência...*

_{Alberto Gomes, Moedas portuguesas, Associação Numismática de Portugal, 2007, p. 151.}

D. João III (1521-57) seguiu o caminho de D. Manuel e casou com a filha de Felipe I da Espanha, Catarina. Em 1531 **Tribunais da Inquisição** foram criados para cumprir os acordos nupciais. **Gomes** diz que isso "acirrou o ódio religioso, perturbou a paz social e levou à imigração de milhares de pessoas."

Tostões foram cunhados com o escudo, cruzes e legendas em latim com o nome do rei: **IOANNES III DG REX P (João III pela graça de Deus rei de Portugal)** e a frase **IN HOC SIGNO VINCES (Com este sinal vencerás)**. Tostões semelhantes foram emitidos por **Felipe I (1580-98)** apelidado de **"demônio do meio-dia"**. No reino do "demônio do meio-dia" a armada espanhola foi derrotada pelos ingleses e os navios portugueses afundaram junto.

Portugal reconquistou a independência da Espanha entre os reinos de D. Filipe III (1621-40) e D. João IV (40-56). Esse rei encontrou tempo para compor boa música.

RAÍZES REMOTAS DO FUTURO E UM OLHAR DE ASTRONAUTA

O condutor do balão em que você viaja na linha do tempo aponta para cinco figuras na terra, bem diferentes entre si. Pede que você investigue o significado delas como se tivesse o dom e a posição privilegiada de um astronauta flutuando no espaço.

> *"A vantagem do distanciamento crítico – diz ele – é conter a emoção e não se perder nos detalhes."*

LINHA DO TEMPO DO DINHEIRO

1 Écu d'or (escudo de ouro) de Felipe VI da França de 1343.

2 **Certificado Continental** de 50 dólares emitido em **1778** para financiar a independência dos Estados Unidos.

3 **República de 20 mil-réis** de ouro do Brasil...

4 ... e **dólar Morgan** norte-americano de 1889. Copiaram o perfil da...

5 ... **República com barrete frígio** que aparece nos **centavos da Revolução Francesa**.

Você começa a investigar as cinco figuras que vê lá de cima e logo descobre o óbvio: tudo é dinheiro, apenas dinheiro. Por que então a turma que viaja ao seu lado no balão questiona o significado de cada imagem? Lembra de Durkheim? Esse sociólogo gostava de repetir que o grande esquema da natureza não é **Eu**. É **Nós**. Para que iam servir moedas de ouro e o olhar do astronauta, se você estivesse perdido na ilha deserta de Robinson Crusoe? Se Durkheim estiver certo, o valor, o preço justo, é sempre descoberto através da vida social das coisas. Desde que não existam monopólios, é claro.

A mente humana precisou de milhares de anos para começar a usar moedas como meio de pagamento. Gastou bem menos para descobrir a utilidade delas na hora de definir preços. Mesmo assim, foi duro abandonar o velho costume de trocar cabras, galinhas ou escravos por pepitas de ouro, quartas de cereal, vasos de cerâmica ou ânforas de azeite nas feiras. Homero diz que os heróis da *Odisseia* só aceitavam touros de raça em pagamento por serviços prestados. Cobravam caro, esses heróis.

O **Certificado Continental** norte-americano (**figura 2**) é um precursor do dólar norte-americano e do papel-moeda em geral. Vamos ver melhor o que esta e outras imagens disseram ao olhar distante do nosso astronauta.

A primeira das cinco imagens vistas do balão (Figura 1) é um *Écu d'or* francês de 1343, emitido pelo rei **Felipe VI de Valois**. É um bom corte na linha do tempo. A economia agrícola do século XII fica para trás. Cresce a economia urbana no meio de guerras generalizadas. A circulação do dinheiro aumenta. Governos centralizam a cunhagem. As moedas que circulam mais são o *penny* ou o *dinar* de prata, pesando entre 1 e 2 gramas.

Nesses tempos, as pessoas raciocinavam com base num **padrão duodecimal (de 12 em 12)** parecido com a forma atual de contar as horas no relógio, ou dúzias de ovos na feira. A relação de troca (ratio) era de 12 moedas de prata para 1 *solidus* de ouro. Ouro e prata funcionavam como balizas, ou faróis. Não mudou muita coisa desde os gregos e romanos – mudou? Reis continuaram tentando manipular a *ratio* para gastar mais, sem aumentar impostos. Como?

Felipe IV da França e **Henrique VIII** da Inglaterra copiaram a fórmula de Nero: o valor da moeda foi mantido, mas o teor (quantidade) **de ouro ou prata** foi reduzido (*debasement*). Vimos que fim levou Nero lendo a entrevista dele na porta de um purgatório imaginário. Nero disse que era **de menor** quando foi posto no trono por um golpe familiar e por isso escapou do inferno. Ele matou a mãe, Agripina. Henrique VIII matou rainhas. Meno e Mariana podiam entrevistar Henrique VIII, mas esse período da história tem uma figura melhor: **Sir Francis Drake**, pirata transformado em cavaleiro do Império Britânico no reino de Elisabete I.

Elisabete não fez acordos nupciais e ficou conhecida como **rainha virgem**. Os espanhóis não acreditavam nisso. Espalharam que condecorou Drake porque adorava as aventuras do pirata, um filho bastardo. Drake deu a volta ao mundo e saqueou galeões espanhóis cheios de ouro. Os biógrafos ingleses dizem que Drake recebeu o título de *Sir* porque era um grande estrategista naval. Talvez tenha articulado a guerrilha da calada da noite que incendiou navios da invencível Armada espanhola.

*O piloto do balão sugere que em vez de entrevistar piratas os passageiros, vejam melhor o que aconteceu algum tempo depois do **Écu d'or**. Entre 1337 e 1453 houve um período conhecido como **Guerra dos Cem anos**. Naqueles tempos os reis gastavam cerca de dois terços do que arrecadavam com armas, munições e mercenários.*

LINHA DO TEMPO DO DINHEIRO

As moedas que aparecem ao lado do **Écu d'or** refletem fatos, épocas e países bem diferentes: **Independência norte-americana (1776), Revolução Francesa (1789) e proclamação da República no Brasil (1889)**. Apesar da distância, **todas as mulheres que aparecem nas moedas usam o mesmo barrete** na cabeça. Cunhados em 1889, os **20 mil-réis de ouro do Brasil** (Figura 3) e o **Dólar Morgan** norte-americano (Figura 4) se inspiram nas figuras femininas de **Marianne (ou Liberdade)** – criadas durante a **Revolução Francesa** (Figura 5).

Você errou se achou que a França sempre lança a moda. Nos **décimos de Dupré** Marianne usa um **barrete frígio**. Mas esse barrete não passa de um clone de outra moeda mais antiga e famosa. Foi emitida por **Brutus** para comemorar os Idos de Março (**EID·MAR**) e o assassinato de Júlio César. Isso aconteceu meio século antes de Cristo. Originário da **Frígia (Anatólia)**, o barrete era usado por escravos libertos em Roma. **Idos de Março**, como este fotografado no British Museu, são raros e caros e em geral só se encontram em coleções institucionais.

A cédula com a figura de uma pirâmide e a palavra **PERENNIS** em cima (Figura 2) foi emitida na Filadélfia em 1778. Circulou com o nome de **Continental Currency (Moeda Continental, ou Certificado Continental)**. É uma avó ou bisavó do **papel-moeda norte-americano**. Os Estados Unidos nasceram dois anos antes. Vista em três dimensões, a pirâmide cortada no topo gera uma figura chamada **frustum**. A história do desafio do cálculo matemático e geométrico do frustum é fascinante. A trilha é longa e quem quiser percorrer o caminho todo terá de usar os complementos deste livro no iPad. Não é difícil imaginar por que os **pais da pátria** dos Estados Unidos vincularam a pirâmide à legenda **PERENNIS (perene)**. Ela continua no dólar do século XXI. Mas...

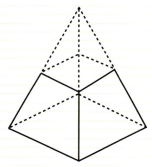

...Antes de virar **moeda forte** o dólar quase morreu. Colônias transformadas em Estados emitiram muitas **continentais** (como as cédulas eram chamadas) para financiar a guerra e elas viraram pó. As legendas são dramáticas: **DEPRESSA RESSURGIT** (*pressionada ressurge*), **TRIBULATIO DITAT** (*atribulações enriquecem*), **CESSANTE VENTO CONQUIESCEMUS** (*passando a tempestade descansamos*), **VI CONCITATE** (*movidos pela força*) etc. Ingleses foram acusados de patrocinar estelionatários que emitiram notas falsas, ajudando a liquidar as **continentais**. O inesquecível fantasma do pirata Sir Francis Drake ressuscita na calada da noite. Guerra é guerra.

As notas promissórias da Revolução Francesa tiveram a mesma sorte ingrata das primeiras cédulas do dólar. Elas se chamavam assignats (alocados) porque alocavam – isto é, davam como garantia os bens confiscados da Igreja. Os padres com certeza amaldiçoaram os alocados e o valor de uma promissória de 100 libras caiu para zero entre 1791 e 1796. Viraram pó também. A inflação que veio antes da revolução explica o caos financeiro da época. Num livro publicado pelo Eretz Museum, Cecilia Meir dá um bom exemplo dos estopins da crise:

> "uma bisnaga de pão pesando cerca de 1 quilo e 800 gramas custava mais da metade (60%) do salário diário de um trabalhador. Em agosto de 1788 o preço do pão subiu para 13,50 sols – cerca de 90% do salário. Em 1789, a Revolução estourou."

A rainha Maria Antonieta foi guilhotinada pelos revolucionários franceses. Verdade ou mentira, uma frase atribuída a ela ficou na história: *"não tem pão, comam brioches..."*

Apesar dos desastres e do sangue derramado no meio do caminho, o papel-moeda chegou para ficar. Durante muito tempo quase todo o papel-moeda emitido declarava que podia ser resgatado (ou trocado) por alguma coisa de valor. Uma das garantias da **moeda continental** era o lastro em **dólares espanhóis**. A Espanha tinha desmoronado e a moeda forte da época era a **libra esterlina** do Império Britânico. Mas os velhos **dólares pilares espanhóis** não perderam o valor por causa do **lastro material: a prata. O significado do lastro mudou entre os séculos XX e XXI. Quando desembarcarmos na última estação do tempo, entenderemos melhor por quê.**

QUEM DESCOBRIU O VALOR DAS MERCADORIAS NO TEMPO?

O condutor do balão aponta a trilha mais curta para descobrir a resposta a essa pergunta. Na metade do século XIX, a mente humana já aprendeu a usar a moeda. **Agora quer descobrir o valor das coisas no tempo.** Quanto valerá minha soja na época da colheita? E o ouro? E o petróleo? Seres humanos sempre tentaram adivinhar o futuro, mas gastaram 25 séculos desde os Oráculos para **construir a primeira caixinha de ferramentas para realmente descobrir e fixar preços futuros**. Quem inventou? O Estado? Um líder iluminado? Nem um nem outro: **os registros mais antigos apontam para o comércio de azeite nos tempos de Tales de Mileto. Mas a primeira máquina para fixar preços futuros em larga escala só foi inventada no comércio de grãos em Chicago por volta de 1848.** Por isso a estatueta de Ceres (nome no pedestal) se transformou no símbolo da **Chicago Board of Trade (CBOT)**. Essa Bolsa fundada por comerciantes, donos de armazéns, silos e fazendeiros mais tarde fundiu com a Chicago Merc. O gráfico mostra dois tipos de contratos comuns quando alguém quer fixar o valor futuro de alguma mercadoria.

O contrato a TERMO é bem diferente do contrato FUTURO. Exemplo de termo: dentro de um mês um fazendeiro vai colher soja. O preço está bom e ele quer garantir a margem de lucro. Vende a soja para entregar na data combinada pelo Valor Futuro (FV) fixado. Por que **FV** em vez de **VF**? A história explica: **lugares onde o pensamento evolui mais rápido exportam símbolos e sinais**. Tales de Mileto percebeu, nos tempos de Pitágoras, a vantagem da garantia de preços futuros: era mais barato alugar prensas para moer azeitonas antes da safra. Muito mais tarde, em 1730, japoneses organizaram mercados futuros de arroz (*cho-ai-mai-kaisho*). Ai de quem não cumprisse o combinado: um samurai ia cobrar. Mas os mercados futuros como existem hoje só decolaram no século XIX no Meio-Oeste norte-americano. Razão: **grandes volumes** no pico da safra, portos abarrotados e prejuízos generalizados. Compradores, vendedores e moinhos se juntaram e organizaram o mercado de trigo, milho, soja e outras *commodities*. Nasceu a Bolsa. **Commodity** significa **coisa comum**, que é entregue de acordo com um **padrão. A coisa padronizada facilita a liquidação dos contratos.** Os comerciantes brasileiros importaram a ideia e o vocabulário em inglês: **PV = Present Value / FV = Future Value.** Os gráficos mostram a diferença entre **termo** e **futuro. Os contratos futuros abertos têm o preço ajustado diariamente pelas Bolsas**, de acordo com o mercado. Quem vende pode recomprar na Bolsa e fechar o contrato antes do vencimento. Quem compra pode revender e sair. Quanto maior a **liquidez** (número de compradores e vendedores), mais fácil é entrar e sair (detalhes no iPad).

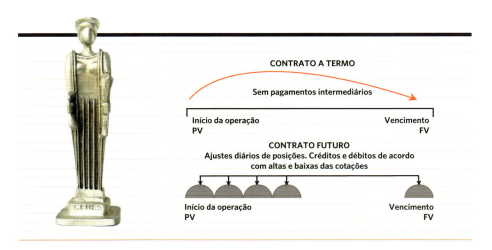

TRANSIÇÕES DIFERENTES

Passamos agora por cima de um conjunto de moedas e cédulas portuguesas e brasileiras. Tudo isso circulou entre 1700 e 1890. As colônias europeias nas Américas definem seus destinos nesse trecho turbulento da linha do tempo. Olhando de perto para alguns detalhes, é fácil entender por que a economia colonial brasileira fica para trás, enquanto a norte-americana avança.

A moeda de cobre com o **XL** (40 réis) foi cunhada em Lisboa em **1722** com um desenho geométrico rigoroso. A legenda diz **AES VSIBVS APTIVS AVRO** (*cobre é tão bom quanto ouro para uso*). Portugal queria desviar a atenção dos colonos e evitar o entesouramento do metal nobre. Os mineiros sonegavam o **quinto** devido ao reino (20% de imposto) escondendo ouro em pó em santos ocos de madeira. O imaginário popular tirou daí a imagem do "santinho de pau oco". Fiscais com medo do inferno não quebravam os santos nem quando suspeitavam do que tinham dentro.

Portugal atravessa o século XVIII revendo alianças. **D. José I** reina entre **1750-1777** e o governo de fato é entregue ao **marquês de Pombal**. Inspirado pelo que aprendeu em Londres como embaixador, Pombal adotou a contabilidade inglesa e o modelo das companhias de comércio, como a East India. Devastada por um tsunami em 1755, Lisboa aperta a arrecadação de impostos no Brasil (**derrama**). Um ensaio de papel-moeda circula por volta de 1773 garantindo que tem um lastro em ouro depositado na **Casa de Administração Geral dos Diamantes**.

Por volta de 1759 as minas de ouro se esgotam. Cresce a **Inconfidência Mineira** e **Tiradentes** é esquartejado em 1792. A independência dos Estados Unidos (1776) e a Revolução Francesa de 1789 provocaram ondas de choque em todas as cortes europeias. **D. Maria I (1777-92)** reinava em Portugal nessa época. Pombal, o reformista que expulsou jesuítas do reino, acabou desterrado. **D. Maria** entra na história como **Rainha Louca** e o trono é entregue a **D. João VI**, que assume como regente em 1792.

As guerras napoleônicas devastaram a Europa entre 1803 e 1815. Nesse trecho da linha do tempo, Portugal escolhe o lado político certo e o lado econômico errado. A Espanha se aliou a Napoleão quando a estrela dele subia (1803-08). Portugal se aliou à Grã-Bretanha, Áustria e outros. A corte se mudou para o Rio de Janeiro com o apoio inglês em **1808**. **O preço da aliança com a Inglaterra foi a abertura dos portos brasileiros e o fechamento da indústria têxtil nascente.** Moedas espanholas foram **recunhadas como patacões de 960 réis coloniais**. O Brasil só conquista a independência muito tempo depois dos norte-americanos. A simbologia das moedas de **D. Pedro I (1822)** e Pedro II **(1831-89)** continua ancorada no café, fumo e esfera armilar.

CERTIFICADOS DE PRATA DOS ESTADOS UNIDOS E MIL-RÉIS BRASILEIROS: MENSAGEM EDUCACIONAL E ELOGIO DO TRABALHO ESCRAVO

Cruzados de 1843

Sucessos e fracassos acompanham as primeiras emissões de papel-moeda entre os séculos XIX e XX. Símbolos e mensagens novos invadem as cédulas. Compare os 20 mil-réis do **terceiro Banco do Brasil (1853-90)** com o **dólar de prata (*silver dollar*)** de 1886. O **BB** homenageia o trabalho escravo do carregador de café e a cornucópia das riquezas da terra. O **dólar** homenageia a Constituição e a educação dos jovens. O **BB** quebrou três vezes por causa do uso do caixa pela corte e fraudes. Alguns trechos dessa história estão no livro **Dinheiro, deuses & poder** para iPads. Afonso Arinos escreveu a história completa do BB em quatro volumes editados pelo próprio banco, talvez para evitar a volta dos fantasmas do passado.

A moeda de **400 réis** dá o nome à série do **CRUZADO** no **2º Regime Monetário brasileiro (1833-44)**. A série começa com o **tostão** (100 réis). O **cruzado** substitui as **patacas**. O Banco Central e a Casa da Moeda descrevem o **2º Regime** como marco da **"criação do sistema monetário brasileiro"**, pois o anterior **"nada mais era do que o sistema colonial"** adaptado. A cunhagem foi centralizada na **Casa da Moeda do Rio**. Desaparecem as letras monetárias e a simbologia muda pouco. O reverso do cruzado conserva a coroa imperial, o moto ***In Hoc Signo Vinces*, a esfera armilar, cruz e ramos de café e fumo**. Os valores aparecem em grinaldas de tulipas.

A história do dólar não é muito diferente da de outros países e também passa por tragédias. Aí se incluem a **Guerra de Secessão** (1861/65) que quase racha o país, e várias crises monetárias. A educação, o respeito à Constituição e o cumprimento das leis (**enforcement**) foram mais fortes e contribuíram para o sucesso do dólar. Antes de desembarcar no século XXI e tentar imaginar o futuro dos meios de pagamento, é preciso entender os saltos do pensamento matemático três séculos antes. Nessa época, os mistérios dos números primos começam a ser desvendados e a música procura outros caminhos além das oitavas pitagóricas.

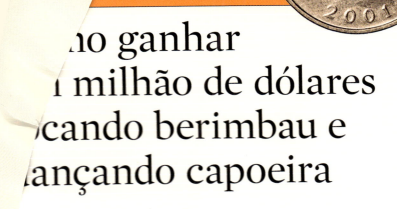

...mo ganhar
... milhão de dólares
...ocando berimbau e
...ançando capoeira

O **Laboratório de Astrofísica de Ilhéus**, Bahia, usou um berimbau para estudar oscilações mecânicas em instrumentos musicais. *"A ciência dos instrumentos deu ao berimbau um nome complicado: arco monocórdio percussivo –* diz Paulo Chamusca, pesquisador da música popular e rodas de capoeira da Bahia. *– Os instrumentos mais primitivos são afinados de ouvido e em grupos, fazendo duos, trios etc."*

> ***O berimbau parece igual ao monocórdio de Pitágoras, mas a matemática dos sons que ele produz é muito mais complicada.*** *Tocadores tiram sons mais graves ou agudos batendo na corda com varetas. Moedas como o real ou outras podem ser usadas para interferir com o comprimento da corda, modificando os tons. A lógica das frequências é a mesma dos tempos de Pitágoras: um tom básico de 440 hertzs sobe para 880 se a relação* **(ratio)** *sonora for de **1:2**. A diferença: no berimbau os sons ecoam numa cabaça fixada de costas para a corda, o que faz dele um instrumento "percussivo" com um timbre exótico. Logo você descobrirá o que isso significa para quem quiser enfrentar um desafio matemático famoso. A solução vale um prêmio de um milhão de dólares.*

Yuan é o nome da moeda chinesa que aparece na abertura deste capítulo. Ela concorre com o real, como todas as outras que circulam no mundo. Um pesquisador da **USP**, **Paulo Feldmann**, calcula que entre 2004 e 2013 os chineses roubaram 1 milhão de empregos da indústria brasileira. A efígie do real que tempera os sons tirados da corda do berimbau parece olhar para o yuan chinês, filosofando sobre o câmbio e o mercado de trabalho. Se moedas falassem, alguém poderia imaginar a efígie do real dizendo isto: "...os chineses estão exportando até descascador de batata pro Brasil e café pra Europa. Será que vão roubar meu berimbau?..."

XEM-XEM

Xem-xem era o nome de uma moeda falsa de cobre de 80 réis que circulou no Brasil por volta de 1820, quando a inflação corria solta. Numismatas dizem que quem sabia das coisas jogava a moeda numa superfície plana de madeira. Se dançasse e fizesse *"xem-xem-xem-xem-xem"*, era falsa. Segundo os estudiosos da capoeira, a renda dos antigos tocadores de berimbau não dava para usar moedas. Nem *xem-xems*. Por isso usavam um pedaço de metal qualquer para calibrar a corda.

ABRE-TE SÉSAMO

Lá de cima do balão o condutor avisa: *"vamos descer na última estação da linha do tempo do dinheiro. Quem suar a camisa talvez consiga olhar pelo buraquinho da fechadura e ver o futuro..."* A turma que chega até aqui viajando em nosso balão imaginário sabe como será a trilha. Alguns pensam nos calos nos pés, outros riem. Vão ter de estudar mais sobre taxa de juro, inflação e outras coisas.

> Quem tiver fôlego não vai se arrepender – diz o condutor. – Pode até tentar ganhar o prêmio de um milhão de dólares oferecido pela **Fundação Clay**. O prêmio vai pra quem provar ou negar uma hipótese matemática de Riemann que ficou famosa...

Até hoje ninguém conseguiu. O ganhador de um dos prêmios da Clay devolveu o dinheiro. Disse que só estava interessado no desafio matemático. O condutor do balão acha que você pode fazer o mesmo. Um bom começo seria estudar a lógica matemática dos timbres de um berimbau e a preferência das clarinetas pelos números primos, usando a **Garage Band** da **Apple**.

Lembra de Lewis Carroll, o matemático que inventou *Alice no País das Maravilhas*? Nada é impossível. Os chineses parecem acreditar nisso. As cédulas do **Yuan renminbi (¥)** circulam com a imagem de Mao, que era comunista, mas os turistas de Xangai e Pequim gastam tanto com cartões de crédito quanto os consumidores capitalistas de Miami e Paris. Isso explica o sucesso do **Alibaba** na Bolsa de Nova York. **Alibaba** é o dono do cartão de crédito chinês chamado **Alipay**. O número de usuários já é maior que a população do Brasil inteira.

Qualquer semelhança entre **Alipay** e **Ali Babá** não será mera coincidência. **Ali Babá** é um camponês das histórias das *Mil e Uma Noites*. Um dia ele descobre a caverna onde ladrões escondiam tesouros. Ninguém se lembra da heroína que queimou os ladrões com azeite fervendo. Os moradores de Bagdá deram uma estátua a ela, mas a fama ficou com o camponês que descobriu a senha da caverna: **Abre-te Sésamo**. Não foi difícil prever o sucesso do clone chinês da lenda árabe: veja as páginas 719-28 do livro **Dinheiro, deuses e poder**, publicado em 2010, quando o **Alipay** ainda engatinhava.

> O condutor do balão avisa que vamos sobrevoar o Sambódromo do Rio e depois visitar o **Federal Reserve System**. A história da desmaterialização dos meios de pagamento e das moedas invisíveis do século XXI passa pela biblioteca do **FED**. Depois paramos em Frankfurt, Basileia (Suíça) e Shangai (China). Nossa viagem termina numa roda de capoeira em Pati, cidadezinha ao pé das trilhas que cruzam a Chapada Diamantina.

COMO SERÃO OS CARROS ALEGÓRICOS DO CARNAVAL FINANCEIRO DO ANO 2050?

China: *moeda-enxada Ming-Dao, 475-211 a.C.*

Descemos do balão e entramos no Sambódromo do Rio num domingo de carnaval do ano 2050. Turistas de todos os cantos do mundo passaram pelas casas de câmbio do aeroporto. Deixaram lá o dinheiro dos países de onde vieram, trocaram por reais e pagaram hotel, tíquetes, compraram sorvete, Brahmas, Coca-Cola, água, fantasias. **Será que vai ser assim mesmo?**

Olhe para seu rosto no espelho. Se você tinha 20 anos quando leu este livro, vai estar para lá dos 50 na data dessa visita ao futuro. As cédulas e moedas do dólar, euro, iene japonês, yuan chinês e real brasileiro terão sumido. Para onde foram? O destino é o mesmo da **moeda-enxada** chinesa Ming-Dao que circulou entre 475 e 211 anos antes de Cristo: sumiu no tempo e no vento. E assim será com a cédula de Mao. Você não se surpreende. Quando o balão passou por Washington em **março de 2014**, você leu um relatório da **Divisão de Pesquisas do Consumo e Desenvolvimento Comunitário do Federal Reserve**. Era quase uma profecia:

- 87% da população adulta dos Estados Unidos usam celulares e 61% são smartphones.

- O uso de celulares para transações bancárias **cresceu 28%** em comparação com um ano atrás (2013-2012).

- 51% dos proprietários de smartphones usaram o "banco móvel" nos últimos doze meses, em comparação com 48% antes.

Nosso balão terá de navegar na estratosfera financeira, se você quiser imaginar como essas estatísticas vão evoluir. Que alegorias irão desfilar no sambódromo financeiro do ano 2050? A revolução silenciosa nos meios de pagamento já mostrou sua cara e ela não aparece só na América. Espalhou pelo mundo todo, acelerada pelo celular da Apple e os clones asiáticos capazes de transmitir impressões digitais, tocar música, filmar, fotografar, fazer pagamentos. O cenário de 2014 antecipa um pouco o que você vê pelo buraco da fechadura do futuro. Adeus, cheques; adeus, caixas eletrônicos; adeus, cédulas e moedas. Maaaas... será que você viu tudo?

*Olhe de novo para a cara de Mao e para a moedinha japonesa de 5 ienes com um ramo de arroz reclinado sobre o furo da roda dentada. Responda: o que será mesmo que o **yuan** e o **iene** estão tramando nos bastidores? Quem está entrando nas engrenagens dos sistemas de controle de risco financeiro, que pareciam monopólios do capitalismo?*

FACES DA INFÂNCIA DA DESMATERIALIZAÇÃO DA MOEDA NO SÉCULO XXI

Antes de tentar entender as engrenagens do controle de risco financeiro do século XXI, lembre-se: cereais, bois, ouro, prata e outros metais foram usados durante mais de três mil anos como meio de pagamento. Então apareceu a moeda. Outros dois mil anos passaram até o nascimento do papel-moeda. Bastou um século para a mente humana descobrir as vantagens do uso dos cartões de crédito ou débito. Em menos de 50 anos, a tecnologia **NFC** e o **Apple Pay** revolucionaram uma vez mais os meios de pagamento. Ponha a impressão digital na tela e pague com o celular. Você já está dizendo adeus ao caixa eletrônico e ao dinheiro de plástico.

Steve Jobs gostava de dizer *"next, next..."* Como será amanhã?

PAGAMENTOS SEM USO DE DINHEIRO VIVO NOS ESTADOS UNIDOS: TENDÊNCIAS

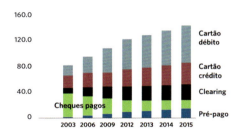

Os cartões de crédito foram inventados nos Estados Unidos na década de 50 do século passado. Muita coisa que acontece por lá se repete no resto do mundo. O gráfico toma como base um estudo do ***Federal Reserve System***. **O número de transações na escala é em bilhões.** Técnicos do **FED** destacam a tendência acelerada de crescimento dos **cartões de débito** no período do estudo (2003-2013). Mais pessoas melhoraram a renda e abriram contas bancárias. A projeção para 2014-15 é do autor deste livro.

PAGAMENTOS COM CARTÕES DE CRÉDITO E DÉBITO NO MUNDO, EM BILHÕES DE DÓLARES

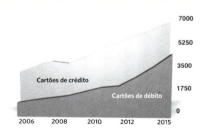

O volume anual dos pagamentos com cartões cresceu em média 14% ao ano, tomando como base o triênio que acaba em 2012. A velocidade de penetração dos cartões de débito foi maior que a dos cartões de crédito, estimada em 8%. A projeção para o período 2012-15 toma essas taxas como base.

DECIFRA-ME, OU TE DEVORO

Nosso balão sai de Washington e visita pela última vez o museu do dinheiro de Frankfurt, na Alemanha. Em latim o gado se chamava *pecus* e servia como meio de pagamento – lembra? Por isso batizamos a vaquinha alemã de **Pecúnia**. Logo você verá o que ela acha do gráfico com a fórmula misteriosa. Os símbolos do leão e do touro entraram nas moedas num passado distante e nunca mais saíram. Em Wall Street, eles simbolizam o mercado de ações em alta.

O balão passa agora por Basileia, na Suíça. O condutor aponta para o prédio do **Banco de Compensações Internacionais (BIS)** – um tipo de xerife global. **Basileia** virou sinônimo de boas práticas bancárias. Quem não adere às **normas da Basileia** fica com a ficha suja. O BIS patrulha o valor dos **contratos negociados pelos bancos em seus balcões** *(Over The Counter – OTC)* e vigia também os que são negociados nos **pregões eletrônicos das Bolsas**.

O giro nos **contratos de balcão (OTC)** é enorme. Em meados de 2013 o **valor teórico** chegou a **693 trilhões** de dólares. Quer saber o que significa isso? Compare: o valor global da produção mundial (soma do PIB dos países) ficou entre 87 e 74 trilhões de dólares em 2013, segundo cálculos da CIA e do Banco Mundial. Os 693 trilhões impressionam, com certeza. Mas criam também uma falsa ideia do tamanho do sistema financeiro. O que pesa na balança **não é o valor teórico dos contratos abertos** (*Open Interest* no economês). **O que pesa é o ganho ou a perda quando cada contrato é liquidado.** O que o BIS patrulha é o **risco real** do negócio.

Para que servem esses contratos? Exemplo: uma agência de turismo vende pacotes para Miami e quer garantir o valor do dólar. Faz no balcão um contrato **(NDF)** de 100 mil dólares. No dia da viagem o dólar está 10% mais caro. A companhia não perde nada porque o *NDF (non deliverable forward)* garante o valor. O risco se dilui no mercado e **teoricamente pode não existir um lado perdedor**. Você saberá por que consultar no iPad o significado de *hedge*.

O quadro mostra quantos bilhões de contratos foram negociados **nas Bolsas em redor do mundo, onde a visibilidade é instantânea**. Os dados são da Associação da Indústria de Futuros (**FIA**). Você já sabe que os mercados futuros (ou derivativos) apareceram em Chicago em 1848. Os contratos imigraram da agricultura para o ouro, prata, petróleo e o mundo financeiro dos fundos de pensão, investimento e outros. Esses fundos recebem depósitos bilionários e aplicam em títulos públicos ou privados, ações etc. As taxas flutuam. Muitos fazem algum tipo de seguro (**hedge**) para proteger a clientela. Os contratos futuros de juros, câmbio e índices de ações são os mais usados. Responda rápido: onde você acha que os derivativos estão crescendo mais?

DERIVATIVOS COM MAIORES TAXAS DE CRESCIMENTO NO MUNDO					
PRODUTOS AGRÍCOLAS	Variação % 2008-13	**METAIS**	Variação % 2008-13	**MOEDAS**	Variação % 2008-13
Óleo de Palma Dalian/China	1.208	Ouro futuro Shanghai/China	416	Dólar/Rupia MCX/Índia	5.490
Farelo de soja Dalian/China	226	Cobre futuro Nymex/EUA, NY	270	Dólar/Rupia NSE/Índia	4.847
Borracha Shanghai/China	55	Ouro futuro Moscou	205	Dolar australiano Chicago Merc	134
Farelo de soja CBOT/Chicago	51	Niíquel – Londres	162	Peso mexicano Chicago Merc	95

- A vaca que espera pela ração ajuda a decifrar a fórmula infiltrada no gráfico dos **contratos futuros e opções no mundo**. Ela se chama *"duration de Macaulay"* e é muito usada por administradores de poupança. Vamos tentar entender: pense no saco grande como um título público lançado pelo Tesouro da **Tropicália**. Os rendimentos distribuídos (**coupons**) caem na caixa de fundos. São usados para pagar pensões, resgates etc.

- O triângulo mostra o ponto de equilíbrio da balança, enquanto os anos passam e os juros pingam na caixa dos poupadores. Onde estará o triângulo dentro de um ano ou dois?

- O cálculo parece simples, mas não é. Imagine que o Tesouro da **Tropicália** gastou demais e o país afundou em dívidas. Sem dinheiro em caixa, o governo resolveu tomar mais empréstimos. Acontece que os investidores em títulos públicos são, em geral, fundos de pensão, companhias de seguro, bancos e administradores da poupança alheia. Todos são obrigados a avaliar riscos com normas rígidas. Alguns são "abutres" que rondam crises.

- Para evitar a fuga dos investidores, o Tesouro da **Tropicália** oferece títulos novos com juros mais altos. Quem tem títulos velhos tenta vender para trocar pelos novos, se o rendimento compensar o risco. Compradores e vendedores entram numa queda de braço e **"arbitram"** quanto vale o título velho na troca pelo novo. O triângulo que aparece na figura representa a fórmula usada para calcular o ponto de equilíbrio (e o valor) dos títulos no mercado.

- **Os asiáticos descobriram a lógica dos derivativos e isso explica por que as Bolsas da Coreia, Shanghai e Dalian (China) e Índia estão entre as que mais cresceram. A Bolsa do Japão é uma das quinze maiores do mundo. O Brasil também se destacou em 2013: o contrato futuro de juros da BM&FBovespa foi o segundo mais negociado. Razão: o mercado queria cobertura contra o risco dos juros e câmbio depois das eleições de 2014.**

PAULO FREIRE VISITA O BALÃO E CONVERSA COM OS VIAJANTES DA LINHA DO TEMPO DO DINHEIRO

O condutor do balão avisa que vai fazer uma última parada na linha do tempo e ali se despede do grupo. O balão se aproxima da nuvem virtual onde mora a memória de Paulo Freire. O antropólogo vê o balão se aproximando. Com um sorriso largo, aponta para Pecúnia lá embaixo. A vaca espera a ração cair no coxo. Ele diz isto:

*Gostei do exemplo que vocês usaram. **Pecúnia** nunca vai se interessar pela lógica matemática da fórmula da **duration de Macaulay**... Eu* *gostava de começar minhas aulas de alfabetização de adultos com exemplos desse tipo. As abelhas são um pouco mais sofisticadas do que as vacas. As colmeias que elas fazem são muito civilizadas. Mas nunca saem daquilo. O que faz uma* **civilização** *evoluir é a* **cultura***...*

Por um instante o antropólogo parece olhar para a turma do balão como se procurasse alguém que não está no grupo.

Talvez vocês conheçam Emmanuel Araujo – diz ele. Acho que agora dirige o museu Afro em São Paulo. Antes do golpe de 1964, Emmanuel fez uns desenhos muito bonitos para ilustrar um curso de alfabetização com base no meu método. Começava assim, com um desenho para mostrar a diferença entre civilização e cultura. Tinha até uma vaquinha parecida com a Pecúnia, que só se interessava pela ração no coxo. Acho que devia abrir a caixinha e expor. Se encontrarem com ele, deem meu recado. Boa viagem pra vocês de volta ao século XXI.

O condutor do balão entrega um papelzinho a Meno e sai conversando com Paulo Freire. Os dois desaparecem na nuvem. O balão aterrissa na última estação. A turma está de volta ao tempo presente e se sente sozinha, mas com os pés no chão. Meno lê o bilhete para a turma:

As últimas páginas deste livro são uma contribuição adicional para seus sonhos. Tudo fica mais fácil quando se descobrem alguns segredos escondidos na música dos números e do dinheiro. Algumas pesquisas podem ser feitas tocando berimbau e clarinete com a ajuda da galera da **Garage Band***. Tentem vencer pelo menos três desafios:*

- entender o que os números primos escondem, começando pela hipótese de Riemann: *"Todos os zeros não triviais da função zeta têm 1/2 como parte real."* Isso não é feitiçaria. Quem consegue chegar a esse nível de conhecimento pode abrir portas e explorar qualquer coisa dentro e fora da web.

- Procure entender a lógica dos títulos públicos e privados. Lembre-se: os meios de pagamento estão mudando velozmente. Para onde irá sua poupança?

- Tente entender como **Kurt Gödel** enfrentou questões não resolvidas na lógica matemática. Os indianos que estão vendendo *software* pela internet, concorrendo no mercado de programadores brasileiros e lançando foguetes que chegam a Marte, sabem o que é isso. O último satélite feito por engenheiros brasileiros, lançado por chineses, explodiu no ar.

FERRAMENTAS DA GARAGEBAND PARA VENCER OS TRÊS DESAFIOS

Se você for um usuário de iMac, iPad, MacBook Air ou algum software da Apple, talvez já tenha clicado na guitarra elétrica que abre a *GarageBand*. A clarineta, a guitarra e o teclado fazem parte de uma nova geração de instrumentos híbridos. Agora você pode plugar a boca e os dedos numa **orquestra virtual**. Pitágoras e Bach iriam delirar se ressuscitassem, abrissem essa porta mágica e vissem uma galáxia de sons, além do **cravo bem temperado**.

O clarinete e o teclado conversam com iPads e micros via wifi ou cabos USB. A clarineta, ou clarinete, ganha um lugar de destaque porque ajuda a responder ao primeiro desafio proposto pelo piloto do balão: desvende os mistérios dos números primos e negue, ou prove, a hipótese de Riemann. Se ouvisse isso, com certeza Paulo Freire iria abrir um sorriso enorme e dizer: *"**Pecúnia**, as abelhas e outros animais nunca vão se interessar por esse assunto..."*

Marcus de Sautoy, professor de matemática de Oxford, conta a história de Pitágoras a Riemann no livro de 352 páginas, *A música dos números primos*. John Derbyshire gastou 422 páginas para falar da *função zeta* em *A obsessão dos primos*. Vamos tentar resumir tudo isso em duas páginas com a ajuda da filosofia da *GarageBand*. Ela ainda não existia quando Sautoy e Derbyshire escreveram. Como até hoje ninguém venceu o desafio da Fundação Clay, talvez você encontre aqui algumas pistas para ganhar aquele milhão. Clarinetas e berimbaus dão sorte: um mês antes deste livro ir para a gráfica, a ONU declarou a capoeira patrimônio da humanidade.

A Akai lançou uma **clarineta híbrida – o EWI USB** da foto, que pode levar músicos ao delírio. Velhos profissionais vão sentir algum desconforto, pois o sopro tem de ser simulado e as teclas não se movem: basta o toque suave da ponta dos dedos. O delírio vem para quem descobre o mundo virtual da música: portas lacradas no mundo real se abrem num passe de mágica. O mesmo instrumento pode tocar como soprano ou barítono. Alguns artistas estão dando shows no Youtube, mostrando a riqueza dos sons gerados por instrumentos híbridos.

O teclado **iRig** parece pequeno para músicos profissionais e a resposta ao toque também é diferente da dos pianos de concerto. A descoberta dos botões que permitem subir e descer em oitavas e a possibilidade de metamorfose em órgão ou instrumentos de corda e sopro são duas boas surpresas. Pedais podem ser plugados. Dois botões grandes geram o trêmulo em guitarras, violinos, violoncelos etc. Em resumo, você pode montar uma banda de rock com baterias completas e até embalar uma roda de capoeira. Ou criar uma orquestra inteira com celos, oboés, fagotes, pratos, bumbos, pianos, órgãos e o que mais quiser. Descubra agora como eles dialogam com os números.

POR QUE AS CLARINETAS PREFEREM NÚMEROS PRIMOS?...

Para entender melhor a preferência da clarineta pelos números primos é preciso estudar um pouco de acústica. **Helmholtz** escreveu um livro em 1885 que até hoje é lido. O título é engraçado: *"Sobre as sensações dos tons como uma base fisiológica para a TEORIA DA MÚSICA."* Ele explica as oitavas usando o som de uma sirene. O som é produzido quando um jato de ar atravessa furos em um disco giratório. A sirene de Dove tem 8, 10, 12 e 16 furos. É possível ler esse livro numa versão barata para o Kindle.

O livro de **Sautoy**, publicado em 2004 pela Zahar em português, também ajuda. Em vez do monocórdio de Pitágoras e da sirene, Sautoy usa uma garrafa para explicar os harmônicos: se você soprar a boca de uma garrafa vazia, ouve um som (ou uma nota). Se soprar com força e alguma habilidade, ouve notas mais altas:

> *Quando um músico toca uma nota em seu instrumento, está produzindo uma infinidade de harmônicos adicionais, da mesma forma que quando sopramos a boca da garrafa (...) Além da nota fundamental, a clarineta toca somente os harmônicos produzidos por frações ímpares: 1/3, 1/5, 1/7...*

A corda de um violino vibra de modo a criar todos os harmônicos que Pitágoras produziu (...) que correspondem a... 1/2, 1/3, 1/4
(A música dos números primos, p. 89)

Esse é um resumo muito radical das leis da acústica. Mesmo assim, dá para entender a matemática das escalas musicais. Dentro da corda de um instrumento, existem séries infinitas de frações. Lembra do baralho que Pitágoras deu a Meno? Se você seguir regras básicas de equilíbrio, pode empurrar para a frente quantas cartas quiser: 1/2 da primeira carta, 1/4 da segunda etc. Esse exemplo é usado para mostrar a diferença entre séries **divergentes** e **convergentes**. No caso do baralho, a pilha é infinita. Pode ir além da Lua, sem desmoronar.

Dentro da corda finita de um violino existe uma série infinita de sons. Cada um deles pode ser representado por um número. Você vê a corda. A corda é finita, mas você não vê o número infinito de um som. Não vê porque o infinito é uma hipótese: se está dentro de um espaço finito, então é outra coisa. Os gregos tentaram entender isso tocando harpas, desenhando polígonos cada vez menores dentro de círculos etc. Lembra a equação atribuída a Pitágoras?

$$a^2 + b^2 = c^2$$

O que aconteceria se o tamanho de um lado fosse igual à raiz quadrada de 2? Os gregos não conseguiam conviver em paz com as coisas que não podiam ser definidas com números exatos. Discussões podiam terminar em assassinatos. Milênios mais tarde, mentes brilhantes como a de Euler (1707-83), Gauss (1777-1855), Riemann (1826-66) e outros foram atrás de soluções.

- E assim abriram as portas da lógica para uma coisa batizada como **números imaginários**. Não foi fácil. Na época da glória de Napoleão (1804-15) os burocratas queriam resultados, nada de abstrações. Gauss achou melhor esconder várias descobertas. Riemann foi além dele e de Euler.

- ***Para entender o desafio de Riemann, é preciso saber mais sobre os números primos.***

Lembre-se: primos são aqueles números que só podem ser divididos por eles mesmos, ou por 1. Por isso se diz que **não têm fatores**. Exemplo: 12 não é primo, então: 2 x 6 = 12, 3 x 4 = 12. Tente fazer o mesmo com 11. Não consegue. Euler, Gauss e outros passavam noites inteiras tentando decifrar a singularidade dos primos e sua proliferação aparentemente caótica. Alguns sinais lógicos foram descobertos com um quadro em que os primos foram fatiados em blocos.

NÚMEROS (N)	QUANTOS PRIMOS EXISTEM DE 1 A 10? E EM 100, 1.000... ETC.? A RELAÇÃO DESCOBERTA É CONHECIDA COMO PI DE N, OU... π (N)
10	4
100	25
1.000	168
10.000	1.229

Gauss tomou a letra π emprestada do grego para definir o **pi de N**, ou **π (N)**. O significado desse **pi** é completamente diferente do **pi (π)** usado para definir a relação entre o diâmetro e a circunferência de um círculo (3,14159...). Gauss criou uma confusão, mas ninguém briga com gênios, e ficou assim mesmo. O **pi** de **N** levanta a ponta do véu do caos.

Não temos as 422 páginas de Derbyshire para promover uma dança do ventre em que todos os véus caem. Resumo da dança em uma linha: quando N ultrapassa um certo ponto, os primos se comportam com alguma lógica, e **isso se traduz com um número**.

Lembra do *Samba de uma nota só*? Lembra dos logaritmos? Olhe de novo para a calculadora científica escondida no **iPhone**. Você vai ver logaritmos **base 10 e base "e"**. Esse **"e"** significa **2,718281828**... número que vimos antes. Ele vivia escondido dentro dos números primos.

Seu cérebro e seu ouvido foram informados sobre isso pela Mãe Natureza. Repetindo: quando Tom Jobim toca algumas notas ao mesmo tempo no sambinha dele, você ouve uma nota só. O cérebro e o ouvido decidem por conta própria como vão interpretar uma oitava (**DÓ** ré mi fá sol lá si **DÓ**, por exemplo). Você não sabe por quê. A **Mãe Natureza** exige muito estudo.

De estudo em estudo, a mente humana foi descobrindo instrumentos e linguagens lógicas para explicar o que parecia inexplicável: a razão para a diferença da onda sonora produzida por diapasões e clarinetas... os números imaginários (i)... como calcular quantos primos existem em números gigantescos, ou... como inventar relógios com menos de doze horas para esconder os primos da senha do seu cartão de crédito e frustrar os **hackers**.

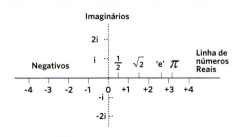

ANTES DE TENTAR GANHAR MILHÕES, REDESCUBRA COM GAUSS A ARTE DE PENSAR

Livros sobre a evolução do pensamento matemático quase sempre contam a história de um menino precoce nascido no século XVIII. Vale a pena repetir. O nome era Gauss. Os professores se surpreendiam com a facilidade com que ele resolvia problemas matemáticos. Gauss usava ferramentas lógicas criadas pelos pitagóricos dois mil e tantos anos antes. Lembra dos gnomos? Eles mexiam com a imaginação e ensinavam a pensar. O marketing do consumo de calculadoras asiáticas baratas e as soluções robotizadas aposentaram a arte de pensar.

Mães e pais rapidamente descobriram como é fácil paralisar uma criança hiperativa ensinando a deslizar o dedinho numa tela, chamando a galinha e outras aves e bichinhos supostamente educativos. Nada contra os bichinhos. Tudo a favor. Desde que não se esqueça a lição de Paulo Freire sobre **Pecúnia**, a vaca hipnotizada pela ração. **Bradford DeLong**, professor em Berkeley, escreveu um bom ensaio sobre as armadilhas da informática nesse bravo mundo novo. (*Valor*, edição de 27/11/2014 – *"A desigualdade e a internet"*.)

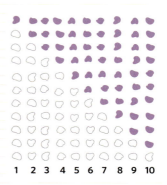

A historinha sobre o menino Gauss envolve um problema de geometria e matemática que uma calculadora resolveria com dois cliques: descubra o total das pedrinhas dentro de um triângulo com 100 pedras na base. Como não tinha calculadora, Gauss desenhou uma figura parecida com a de um **retângulo** com **2 triângulos** dentro. Livros sobre Gauss quase sempre mostram a figura, mas não contam ou não conhecem a história dos **gnomos**. A cabeça de Gauss funcionou como a dos pitagóricos que **descobriam raízes em quadros pares e ímpares**. Gauss levou o problema para dentro do **gnomo**. É fácil contar as pedrinhas do **gnomo** (10 x 11) e dividir pelos 2 triângulos. Um triângulo dez vezes maior teria 5.050 pedrinhas. A geração de Euler, Gauss, Dirichlet e outros pensava recorrendo a figuras que só aparecem em espelhos imaginários, ou na música. Um metrônomo leva o pensamento do músico para uma dimensão real, mas invisível: o tempo. A turma que criou os números imaginários e lançou as fundações para o pensamento de Riemann, Russell, Gödel e outros nunca esqueceu a lição de Pitágoras: a música é o número no tempo.

Mas... o que é o tempo? Que tal brincar com ele também? O tempo é medido com relógios. Mas quem disse que tem de ser sempre contado de 12 em 12 horas? Que tal um relógio com ciclos de 4 ou 7 horas? Calculando com a ajuda de espelhos e reinventando relógios, Gauss descobriu coisas como a órbita de asteroides. Descobriu, também, como usar números imaginários para fazer cálculos aparentemente impossíveis. Veja no gráfico o ponto que define uma soma bem simples de números reais e imaginários.

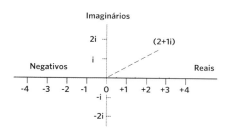

TENTE FAZER ESTA SOMA: (3+2i)+(2+3i) = ?

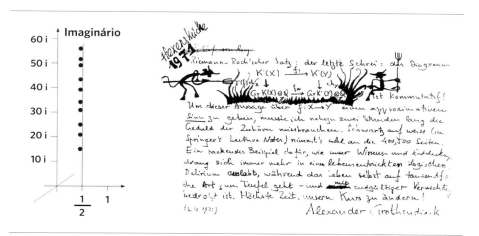

Circula entre matemáticos a lenda de que se alguém provar ou negar a hipótese de Riemann sobre os zeros, vira imortal. Ou morre. O teorema de **Grothendieck-Riemann-Roch** fez a fama de um dos últimos aventureiros desse espaço. Muitos acham que **Alexander Grothendieck** é um dos 20 maiores matemáticos deste século. Ele deu aulas em redor do mundo e passou pela USP. Morreu em novembro de 2014, pouco antes deste livro ir para a impressão.

A biografia de Grothendieck é atribulada. Quando soube o nome dos patrocinadores do centro de estudos que dirigia em Paris, pediu demissão. Foi fazer campanhas pacifistas, mas barulhentas. Depois queimou tudo que escreveu sobre matemática, virou eremita e sumiu numa montanha dos Pirineus. Os diabinhos desenhados por ele aparecem num bilhete no meio dos textos de um matemático de Stanford ou Coimbra, sem citar a origem ou a fonte.

Riemann revelou sua teoria sobre os zeros numa tese de doutorado com dez páginas. **Derbyshire** publica em *Prime Obsession* um gráfico dos zeros parecido com o deste capítulo. Esses zeros foram calculados por

Jorgen Pedersen Gram, que viveu entre o século XIX e começo do século XX. Acadêmicos tradicionais se sentiram ameaçados por alguém que parecia um amador e condenaram Gram ao poço do esquecimento. Ele morreu em 1916.

Os zeros de Riemann surgiram quando a geometria plana de Euclides começava a ser questionada. Gauss revolucionou o estudo das superfícies curvas. Deixou de ser heresia afirmar que linhas paralelas numa superfície não plana cruzam num ponto distante. Como sabemos que a Terra flutua no espaço e é redonda, ficou mais fácil compreender isso. Basta olhar para o logotipo da **Globo**, ou desenhar um triângulo na superfície de uma bola. **Kline**, um historiador do pensamento matemático, faz um resumo bom, mas pouco didático, de como evoluíram as teorias da **Geometria Diferencial de Gauss e Riemann** (*Mathematical Thought From Ancient to Modern Times* – vol. 3, p. 882). Tom Apostol conta a mesma história com palavras mais fáceis em **Early History of Mathematics**. A função zeta de Riemann pode ser definida como a soma de séries infinitas. Pense em números reais ou imaginários em planos e dimensões complexas. No centro do mistério de Riemann estão os números primos e os zeros não triviais num eixo norte-sul-leste-oeste. Criadores de algoritmos (programas de computador) para prever o tempo na Terra, relógios para segurança de caixas eletrônicos e senhas da internet, pesquisadores de partículas subatômicas etc. preferem que o mistério dos zeros continue.

Resultado da soma da página anterior: (3+2i)+(2+3i) = (5+5i)

ONDAS SONORAS (SENOIDAIS)

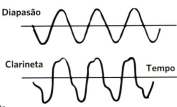

Ondas senoidais mostram a diferença entre os sons do diapasão e da clarineta.

FANTASMAS OUVEM BERIMBAUS

Mariana escreveu um bilhete aos leitores deste livro contando a última viagem virtual que ela fez. Desembarcou numa noite de São João no meio de uma trilha perdida na Chapada Diamantina, o céu estava todo estrelado e fazia frio. Paulo Freire, Pitágoras, Ruth Cardoso, Anísio Teixeira e outros tomavam caipirinha, riam e cantavam em redor de uma fogueira. Mariana discutiu as ideias dela com Anísio. Ele pediu ajuda a um fantasma de barba enorme. Era Riemann, que tossia muito e parecia contar as sílabas das palavras: *"compare as ondas senoidais de um diapasão, da clarineta da **Garage Band** e da cabaça de um berimbau..."*

Mariana voltou do mundo virtual com a receita na cabeça. Claro: a hipótese de Riemann não podia depender só dos números primos da clarineta tocando sozinha. O sonho lembrava outra história contada por Paulo Freire: índios e índias podem ser criativos. Um antropólogo descobriu em 1889 uma tribo que calculava assim: *1 = urapun, 2 = okosa, 3 = okosa urapun, 4 = okosa okosa.* O sistema é precário depois de 4. Mas não é diferente da **lógica booliana que só usa zeros (0) e uns (1)** na linguagem de máquina dos computadores.

Mariana combinou o pensamento de Paulo Freire com o de Gauss e levou as ondas senoidais para o espelho sugerido pelo fantasma de Riemann: a **cabaça do berimbau**. Este é, talvez, o único instrumento do mundo em que a caixa de ressonância fica de costas para a corda. **Veja o que os astrofísicos da Bahia dizem sobre esse fenômeno no link:**

http://dx.doi.org/10.1590/S0102-47442006000400004.

Europeus levaram dois mil anos para chegar ao **Cravo bem temperado** de Bach porque ficaram prisioneiros das oitavas. O berimbau é um monocórdio primitivo, igual ao de Pitágoras, mas é um inovador: **a cabaça reinterpreta o timbre da corda.** Urapun, urapun! **Que timbre, que cor de um som pode ser visto pelo avesso?** Que relação existe entre os números das ondas de uma clarineta, de um diapasão e da percussão do som de um berimbau na cabaça? Mariana acha que responde a isso com uma equação que batizou como **senoidal do berimbau**. O número que nasce como produto desse romance é a **senoidal imaginária do berimbau** (sβ) definindo um som que não existe sem outro. Esse número é refém do comprimento da corda do berimbau, um **número integral e exato no lado real do espelho**.

O valor pode ser a âncora que Riemann não descobriu. Ele morreu jovem, de uma tuberculose talvez provocada pela pobreza na infância. Por isso tossia tanto. Mariana disse que não cobra nada por sua hipótese. Se alguém ganhar o prêmio, pode doar o milhão de dólares para melhorar a merenda escolar e o ensino de matemática às crianças brasileiras.

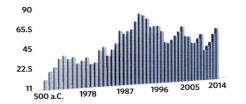

Atena em **drachma grega**, Tibério em **denário bíblico** (dai a Cesar o que é de César), **denier cruzado**, **ouro brasileiro** e **Liberdade norte-americana** de 2014 com legenda "In God we Trust"

DEUSAS E DEUSES DIZEM ADEUS À FACE DAS MOEDAS 2.500 ANOS DEPOIS

Quem dominar a lógica dos instrumentos da **GarageBand** e os mistérios dos números primos não vai se perder na última estação da linha do tempo. Se entender o desafio matemático da clarineta e do berimbau, vai poder também abrir as portas dos algoritmos de controle financeiro, códigos genéticos, previsão do tempo, robôs etc. Se quiser, vai poder até espiar, aplaudir, criticar ou zoar com o mundo dos nerds.

A placa na última estação informa que vamos ter de nos despedir dos deuses e deusas da face das moedas. Será uma separação lenta, mas inevitável depois de 2.500 anos de giro nas mãos, bolsos, cofres e corações de todos os povos da Terra. Teremos de pensar em valores cuja face real só os computadores conhecem. Para onde irá a frase famosa **In God we Trust**? Qual será a aparência física da poupança dentro de dez, vinte anos? Sua impressão digital será seu **RG**?

O gráfico da relação ouro/prata ajuda a compreender o resto da viagem entre o passado e o futuro. Lembra o que disse Durkheim, o sociólogo? "*O grande esquema da natureza não é eu: somos nós.*" A lógica da **ratio** ouro/prata é assim: **nasceu de relações de troca que podem ser distorcidas, mas nunca acabam**. Meio milênio antes de Cristo uma moeda de ouro podia ser trocada por 11 de prata do meso peso. Assim ficou entre as drachmas gregas e as moedas bíblicas. A mesma lógica atravessou as cruzadas, o Brasil colonial e chegou às moedas de ouro norte-americanas de 2014. Os números mudaram. A lógica é a mesma. Ela não depende de um homem só, um ditador, rei, ideólogo ou profeta iluminado. Depende da vida social das coisas.

A neurociência financeira está estudando esse fenômeno. Ele se aplica também aos harmônicos da música. É duro acreditar que a Mãe Natureza imprimiu alguns circuitos iguais no cérebro de Einstein, Marx, Mozart, Maria ou João-Ninguém. Douglas Hofstadter discute isso no livro **Gödel, Escher, Bach**. Antropólogos e sociólogos não chegam a acordo. Sherlock Holmes prefere ser menos teórico e mais prático: ele acha que o ouro será sempre uma **relíquia bárbara**. E explica: os ladrões da caverna de Ali Babá não vão acabar nunca, e de vez em quando tentam destruir a confiança no real ou em qualquer outra moeda.

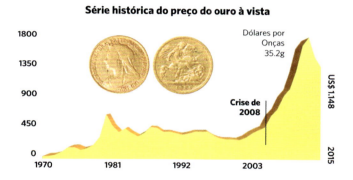

Sherlock Holmes sugere que você olhe alguns gráficos. Embaixo de um deles escreveu uma dessas frases de filósofo de botequim: *"assim caminha a humanidade..."* O gráfico mostra a curva dos preços do ouro em várias décadas. O meio soberano de ouro com o perfil da rainha victória é uma das moedas que Conan Doyle deu a Sherlock, junto com uma lente enorme, para explorar o ponto fraco dos criminosos: dinheiro.

Quando o Fundo Monetário Internacional (**FMI**) foi criado, depois da Segunda Guerra (1944), 25% das quotas foram pagas em ouro. Quase três toneladas estão no cofre. Qual será mesmo o papel que as moedas vão continuar desempenhando nesse palco exótico? Quem quiser ir mais a fundo tem de estudar Adam Smith, Marx, Keynes, Samuelson, Friedman, Greenspan e outros. Tem de entender também o discurso dos bancos centrais.

Chegamos até aqui tentando nivelar conhecimentos entre cientistas sociais, antropólogos, advogados, economistas, sociólogos, historiadores e jovens de todas as idades. Você deve ter entendido o significado da **ratio** ouro/

prata. Não será muito difícil perceber por que flutuam os preços à vista e futuros de outras **commodities** como o petróleo, soja, café etc. Um pouco mais complicada é a receita do prato onde entram o valor dos **títulos públicos e privados** e o **câmbio** de dólares por euros, reais e outras moedas.

É bom tentar entender. Mesmo que você só pense em seu berimbau, **não vai poder ignorar que 5 trilhões de dólares giram por dia no mundo**. Super-heróis e supervilões não param de inventar mecanismos para controlar ou manipular riscos e gerar lucros. A moeda é ainda o espelho disso tudo, e os cristãos dizem que continuam seguindo a velha regra: ***dai a César o que é de César***. Vamos tentar ver mais detalhes na face do novo César, ou seja, do Estado, antes de chegar ao fim da trilha. Você terá de entender placas, nomes e siglas complicadas, como **LOIS, LIBOR, TED SPREAD**. Algumas são mais conhecidas, como **DOW JONES**, **SELIC** ou **IBOVESPA** – referências para ações e títulos no mundo e no Brasil.

Não adianta muito procurar referências sobre siglas complicadas na internet. Se for atrás da **LOIS**, talvez só encontre a namorada do Super-man. Os serviços que calculam a LOIS em tempo real cobram uns 2 mil dólares por mês. A mão dos Césares e o que eles fazem com o dinheiro no século XXI é cada vez mais visível no preço das ações e títulos públicos.

Os mais famosos são os *"bonds"* do Tesouro dos Estados Unidos e da Alemanha. Quando chegar ao fim da trilha, você verá que o efeito das crises no câmbio ou nas commodities tem sempre uma tradução simples. E tudo, se você quiser, pode virar história em quadrinhos. As ações da Petrobras são um bom exemplo de como **Sherlock** e **Superman** seriam úteis, se fossem reais.

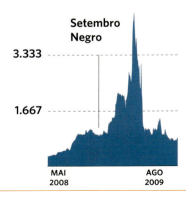

LOIS É UM BARÔMETRO DO CUSTO DE TROCAS FINANCEIRAS (SWAPS) ENTRE BANCOS POR UMA NOITE (OVERNIGHT)

A sigla **LOIS** não tem parentesco nenhum com **LOIS LANE**, namorada do Superman. É a mistura de **LIBOR** com *"Overnight Indexed Swaps"*. Isso significa **índice de trocas financeiras de um dia para outro**, um negócio comum entre bancos. Na crise de 2008, o nível de confiança entre os gerentes que competiam por clientes no sistema financeiro global despencou e as taxas dispararam. LOIS e outros medidores de pressão como **TED SPREAD** foram para as manchetes. Qual deles refletiria melhor a realidade? Fato: alguns bancos famosos fecharam depois da crise.

Sempre que podem, cômicos mexem com a vaidade dos super-heróis. Alguns são mortos por causa disso, como os franceses da Charlie. Lois Lane aparece numa capa de revista divulgada por NewKadia quebrando a placa dos amigos de Superman. Lois diz na legenda que vai embora de Metrópolis e quer que Superman suma de sua vida.

LIBOR É A TAXA DE JUROS QUE OS BANCOS COBRAM ENTRE SI EM LONDRES

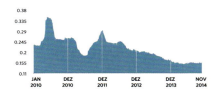

TÍTULOS DO TESOURO NORTE-AMERICANO DE 10 ANOS
Flutuação histórica de taxas

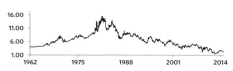

Investidores fogem para títulos mais seguros nos momentos de crise. Quando isso acontece, o rendimento cai.

A razão é simples: se todo mundo corre para investir na mesma coisa, ela se valoriza. Se a coisa for um título e continuar pagando a mesma taxa de juro, o rendimento real de quem comprar em segunda mão será menor.

Os títulos de dez anos de prazo do Tesouro dos Estados Unidos estão entre os mais procurados nos balcões financeiros nos momentos de crise. Por isso funcionam como referência. Olhando para eles dá para descobrir quem paga mais e quem paga menos para tomar empréstimos no mercado global de títulos públicos.

Isso se mede em **pontos-base**. Cada ponto corresponde a 1/100. Vamos olhar para as cur-

Diferença de rendimento e pontos-base pagos no mercado global de títulos públicos

vas de rendimento *(yield curve)* para compreender melhor o que é isso:

Em dezembro de 2014 os títulos de 10 anos dos Estados Unidos rendiam 2,3%. Na mesma data os títulos de 10 anos do Brasil rendiam 4,1%. Portanto, o Brasil pagava 179 pontos-base mais do que os Estados Unidos para tomar dinheiro emprestado. Na mesma data, o rendimento dos títulos alemães era de 0,78%. Comparando com os alemães, o Brasil pagava 342 pontos mais.

O raio laser que os bancos centrais usam para controlar a inflação quando os governos gastam demais é a taxa de juro. Nem sempre dá certo. Quando os juros sobem muito, afetam o câmbio, desaceleram a economia e aumentam a dívida pública.

VALOR PRESENTE E VALOR FUTURO:
JÚPITER E NETUNO AINDA FAZEM CAIR RAIOS NA TERRA?

Sócrates tentou ensinar aos gregos que raios não caem na Terra por causa da ira dos deuses. Foi obrigado a beber cicuta. Morreu porque queria mostrar aos jovens a diferença entre ciência e fé. Tiranos que cunhavam o próprio rosto nas moedas com Zeus no reverso não perdoaram. Alguns achavam que eram deuses também.

Romanos copiaram os gregos em alguns momentos da história. Aureos e denários circularam com o nome de **Divus Augusto** (Divino Augusto) e outros Césares. Você não vive mais na época da cicuta. Mesmo assim continua agradecendo a Deus porque a seca acabou e uma enxurrada poupou sua casa. Você agradece a Deus, é verdade, mas é nos jornais, TV e internet que vê a previsão do tempo.

Todo ou quase todo o sistema financeiro funciona como quem quer saber como vai ser o tempo amanhã. O operador mantém um olho no valor presente e outro no futuro. Aqueles trilhões de dólares que circulam em redor do mundo raramente decolam sem saber as condições do tempo onde vão pousar. A cobertura contra a turbulência dos mercados é comprada e vendida em Bolsas e balcões financeiros (**OTC**) ao redor do mundo.

O condutor do balão que levou os viajantes pela linha do tempo deixou um recado claro: não voltem para casa sem saber como é que os oráculos da moeda desmaterializada funcionam. A crise de 2008 ficou no passado. Os bancos se reorganizaram e provaram outra vez como é verdadeira a frase daquele sociólogo que Mary Douglas gostava de citar: *o grande esquema da natureza não é um berimbau tocando sozinho...* **Mary Douglas** foi uma grande antropóloga e Durkheim era um dos preferidos dela. Durkheim nunca viu um berimbau. Esse instrumento entrou na frase por iniciativa do autor deste livro. Ele se acostumou a olhar para o sistema financeiro como uma roda de capoeira global. Às vezes é uma dança. Pura arte. Às vezes é guerra. É uma capoeira selvagem dançando ao som desafinado de berimbaus eletrônicos.

Vimos como as crises aposentaram atores, atrizes, heróis, super-heróis e rodas inteiras de capoeiristas financeiros. Foi assim com a drachma grega, o denário romano, deniers medievais, reales espanhóis e o taller que inspirou o nome do dólar. A história se repetiu no século XX: quase todas as moedas europeias foram substituídas pelo euro. Mas da mesma forma que a viagem na linha do tempo mostrou passistas mortos ou expulsos da roda, mostrou outros chegando e conquistando espaços.

Descobrimos que **a vida social dos meios de pagamento gera relações aparentemente constantes**. **A lógica da ratio ouro/prata deve ter deixado isso bem claro.** Que outras estrelas devem ser vistas ainda, antes do desembarque na última estação da linha do tempo? Lembre-se:

> *No passado alguém olhava para as moedas e via **peso** e **valor**. Agora escuta a voz dos robôs. E os robôs contam, como se fossem oráculos eletrônicos, o que descobrem sobre a flutuação dos preços presentes e futuros nas rodas da capoeira financeira global.*

MEMÓRIA DAS MÁQUINAS, JUROS FUTUROS, PODER DOS CÉSARES E DA CAVERNA DE ALI BABÁ

Você viu neste livro como os meios de pagamento evoluíram: de grãos de cevada, touros de raça e cabeças de gado pularam para ouro, prata e finalmente moedas. Dois mil e quinhentos anos depois apareceu o papel-moeda. A balança, a qualidade do metal e da liga ficaram no passado. Quem faz o papel da balança na era do celular e outros meios de pagamento cada vez mais desmaterializados?

Se você for experimentar todas as balanças existentes, vai se perder. Para uns o fiel da balança deve virar mais para a esquerda. Outros preferem a direita, outros querem pra cima, para baixo. **Se olhar com atenção, você vai descobrir alguns faróis capazes de sinalizar caminhos confiáveis em**

períodos de normalidade dos mercados. A lógica que esses faróis seguem é a mesma da descoberta da *ratio* **ouro/prata. As luzes que eles acendem ou apagam são a taxa de juros, o câmbio e os índices de preços.** Onde ficam esses faróis? Ficam nas Bolsas de Valores e Mercadorias, nas operações de Balcão dos bancos **(OTC), nas mesas operadoras dos bancos centrais.** Existem enciclopédias que listam os mercados relevantes e as fontes públicas mais confiáveis, como o FED ou o Banco Central europeu.

- A *Futures Industry Association* publica regularmente um balanço com o ranking global das Bolsas. Temos espaço para ver somente alguns detalhes do maior mercado das rodas de negociação: o de juros. Por que os juros? Porque além de ter o maior volume de negócios, o preço do dinheiro reflete todos os outros preços. *Uma perna dos juros depende da ação do Estado, outra depende de reações puras dos mercados.*

O carro-chefe da **Chicago Merc**, uma das maiores Bolsas do mundo, é um contrato que sinaliza os juros futuros dos títulos do Tesouro dos Estados Unidos (*Treasuries*). Na **BM&FBovespa** o carro-chefe é o **DI**, um contrato derivado da taxa média dos **depósitos interfinanceiros** (entre bancos). Num dia morno de fim de ano em 2014 o valor teórico desses contratos foi de 43 bilhões de dólares. Quase o mesmo que o PIB do Uruguai.

Quanto maior a roda, mais fácil é a abertura ou fechamento de contratos. Por isso, quem entra na roda para fazer operações de cobertura de risco (*hedgers*) vive em relativa paz com os especuladores. O apelido destes é *spec*. Num mundo perfeito, os oráculos eletrônicos gerenciariam relações equilibradas entre *hedgers*, *specs*, **bancos centrais**, **órgãos reguladores e autoreguladores.** Nessas condições o futuro é razoavelmente previsível.

O drama começa quando Nero ressuscita e resolve entrar na roda, melando a capoeira. Ou os quarenta ladrões da caverna de **Ali Babá** atacam. Se você quiser conhecer uma história REAL das *Mil e Uma Noites*, com a turma de **Ali Babá** tentando monopolizar mercados, veja no iPad o que foi o "*corner da prata*" em Chicago. Um dos atores expulsos de lá veio viver no Brasil.

Neros e Messalinas têm muito mais poder de fogo do que a turma da caverna de Ali Babá. A história está cheia de casos de manipulação do valor da moeda e desrespeito de relações contratuais. Quando isso acontece, a bola de cristal onde os preços futuros são descobertos pode rachar. As consequências são desastrosas, porque afetam milhares ou milhões de posições contratuais projetadas no tempo. E o tempo não volta atrás.

- **O desmonte das prateleiras do futuro provoca ondas de choque que se espalham e duram muito tempo. Delfim Netto escreveu no jornal *Valor* um belo artigo sobre o que se pode aprender observando as lições da história** (edição de 21/10/2004, p. A2).

Dia	Preço para ajuste	Resultado do ajuste diário	Resultado acumulado
1	65.000	-500	-500
2	65.500	+500	zerado
3	65.800	+300	+300

A base deste exemplo é um antigo contrato futuro de **250 gramas de ouro** negociado na **BM&F**. No primeiro dia de vida do contrato, o preço cai e o operador perde. No dia seguinte, o valor sobe e ele recupera o que perdeu. No terceiro está ganhando.

As fórmulas para o ajuste podem mudar em função das especificações dos contratos. O contrato de juros futuros é mais complexo. Este exemplo é um dos mais simples.

As Bolsas garantem a liquidação dos contratos. Por isso pedem depósitos (margens) para cobrir os valores em risco. O risco real neste exemplo é a flutuação em torno de US$500 por dia.

Veja a fórmula implantada na memória das máquinas para ajustar as operações realizadas **no dia**:

$$AD = (PA^t - PO) \times 250 \times n$$

Para ajuste das operações realizadas **no dia anterior** a fórmula é:

$$AD = (PA^t - PA^{t-1}) \times 250 \times n$$

EM QUE:

AD = valor do ajuste diário; **PA^t** = Preço de ajuste do dia; **PO** = Preço da operação; **n** = Número de contratos; **PA^{t-1}** = Preço de ajuste do dia anterior.

Fonte: publicação didática da BM&F: Mercados Futuros, Fundamentos. Marco Aurélio Teixeira (1992, p. 40).

TRIPÉ DE UM ORÁCULO EM MOEDA DE CROTON

ORÁCULOS NO ESPELHO

Lembra de Croesus? O nome dele é usado de vez em quando para descrever alguém muito, muito rico. Até hoje antropólogos e arqueólogos pesquisam as ruínas dos templos onde moravam os oráculos da época de Croesus. O símbolo das moedas que circularam nos tempos de Pitágoras é a cadeira do oráculo, um tripé de bronze.

Ninguém mais pergunta aos oráculos qual vai ser a cotação do valor do real ou do dólar amanhã, ou no dia da viagem de férias. Robôs gerenciam milhões de contratos negociados nas rodas financeiras e descobrem o que você quer saber.

No século XXI Croesus é o Estado. Nas democracias maduras os poderes dele são limitados. Croesus não consegue mais tocar o berimbau sozinho: fundos de pensão ou de aposentadoria e investidores em geral têm muito dinheiro na roda. O melhor espelho eletrônico é a taxa de juros. A imagem do Estado aparece o tempo todo nas rodas, pois ele é o maior tomador de empréstimos. Essa é a explicação mais simples para a importância dos juros futuros dos títulos do Tesouro dos Estados Unidos. Ou do DI, o contrato futuro de juros no Brasil. Quando a inflação dispara, Croesus tem de pagar juros mais altos para empurrar as dívidas com a barriga. A referência para os juros no Brasil é a taxa chamada **Selic (Serviço de Liquidação e Custódia)**.

Depois da crise de 2008 muitos mecanismos mudaram em redor do mundo, para aperfeiçoar a regulação e autorregulação dos mercados.

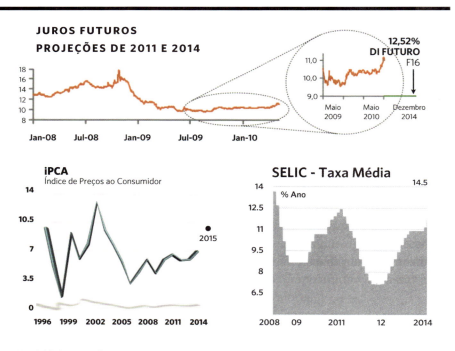

Não é difícil prever o futuro: com um pouco de treino você descobre três sombras dele projetadas na linha do tempo do dinheiro. A primeira é o Índice de Preços ao Consumidor (IPCA). Em geral o IPCA reflete o que toda dona de casa descobre rápido. Quando a inflação ameaça voltar, ela sente o cheiro no carrinho do supermercado ou na feira. O mesmo cheiro contamina a fatura do cartão de crédito. A segunda sombra se esconde um pouco na matemática financeira. Ela só é visível no farol dos bancos centrais. Esse farol diz o tamanho dos juros que o governo quer pagar para empurrar a dívida pública com a barriga. Quanto maior for a dívida, maior será a taxa. A tradução da taxa SELIC é mais ou menos essa. Com um nome ou com outro, esse tipo de farol está sempre piscando nos bancos centrais. O farol mais visível na economia norte-americana é a taxa de juros dos títulos do Tesouro de dez anos de prazo. Quanto maior for a dívida dos governos, maior será a inflação e a pressão nas taxas de juros ou impostos. A sombra provocada por essa equação perversa empurra os juros futuros para cima. Por quê? Porque os administradores tentam proteger a poupança dos clientes.

Com o passar do tempo mecanismos de defesa do preço futuro do dinheiro apareceram em quase todas as economias do mundo. O gráfico com as projeções dos juros futuros de 2011 e 2014 mostra como a luz desse farol piscava no Brasil, em dois períodos diferentes no tempo. O quadro com a projeção para 2011 foi publicado em 2010 no livro *Dinheiro, deuses & poder*. As projeções de 2014 geram uma figura parecida com a de 2010, em torno de 12,5% ao ano (DI Futuro F16 – posição em 11/12/2014). Veja as atualizações dos gráficos no site INÚMEROS.

FOTO E RECONSTRUÇÃO DE IMAGEM: RENATA DEL SOLDATO

FÓRMULAS INVIÁVEIS EM RODAS DE CAPOEIRA

Meno e Mariana foram vistos pela última vez cruzando a linha do tempo na cidadezinha de Pati, na Bahia. Dali, do sopé da Chapada Diamantina, gente do mundo inteiro sobe trilhas que levam a montanhas, lagos e cavernas. Mariana apareceu numa foto na página dela na rede marcando o compasso de uma roda de capoeira num atabaque. Meno tocava berimbau.

Místicos acham que forças cósmicas convergem naquele ponto do universo. Meno olhou com um ar encabulado para Mariana quando ela disse que ia investigar a relação entre os **sons** das clarinetas, dos berimbaus e o **timbre** das cabaças. Tinha decidido ganhar o milhão de dólares do prêmio que o condutor do balão mencionou. Antes de ir à luta, resolveu voltar para conversar com o silêncio da montanha. O resto você já sabe. Ela sonhou com o fantasma de Riemann e outros personagens famosos em redor de uma fogueira numa noite fria e de céu estrelado.

As fórmulas que aparecem no alto da foto da roda de capoeira não têm nada de místico. A primeira reflete as descobertas que Pitágoras fez com o monocórdio. Traduzindo para não matemáticos: pense em 1 como a corda de um instrumento que gera um tom básico; as frações são os tons gerados por uma corda dividida. O berimbau é um monocórdio criativo: usa a cabaça para reinventar o timbre da corda. Vinte e três séculos depois das descobertas dos gregos, a música dos números primos continua inspirando cálculos. **Euler** tocava cravo. **Dirichlet** partiu das frações de Pitágoras e foi até a equação que começa com a letra grega **Z** (ζ = zeta). **Riemann** foi além. A prova ou negação dos zeros vistos por ele num espaço imaginário vale o prêmio que Mariana quer ganhar.

LÓGICA E CORES DO SOM EM RODAS DE CAPOEIRA

$$(\exists) \quad (x = sy)$$

A fórmula com a letra **E** invertida pode parecer misteriosa, mas a tradução é simples: ***"(E)xiste um (x) tal que é sucessor imediato de (y)."*** Em outras palavras: **y** é um número **variável**. Qualquer que seja esse ou essa variável, terá um sucessor imediato.

Nagel e Newman tomaram esse ponto de partida para dar um exemplo prático da lógica de Kurt Gödel. Hofstadter reeditou o livro deles com algumas correções. Gödel é um dos nomes mais visíveis na última estação da linha do tempo da lógica matemática. Ele não escreveu sobre taxa de juros ou câmbio. É simplesmente um dos que deixaram sua marca na evolução da forma de pensar sobre os números. Seguiu uma linha que passa por Cantor, Boole, Frege, Whitehead/Russell e muitos outros.

Sem saber navegar pelo menos um pouco nessa nuvem, não é possível ir muito longe num mundo com meios de pagamento cada vez mais desmaterializados.

Meno mandou um SMS para Mariana, onde quer que ela estivesse, dizendo que estava certa. Ia voltar a frequentar a **GarageBand** com um olhar bem diferente de quando entrou lá pela primeira vez.

Não pensava em abandonar a guitarra nem o berimbau. Mas ia mergulhar fundo na clarineta e em seus misteriosos números primos. Talvez descobrisse coisas que Pitágoras, se vivesse nestes tempos, iria achar com um piscar de olhos. Bastava ver e ouvir a lógica e as cores do som das rodas de capoeira.

O texto deste livro foi composto
em Mercury Text, corpo 10.5/13.8
e Whitney HTF Bold 7.5/10.

A impressão se deu sobre papel
couché na gráfica Stamppa.